本书配套资源

📚 读者学习资源

1. 书中历年真题的参考答案。
2. 各章真题拓展练习题及参考答案。
3. 国家教师资格考试历年真题试卷及答案解析。
4. 国家教师资格考试全真模拟题试卷及答案解析。
5. 与国家教师资格考试相关的法律、法规、纲要等。

读者扫描右侧二维码，即可获取上述资源。

一书一码，相关资源仅供一人使用。

📚 教师教学资源

本书配有教学课件，如任课老师需要，可扫描右边二维码，关注北京大学出版社微信公众号"未名创新大学堂"（zyjy-pku）索取。

- 课件申请
- 样书申请
- 教学服务
- 编读往来

普通高等教育"十四五"规划教材

教师教育"课证融合"系列教材

PSYCHOLOGY

心 理 学

（中学）

（第二版）

组织编写	教师教育"课证融合"系列教材编委会
主　　编	罗兴根　彭海林
副 主 编	李　锐　邓志军
参　　编	许丽芳

北京大学出版社
PEKING UNIVERSITY PRESS

图书在版编目（CIP）数据

心理学. 中学 / 罗兴根，彭海林主编. —2 版. —北京：北京大学出版社，2023.10
教师教育"课证融合"系列教材
ISBN 978-7-301-34460-6

Ⅰ.①心⋯ Ⅱ.①罗⋯ ②彭⋯ Ⅲ.①心理学—中学教师—师资培训—教材 Ⅳ.①B84

中国国家版本馆 CIP 数据核字(2023)第 180281 号

书　　　名	心理学（中学）（第二版）
	XINLIXUE（ZHONGXUE）（DI-ER BAN）
著作责任者	罗兴根　彭海林　主　编
策 划 编 辑	桂　春
责 任 编 辑	桂　春
标 准 书 号	ISBN 978-7-301-34460-6
出 版 发 行	北京大学出版社
地　　　址	北京市海淀区成府路 205 号　100871
网　　　址	http://www.pup.cn　新浪微博：@北京大学出版社
电 子 邮 箱	编辑部 zyjy@pup.cn　总编室 zpup@pup.cn
电　　　话	邮购部 010-62752015　发行部 010-62750672　编辑部 010-62756923
印 刷 者	三河市北燕印装有限公司
经 销 者	新华书店
	787 毫米×1092 毫米　16 开本　15 印张　394 千字
	2018 年 9 月第 1 版
	2023 年 10 月第 2 版　2025 年 8 月第 3 次印刷（总第 9 次印刷）
定　　　价	55.00 元

未经许可，不得以任何方式复制或抄袭本书之部分或全部内容。
版权所有，侵权必究
举报电话：010-62752024　电子邮箱：fd@pup.cn
图书如有印装质量问题，请与出版部联系，电话：010-62756370

教师教育"课证融合"系列教材

编委会

主　　任　蒋　凯

副 主 任　陈建华　傅建明

编　　委　（按姓名拼音排序）

　　　　　　陈春莲　程晓亮　寸晓红　董吉贺
　　　　　　范丹红　胡家会　李妹芳　李　琦
　　　　　　刘恩允　罗兴根　皮翠萍　漆　凡
　　　　　　孙　锋　王俏华　肖大兴　谢先国
　　　　　　叶亚玲　虞伟庚

教师教育"课证融合"系列教材

第二版总序

  教师教育"课证融合"系列教材牢牢把握教材建设的政治方向和价值导向，将党的教育方针全面体现到教材中，注重思想性与专业性的结合，强化教师教育"课证融合"，及时、准确反映学科发展最新成果，引导学生在掌握教育教学知识与技能的同时，提高思想政治素养，自觉践行社会主义核心价值观，实现知识掌握、能力培养与价值塑造的协同发展。

  教师教育"课证融合"系列教材第一版出版后，受到了相关院校师生的充分肯定和欢迎，我们为之感到欣慰和鼓舞。本次修订深入贯彻落实党的二十大精神，坚持以习近平新时代中国特色社会主义思想为指导，在教材编写思路和理念上保持了原有特点，增加了学科理论与实践改革的最新成果和课程思政等内容，充分吸纳广大师生在教学中的意见和建议。

一、编写背景与意图

  党的二十大报告指出，"教育、科技、人才是全面建设社会主义现代化国家的基础性、战略性支撑。必须坚持科技是第一生产力、人才是第一资源、创新是第一动力"，我们要"完善人才战略布局，坚持各方面人才一起抓，建设规模宏大、结构合理、素质优良的人才队伍"。培养造就大批德才兼备的高素质人才，是国家和民族长远发展大计，也是我国当前重要且迫切的任务。提升教育质量，培养优秀教师，又是培养人才的前提和基础。

  2000 年 9 月 23 日教育部颁布《〈教师资格条例〉实施办法》，标志着教师资格制度在全国正式实施。该实施办法规定："国务院教育行政部门负责全国教师资格制度的组织实施和协调监督工作"（第四条），"依法受理教师资格认证申请的县级以上地方人民政府教育行政部门，为教师资格认定机构"（第五条）。这个阶段教师资格认定的具体工作由地方政府教育行政部门负责。

  2011 年我国开始在浙江和湖北试行教师资格国家统一考试制度，并于 2013 年 8 月 15 日发布《中小学教师资格考试暂行办法》《中小学教师资格定期注册暂行办法》，明确规定，"教师资格考试实行全国统一考试"。

  如此，师范生的培养将面临专业养成与资格证书获得的双重任务。师范院校就不得不思考一系列问题：职前教师教育与教师资格考试如何有机融合？教师教育的课程设置与教学方式应该如何适应国家教师资格考试？现有的教学大纲和内容如何与国家教师资格考试大纲相融合？职前教师教育的评估与考试如何进行？……为了应对上述问题，北京大学出版社经过多年的实地调查与理性论证，审慎地决定编写一套"教师教育'课证融合'系列教材"，力图保证教师教育专业的学术品位，同时又能兼容国家教师资格考试的考试大纲内容。

出于这样一种思路，"教师教育'课证融合'系列教材"在深入地分析了《教师教育课程标准（试行）》《幼儿园教师专业标准（试行）》《小学教师专业标准（试行）》《中学教师专业标准（试行）》，以及国家教师资格考试标准、教师资格考试大纲等若干文件的基础上，结合现有的师范院校全日制本科生及研究生所开设的相关教师教育类必修课程的知识结构梳理出编写框架，希望其既能具有学科的逻辑体系，又能覆盖教师资格考试大纲的知识要点，让师范生在获得毕业证的同时又能够获得教师资格证书；既能符合师范类各专业人才的培养目标，适应当前我国对教师教育领域的人才需求，又能满足国家教师资格考试的要求，帮助师范生在获得教师教育专业知识与技能的同时获得从事教师职业的资格。

二、编写原则与体例

（一）编写原则

"教师教育'课证融合'系列教材"在编写过程中，遵循以下三个原则：

1. 专业知识与应试技能相结合

尽管通过国家教师资格考试是本套教材所追求的目标之一，但通过考试并不是最重要的目标。更重要、根本性的目的是通过本套教材的学习能够让学生系统地掌握教育的基本原理，理解并能运用教育的基本规律与原则，获得从事基础教育工作的基本技能与技巧，为成为一名优秀的人民教师奠定坚实的理论与技能基础。因此，我们在编写时既注意学科知识与原理的系统介绍，也重视资格考试知识点的梳理与解释，更加关注教育教学能力的培养与解决问题能力的形成，使本套教材既能用于正规的课堂教学，又适用于学生应对国家教师资格考试。

2. 理论思维与实战模拟相结合

一名优秀的人民教师需要有深厚的教育理论修养，必须具备教育学的思维，因此我们在编写时特别注意对学生进行教育学思维的培养，强调教育基本逻辑与基本范式的学习，使学生能够运用教育学的思维阐释教育现实问题，进而形成自己的教育思想。但"有知识的人不实践，等于一只蜜蜂不酿蜜"（古波斯诗人萨迪语），因此，我们在编写时特别注意理论知识与实践操作之间的联结，每节都有原理与知识点的概括，并有针对性的案例分析、试题举例和学习方法导引等。概括地说，本套教材既强调教育原理运用于解释现实问题的方法论引导，又注重教师资格考试的针对性训练。

3. 课堂讲授与课外练习相结合

教材是教师和学生用于教与学的材料，是师生双方共同使用的材料，只有师生配合才能获得最大的效益。任何优秀的教材都有两个特点：内容安排科学，符合教学规律，教师使用方便，即"能教"；学科知识逻辑清晰，练习形式多样，即时练习资源丰富，即"能学"。因此，本套教材在编写时既强调要方便教师的教（配套的教学课件、重点知识提示等提供了这个方便），又强调要方便学生的实践运用和复习巩固（配套的同步练习与模拟考试卷提供了这个保障），保证教师指导作用和学生主观能动性的充分发挥，有助于避免"教师只讲不听，学生只听不练"的弊端。

（二）编写体例

在编写体例上，"教师教育'课证融合'系列教材"由学习目标、学习重点、学习导引、正文、知识结构等部分组成。学习目标，让师生明确教学的方向与标准；学习重点，明确知识的逻辑结构与核心知识点；学习导引，指明学习路径与学习方法；正文，系统地呈现相关知识；知识结构，简明地呈现本章的知识要点。正文部分，首先由一个简短的案例导入，引出本章的学习主题，激发学习者思考的兴趣。每章最后都有一个简短的小结，让读者对本章的思路有一个总体的把握。

三、教材特色与使用建议

（一）教材特色

"教师教育'课证融合'系列教材"具有以下四个特色：

1. 内容体系完整

本套教材依据学科的逻辑结构，结合教师教育课程标准、教师专业标准、国家教师资格考试标准、教师资格考试大纲等进行编写，内容体系既保证有严密的学科逻辑，又保证国家政策文件规定的知识点的落实，力图将它们科学地加以融合，既保证学科内容体系的完整性，又兼具资格证考试的针对性。

2. 备考实用性强

本套教材在原有教材"学术性"的基础上增加"备考性"，即为通过国家教师资格考试做准备。教材通过真题的诠释，详尽细实地介绍各学科考试的基本内容、命题特点、考试题型、答题技巧、高分策略等，让考生对国家教师资格考试有一个具体而接地气的了解；书中罗列的真题与解析、练习题、模拟试题、知识结构图等，为考生提供模拟的考试环境，帮助考生在实战演练中提升自己的能力。

3. 考点全面覆盖

本套教材中知识点的选择基于两种路径：一是依据学科知识结构和教师资格考试大纲选择，二是根据对历年国家教师资格考试真题的考点梳理。据此梳理和确定每章每节的知识点，而后再根据学科的逻辑结构进行组织与编写。因此，本套教材几乎涵盖了国家教师资格考试的所有考试内容。

4. 线上线下融合

本套教材是一套创新型"互联网+"教材。教材在内容上力图融合学科内容与考试大纲规定的知识点；在体例上，坚持以学生为本，为学生掌握学科知识和应对教师资格考试提供支持；在呈现方式上，应用现代网络技术，教学资源立体配套，使教师和学生能够运用手机、计算机等电子设备随时随地学习。除了线下教学之外，手机二维码、微视频、在线咨询等拓宽了学生的学习时空。

（二）使用建议

"教师教育'课证融合'系列教材"是团队合作的产物，由北京大学出版社组织全国数十所高等学校联合编写，由于各校情况迥异，因而在使用时学校可以因校制宜，选择适合自己的方案。下面的使用建议仅供使用者参考。

1. 课时安排

课程	周课时	总课时	备注
教育学基础（中学）	2	36	不包括实践类课时
心理学（中学）	2	36	不包括实验课时
教育学基础（小学）	3	54	不包括实践类课时
心理学（小学）	3	54	不包括实验课时
学前教育学	3	54	不包括实践类课时
学前儿童发展心理学	3	54	不包括实验课时
学科课程与教学论	3	54	根据学科性质调整

2. 教学方式

建议以讲授与讨论为主。讲授时注意：①讲清学科逻辑结构，给学生一个完整的理论框架；②梳理每章的知识逻辑，特别注意根据知识的内在逻辑讲授各知识点，教给学生特定的教育学思维；③讲授过程中注意方法论的引导，讲清各种题型的答题技巧；④每次课后灵活运用国家教师资格考试历年真题进行同步练习，并即时分析与评价，让学生在实战中理解与运用解决问题的技巧。

3. 考核评价

课程考核由三大类组成：平时成绩（主要是课堂表现、练习册完成的数量与质量）、课程论文与社会实践或实验、期末闭卷考试。

计分采用百分制。平时各类成绩占60%，期末成绩占40%。

希望本套教材的出版，能够帮助考生顺利通过国家教师资格考试，并为国家培养教师教育领域的优秀人才做出我们应有的贡献。

教师教育"课证融合"系列教材编委会
2023年7月

目　录

第一章　心理学概述
　　第一节　心理学的研究对象与性质 ··· 2
　　第二节　心理学的发展 ··· 5
　　第三节　心理学研究的基本方法 ·· 8

第二章　中学生的心理发展
　　第一节　心理发展概述 ··· 12
　　第二节　心理发展理论 ··· 15
　　第三节　青少年期心理发展的基本规律 ··································· 19

第三章　认知心理
　　第一节　注　意 ·· 26
　　第二节　感觉与知觉 ·· 32
　　第三节　记　忆 ·· 39
　　第四节　思　维 ·· 48

第四章　情绪、情感与意志
　　第一节　情绪、情感 ·· 65
　　第二节　意　志 ·· 76

第五章　人格心理
　　第一节　人格概述 ··· 84
　　第二节　能　力 ·· 89
　　第三节　气　质 ·· 94
　　第四节　性　格 ·· 97

第六章　学习与学习理论
　　第一节　学习概述 ··· 106
　　第二节　学习理论 ··· 108

第七章　学习动机、学习迁移和学习策略

　　第一节　学习动机 ………………………………………………………… 121
　　第二节　学习迁移 ………………………………………………………… 133
　　第三节　学习策略 ………………………………………………………… 147

第八章　知识与技能的学习

　　第一节　知识的学习 ……………………………………………………… 160
　　第二节　技能的学习 ……………………………………………………… 167

第九章　中学生心理辅导

　　第一节　心理健康及其标准 ……………………………………………… 175
　　第二节　中学生常见的心理健康问题 …………………………………… 176
　　第三节　心理辅导的主要方法 …………………………………………… 187

第十章　教师心理

　　第一节　教师心理特征 …………………………………………………… 213
　　第二节　教师职业心理 …………………………………………………… 216
　　第三节　教师心理健康 …………………………………………………… 220

第一章

心理学概述

☞ **学习完本章，应该做到：**
  ◎ 了解心理学研究的对象和学科性质，理解心理的实质。
  ◎ 了解现代心理学主要流派的基本观点及其代表人物。
  ◎ 掌握心理学研究的基本方法。

☞ **学习本章时，重点内容为：**
  ◎ 心理的实质。
  ◎ 现代心理学主要流派的基本观点。
  ◎ 心理学研究的基本方法。

> 本章阐述了心理学的研究对象和性质，讲解了心理的实质，厘清了心理学发展的脉络和主要理论流派。
> 在学习过程中，应先把握心理学发展的整体框架，形成学科认知结构，再熟悉和掌握心理学的基本研究方法。

【引子】

《礼记》中有一个典故：齐国发生大灾荒，有一位叫黔敖的人想施舍饥饿的人。当一位饥饿者从远处步履蹒跚地走过来时，黔敖拿着食物对饥饿者说："喂，来吃吧！"饥饿者抬头看了一眼黔敖，然后说："我就是因为不吃别人像你这样送来的食物，才落到这般地步的呢！"于是谢绝了黔敖的好意……

黔敖的初衷没有任何恶意，但是，他高高在上的态度伤害了饥饿者的自尊心。自尊心是人类灵魂深处一种复杂的情感，它支配着人们的思想和行为，人们可以忍受生理上的饥饿，却无法忍受心理上的耻辱。

人类的需要是复杂的，人们究竟有哪些需要？我们应该如何去满足人们的不同需要？心理学可以帮助人们揭开这个谜。

第一节 心理学的研究对象与性质

一、心理学的研究对象

心理学是研究人的心理现象（或心理活动）发生、发展及其规律的科学。人是如何感知世间万事万物、如何思考问题和做出决定、如何识别和表达情感，这些都是心理学探索和研究的对象。

人的心理现象是自然界最复杂、最奇妙的现象之一。个人所具有的心理现象称为个体心理，包括心理过程、心理状态和人格三个方面。本书主要从个体心理的角度阐述心理现象和心理规律。

（一）心理过程

心理过程是人在认知、情感、意志等方面表现出来的心理活动。

认知是人们获得知识和应用知识的过程，这是人的最基本的心理过程，它包括感觉、知觉、记忆、思维、想象等。

人们获得知识和应用知识的过程始于感觉和知觉。感觉是对事物个别属性和特性的认识，如感觉到颜色、明暗、声调、香臭、粗细、软硬等。知觉是对事物整体及其联系与关系的认识，如看到一辆汽车、听到一首歌曲等。知觉是在感觉的基础上产生的，知觉不是感觉的简单相加。在知觉的过程中人的知识经验起着重要作用。通过感觉和知觉获得的知识经验在人们头脑中保留下来，并在需要时能回忆出来的心理过程，就是记忆。

人不仅能直接感知具体的事物、认识事物的表面联系，还能间接、概括地认识事物，揭示事物的本质和内在联系，这就是思维。人们还凭借头脑中保存下来的表象进行想象活动，作家创作典型人物就是在头脑中想象、创造新形象的活动。以上描述的心理现象，都是人们经常表现出来的对客观事物和对象在认识方面的心理活动。

人们在加工外界输入的信息时，不仅能认识事物的属性和关系，还会对事物产生态度，引起满意、不满意、喜爱、厌恶、热情、冷淡等主观体验，这就是情绪、情感。

意志是人为了一定的目标，自觉组织自己的行为，并根据目标调节支配自身的行动，克服困难，力求实现预定目标的心理过程，是人的意识能动性的集中表现。意志对行为有发动、坚持和制止、改变等方面的控制调节作用。

人的认知、情感、意志三方面的心理活动，经常处于动态变化之中，都有其发生、发展的过程。认知、情感、意志三种心理过程相互联系和制约，从而构成人的整个心理过程。

（二）心理状态

心理状态是心理活动在一段时间里表现出来的相对稳定的持续状态。它既不像心理过程那样动态变化，也不像个性心理特征那样持久稳定。心理状态只是在心理活动的进程中，在一定的时限出现的某种相对持续的状态，其持续时间可以是几小时、几天或几个星期，如注意状态、灵感状态、心境状态、激情状态、犹豫状态等。

（三）人格

人格是动机系统、心理特征系统和自我监控系统三者的有机结合体，是在长期的心理活动和实践活动中形成的。人格具有稳定性、整体性和差异性。

动机系统包括动机、需要、兴趣、理想、价值观和信念等心理倾向，是激活行为、维持活动的内部动力，是个体积极性的源泉。

心理特征系统包括气质、性格、能力，是行为习惯性的心理系统。气质是指人的性情和脾气，如有的人性情温和，有的人脾气暴躁。性格是指待人接物的态度和行为习惯，如有的人待人热情，有的人办事认真。能力是指能够顺利完成活动任务的心理特征。

自我监控系统即自我意识系统，包括自我认知、自我体验、自我调控等。自我认知是自我意识的认知成分，自我认知包括自我感觉、自我观察、自我分析、自我评价等。自我认知主要回答"我是什么样的人"。自我体验是自我意识的情绪成分，是人对自己情绪状态的体验。自我体验包括自尊、自爱、自豪、自卑、自怜等情绪状态。它主要回答"我是否满意自己或悦纳自己"。自我调控是自我意识的意志成分，是个体的自觉过程。它包括自我监视、自我激励、自我控制、自我暗示等形式。自我调控的实现受到自我认知、自我体验的制约。

人格与心理过程密不可分。首先，人格是在长期的认知、情感和意志的心理过程中形成的。其次，形成的人格结构，又以动机（动力）作用、惯性作用、自我控制作用，支配当前正在进行的认知、情感、意志的心理过程，并直接影响当前工作和学习行为的效果及质量。人格与心理过程是心理现象的两个方面，无法截然分开。

心理过程、心理状态和人格是密切联系的。心理状态和人格是在具体的认知、情感和意志过程中形成和表现出来的，心理过程受心理状态和人格的影响和制约。

二、心理学的性质

（一）心理的实质

现代心理学的主流观点认为：心理是脑的机能，是人脑对客观现实的主观能动的反映。

1. 人脑是人的心理活动的物质载体

脑是心理的器官，没有人脑这个物质载体，人的心理活动就无从产生。

19世纪60年代，法国医生布罗卡遇到一位能听懂别人的讲话，发音器官也无损伤，但就是不能讲话的病人。这位病人去世后，在对其进行尸体解剖时，发现其大脑左半球第三额回后部由于脑出血造成了内伤，因而布罗卡发现了"言语运动中枢"。后来很多临床病例证明病人脑部某部位的损伤直接导致了某种心理功能的丧失。

2. 人的心理来源于客观现实

虽然说人脑是心理活动的物质载体，但人脑不会自动生成心理现象。人的心理的产生依赖于人生存的周围环境。对此，"狼孩事件"可以佐证。20世纪20年代印度曾发现一个大约8岁的"狼孩"，这个狼孩不会思考，不会说话，没有感情，用四肢走路，吃生冷食物，舔食流质，怕光、怕火、怕水。这个"狼孩"虽然具有形成人的心理的物质基础，但由于她生活在狼群中，因而无法形成人的心理。

3. 人的心理活动的主观能动性

人对现实的反映是通过个体的选择和建构而实现的。这种反映受个体已有知识经验的影响，带有个人独特的色彩，即"仁者见仁，智者见智"。

人的行为不是无缘无故的，而是都有心理根源。通常我们可以根据一个人的行为推测他的心理动机，这说明人的行为受人的心理支配和调节，人对客观现实的反映是能动的，不是被动的。

（二）心理学的学科性质

心理学独立之前，有关心理学问题的阐述主要是由哲学家完成的。古希腊哲学家苏格拉底、柏拉图、亚里士多德的思想对心理学的影响很深。近代西方哲学中经院哲学的心理学思想、文艺复兴时期的心理学思想对心理学的发展也起了很大的作用。除了哲学，心理学还和自然科学、社会科学有联系。因为人的心理的产生，必须依靠脑及客观事物信息的输入，要明白这类问题，就要求助于自然科学；同时，人的心理产生的根源及其内容都取之于社会中的事物，要明白这类问题，就必须依靠社会科学才能解决。

综上所述，心理学既研究心理现象的自然属性，又研究心理现象的社会属性；既具有自然科学的性质，又具有社会科学的性质。它是一门介于哲学、自然科学和社会科学之间的交叉学科。

第二节　心理学的发展

一、心理学的产生

19世纪末，在哲学母体内长期孕育的心理学已逐渐成熟，生理学和物理学等自然科学的发展，为心理学的诞生提供了必要的自然科学知识和实验技术。1879年，德国心理学家威廉·冯特在德国莱比锡大学建立了世界上第一个心理实验室，开始对心理现象进行系统的实验室研究，标志着现代心理学（即科学心理学）的开端。从此，心理学从哲学中独立出来，成为一门独立的学科。现代心理学分支领域数量众多，在各种不同观点的碰撞和融合中，心理学作为一门科学，取得了突飞猛进的发展。总体来说，我们把心理学家的工作归为基础心理学和应用心理学两个领域。基础心理学领域的分支包括普通心理学、实验心理学、比较心理学、发展心理学、生理心理学、社会心理学、认知心理学、变态心理学、人格心理学等。应用心理学领域的分支主要有教育心理学、管理心理学、咨询心理学、医学心理学、商业心理学、劳动心理学、军事心理学、司法心理学、运动心理学等。

基础心理学各分支概括心理学的一般理论，为应用心理学各分支提供理论依据；而应用心理学各分支的发展又为基础心理学各分支的概括提供了新的资料。这两个领域的心理学分支是相互联系、相互渗透的。

历年真题

【1.1】科学心理学诞生于（　　）。
A. 公元前四世纪　　B. 十八世纪　　C. 十九世纪　　D. 二十世纪

> **冯　特**
>
> 冯特，德国心理学家、哲学家，现代实验心理学的创始人之一，构造主义心理学的奠基人。冯特出生在德国巴登的一个牧师家庭，早年习医。1856年在海德堡大学获博士学位。1857—1874年在该校任教，曾开设生理心理学课程，并出版《生理心理学原理》。1875年改任莱比锡大学哲学教授。1879年创建了世界上第一个心理实验室。

二、心理学的发展

心理学的发展主要通过以下七个现代心理学的主要学派表现出来。

（一）构造主义心理学

构造主义心理学的奠基人是冯特，代表人物还有美国心理学家铁钦纳。构造主义心理学认为，心理学应该研究人们的直接经验即意识，并把人的经验分为感觉、意象和激情三种元素，所有复杂的心理现象都是由这些元素构成的。感觉是知觉的元素，意象是观念的元素，激情是情绪的元素。在研究方法上，构造主义心理学强调内省法，认为经验可以分析为各种元素。

（二）机能主义心理学

机能主义心理学的创始人是美国心理学家詹姆斯，主要代表人物有美国实用主义哲学家、教育家、心理学家杜威，美国心理学家、教育家安吉尔。机能主义心理学派主张研究意识，并把意识看成是川流不息的过程（意识流），强调心理学的目的是研究个体适应环境时的心理或意识的功能与作用，认为研究个体适应其生活环境时心理的功能比研究心理的结构更重要。机能主义心理学研究方法有内省、观察、测验、问卷调查等。

（三）行为主义心理学

行为主义心理学是美国现代心理学的主要流派之一，也是对西方心理学影响最大的流派之一，其创始人是美国的心理学家华生。华生提出，心理学是行为的科学，而不是意识的科学，心理学的研究对象是人类和动物行为。华生重视刺激、反应、习惯形成、习惯联合等概念，提出华生行为主义公式：刺激-反应（S-R）。

行为主义心理学可分为古典行为主义学派和新行为主义学派。古典行为主义的代表人物以华生为首，其次有美国心理学家、哲学家霍尔特，美国心理学家亨特，美国生物学家、心理学家拉什里和美国心理学家魏斯。新行为主义的主要代表人物为美国心理学家托尔曼、赫尔、斯金纳、班杜拉等。

> **历年真题**

【1.2】行为主义心理学的创始人是（　　）。
A. 弗洛伊德　　　B. 华生　　　C. 马斯洛　　　D. 冯特

（四）格式塔心理学

格式塔心理学于20世纪初在德国诞生，其创始人是德国心理学家韦特海默，德裔美国心理学家苛勒和考夫卡。"格式塔"是德文"Gestalt"的译音，意为"完形""结构""组织"。

格式塔心理学家认为心理学应该研究直接经验和行为。所谓直接经验，就是主体在对现象的认识过程中所掌握的经验。这种经验是一个有意义的整体，是一切科学研究的基本材料，它和外界的直接客观刺激并不完全一致。格式塔心理学把行为分为显明行为和细微行为，前者指个体在自身行为环境中的活动，后者指有机体内部的活动。格式塔心理学研究的是显明行为。

格式塔心理学家认为，心理现象是完整的，不能被人为地区分为若干元素；整体不等于部分的总和，整体不是由若干元素组合而成的，相反，整体先于部分而存在并且制约着部分的性质和意义。

（五）精神分析心理学

精神分析心理学是西方现代心理学思想中的一个主要流派，它产生于19世纪末20世纪初，既是一种精神病症的治疗方法，也是在医疗实践中逐渐形成的一套理论体系。其创始人是奥地利精神科医生、心理学家弗洛伊德。

弗洛伊德把人的心理分为意识、前意识和潜意识三部分。意识是指可觉察到的心理活动，是传统心理学集中研究的领域。前意识是指人们能够从无意识中回忆起来的经验，它处于潜意识和意识之间，防止潜意识的本能和欲望随便进入意识之中。潜意识包括原始的本能冲动以及与本能冲动有关的欲望，特别是性的欲望。前意识和潜意识共同构成人的无意识。弗洛伊德把无意识现象和内容作为精神分析的主要对象。

弗洛伊德认为人格是由本我、自我和超我三部分组成的。本我是原始的、与生俱来的，是最接近生物性的本能冲动，按照快乐原则行事。自我是处于本我和超我之间，按照现实原则行事。超我代表良心、自我理想，是人格的道德部分，按照至善原则行事。弗洛伊德从精神动力的角度研究人的心理，为变态心理学的发展开拓了新道路。

（六）人本主义心理学

人本主义心理学是由美国心理学家马斯洛和罗杰斯于20世纪50年代创立的。它既反对行为主义把人等同于动物，只研究人的行为，不理解人的内在本性，又批评弗洛伊德只研究神经症和精神病人，不考察正常人心理，因而被称为心理学第三思潮。人本主义心理学主张以正常人为研究对象，研究人类特有的复杂经验，如动机、需要、价值、快乐、情感、生活责任、生命意义等。人本主义心理学对人性持乐观态度，认为人类本性是善的，而且人类本性中蕴含着无限的潜力。人本主义心理学强调人的尊严、价值、创造力和自我实现，把人的本性的自我实现归结为潜能的发挥，而潜能是一种类似本能的性质；认为心理学的研究不仅是了解人性，还要积极改善环境以利于人性的充分发挥，从而达到自我实现的境界。人本主义心理学最大的贡献是看到了人的心理与人的本质的一致性，主张心理学必须从人的本性出发研究人的心理。

（七）认知心理学

认知心理学主要是研究人类认知的信息加工过程。自20世纪50年代以来，认知心理学的研究兴盛起来。一般认为，1967年美国心理学家奈瑟的《认知心理学》的出版标志着认知心理学的正式产生。这本书第一次采用了"认知心理学"这个术语，提出了认知心理学的基本理论。

认知心理学家采用信息加工观点，把人看作是信息加工系统，通常用模型来表示人类心理过程和结构的某些主要方面，研究知觉加工与模式识别、注意、记忆、思维、概念、形成和问题解决等高级心理过程。

第三节 心理学研究的基本方法

心理学研究的基本方法有观察法、实验法、调查法、个案法等。

一、观察法

观察法是指在自然情境下，对心理现象的外部活动进行有系统、有计划的观察，从中发现心理现象产生和发展的规律的研究方法。按照观察者是否参与被观察对象的活动，可分为参与观察与非参与观察；按照对观察对象控制性强弱或观察提纲的详细程度，可分为结构性观察与非结构性观察；按照是否具有连贯性，可分为连续性观察和非连续观察；按照观察地点和组织条件，可分为自然观察和实验观察，等等。观察法的成功与否取决于观察的目的与任务是否明确、观察和记录手段是否适当，以及观察者的经验和态度。

观察法的主要优点是：可以观察到被试在自然状态下的行为表现，没有中间环节，所获结果比较生动而真实。可以在实地观察到行为的发生、发展，能够把握当时的全面情况、特殊的气氛和情境。

观察法的主要缺点是：研究者处于被动地位，往往只能等待行为的发生，因而难以观察到所需要研究的行为，同时收集资料颇费时间。还有对观察的结果难以进行精确的分析，观察可能受到观察者效应和观察者偏见等主观因素影响，难以做到完全客观公正。在研究中，观察法还要与其他方法进行配合方能取得较为理想的效果。

二、实验法

实验法是有目的地严格控制或创造一定条件来引起某种心理现象的方法。心理学的实验法主要有实验室实验法和自然实验法两种形式。

实验室实验法是指在实验室内借助专门的实验设备，对各种条件严格控制的实验。如反应时实验或感觉阈限实验。

实验室实验法的主要优点有：便于严格控制各种因素，并通过专门仪器进行测试和记录实验数据，可以对实验结果进行反复验证，一般具有较高的信度，与观察法相比，在时间上往往比较经济。

实验室实验法的主要缺点有：实验室情境有很大的人为性。

自然实验法也对实验条件进行控制，但是它是在自然的学习和生活情境下进行的。比如，在课堂教学的情境下，对两种记忆方法的实验。自然实验法比较接近人的生活实际，结果比较符合真实情况。但由于缺乏严格的控制，自然实验法往往难以得到精确的结果。

三、调查法

调查法是指通过问卷或访谈的方式，了解被调查者的心理品质的方法。

调查法的主要优点是：能在短时间内同时调查很多对象，获取大量资料，并能对资料进行量化处理，经济省时。

调查法的主要缺点是：被调查者由于种种原因可能对问题做虚假回答。

调查法可以分为问卷调查法和访谈调查法两种。

问卷调查法指根据研究的要求，设计问题让被调查者自行陈述。它可以是纸质问卷方式，也可以是网络问卷方式。其中网络问卷可以同时面向全国或全球，被调查人数可以是几万、几十万人甚至更多。

访谈调查法指根据预先拟好的问题向被调查者口头提出，以一问一答的方式进行。它可以是面对面访谈，也可以是电话或网络访谈。访谈对象可以是一个人，也可以是多个人。与问卷法相比，其优点是研究者可以直接调节访谈进程，可以用不同的方式考察被调查者对问题回答的真实程度，并可以根据被调查者的反应临时应变地提出问题，调控问题的深度。其缺陷是较费时间，调查的数量也非常有限。

四、个案法

个案法是指对某一个体或群体组织在较长时间内（几个月、几年乃至更长时间）连续进行调查，了解、收集全面的资料，从而研究其心理发展变化的全过程的方法。

个案法主要是从个案历史资料的相互比较中找出个案在某些方面发展的脉络。一般收集个案的资料可包括个人简历、家庭情况、主要问题、智力发展、社会适应能力、个性发展等方面。可以从被试的书信、日记、自传或他人为被试写的资料（如传记、病历）进行采集和分析。深入的个案研究可以使我们获得有益的启示。但个案法所收集到的资料往往缺乏推广的可靠性，其研究结果可能只适合个别情况。

本章小结

1. 心理学是研究人的心理现象（或心理活动）发生、发展及其规律的科学。心理过程是指人在的认知、情感、意志方面表现出来的心理活动，它们经常处于动态变化的过程中。个性心理特征就是一个人的心理活动经常表现出来的稳定特点。心理活动在一段时间里表现出来的相对稳定的持续状态称为心理状态。

2. 现代科学表明，脑是心理的器官，心理是脑的机能。也就是说，人脑是人的心理活动的物质载体。

3. 现代心理学的主要学派有构造主义心理学、机能主义心理学、行为主义心理学、格式塔心理学、精神分析心理学、人本主义心理学、认知心理学等。

4. 心理学研究的基本方法有观察法、实验法、调查法、个案法等。

本章要点回顾

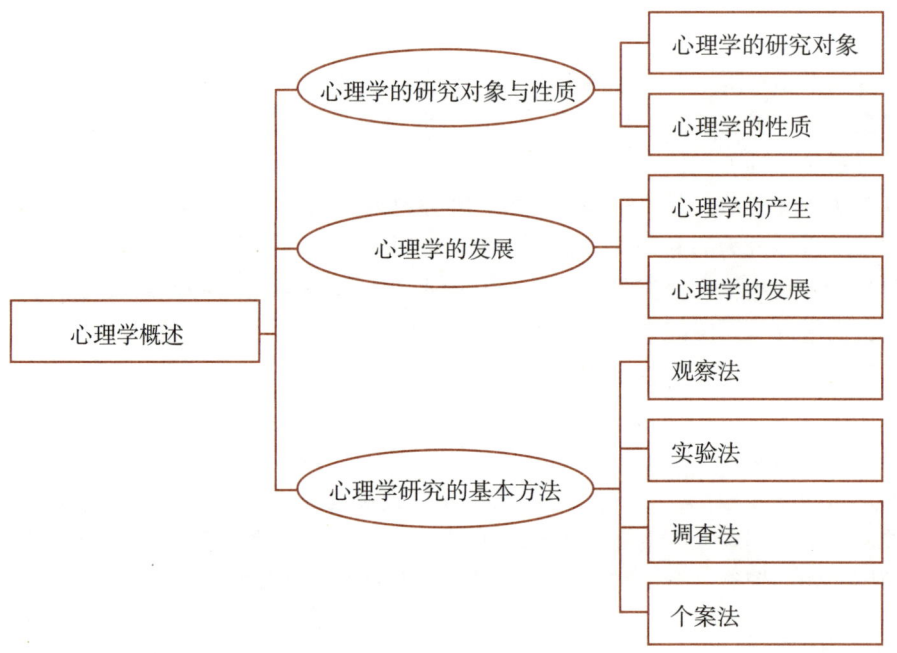

第二章

中学生的心理发展

☞ **学习完本章，应该做到：**

◎ 理解心理发展的含义。
◎ 了解心理发展的基本理论。
◎ 掌握中学生心理发展的特征。
◎ 掌握中学生心理发展的规律。

☞ **学习本章时，重点内容为：**

◎ 中学生心理发展的特征。
◎ 中学生心理发展的规律。

> 本章阐述了心理发展的含义、基本特征、影响心理发展的因素，介绍了心理发展的基本理论，厘清了中学生心理发展的特点和规律。
> 在学习过程中，应注重掌握中学生心理发展的特征和中学生心理发展的规律。

【引子】

吉姆·斯普林格和吉姆·路易斯是同卵双生子。他们在4周大时被分开，39岁之前再也没有见到对方。他们都曾担任或兼职副警长，都开雪佛兰牌汽车，都有叫托伊的狗，都曾与叫琳达的女人结婚和离婚，第二任妻子都叫贝蒂。他们都为自己的儿子取名詹姆斯·艾伦，都喜欢数学而不是拼写，都喜欢木工艺品和机械绘图，都会咬指甲，有几乎相同的饮酒和吸烟习惯。他们在发育中相同的时间点上体重增加10磅，都在18岁时第一次遭受头痛，拥有相同的睡眠模式。斯普林格和路易斯也有一些不同：一个前额有刘海，另一个把头发撩到后面而且有鬓角；一个擅长口头表达自己的思想，另一个更精于写作。但是，从整体来看，他们的形象显著地相似。

在婴儿时就被分开的同卵双生子，在他们的品位、习惯和选择上表现出如此显著的相似，因此，我们能否下结论说，一定是他们的基因导致了这些相似？

第一节 心理发展概述

一、心理发展的含义

心理发展是指个体从出生、成熟、衰老直至死亡的整个生命进程中所发生的一系列心理变化。在人的一生中，个体心理发展既是一个连续的过程，也表现出一定的阶段性。

二、个体心理发展的基本特征

(一) 个体心理发展的连续性和阶段性

在个体心理发展过程中，当某些代表新特征的量累积到一定程度时，就会取代旧特征而处于主导地位，表现为阶段性的间断现象。但后一阶段的发展总是在前一阶段的基础上发生的，而且又萌发着下一阶段的新特征，表现出心理发展的连续性，个体心理发展还体现出连续性和阶段性的有机统一。

(二) 个体心理发展的定向性与顺序性

在正常条件下，个体心理的发展总是具有一定的方向性和先后顺序。尽管发展的速度有个别差异，会加速或延缓，但发展是不可逆的，也不可逾越。

(三) 个体心理发展的不平衡性

个体心理的发展可以因进行的速度、到达的时间和最终达到的高度而表现出多样化的发展模式。一方面表现出个体不同系统在发展的速度、发展的起止时间与到达成熟时期方面的不同进程；另一方面也表现出同一机能特性在发展的不同时期有不同的发展速率。

(四) 个体心理发展的差异性

任何一个正常个体的心理发展都要经历一些共同的基本阶段，但发展的速度、最终达到的水平以及发展的优势领域等方面往往又千差万别。学生心理发展的个别差异是教师要面对的一个重要问题，只有了解学生的个体差异，才能通过因材施教满足具有不同智力结构和学习风格的学生的不同需求，促使每个学生得到全面的和个性化的发展。

三、影响个体心理发展的因素

在个体的心理发展过程中，先天遗传素质是心理发展的物质前提，生理成熟影响心理发展的速度和水平，环境和教育是心理发展的决定性因素。个体接受环境和教育的影响具有主动性、能动性。

(一) 先天遗传素质是心理发展的物质前提

所谓遗传是指亲代将自己的生物特征传递给子代的过程。子代通过遗传所获得的生物特征就是遗传素质。由于遗传，个体保持了种族的生物特征与行为模式，并决定了个体间的生物学差异。

不同的个体都是在自己遗传素质基础上发展形成自己的独特心理的，遗传素质是个体心理发展的物质前提，没有这个物质前提，就没有个体心理的发展。例如，唐氏综合征患者第 21 对染色体上比正常人多了一条染色体，这是一种遗传疾病，他们在智力上存在缺陷，不论后天怎样培养，都不可能达到正常人的智力水平。

人的心理是人脑的机能，大脑神经系统的结构与机能决定了心理发展的速度和水平。一个具有极好遗传素质的儿童，在心理发展的速度和水平上可能会明显地优于其他正常儿童。但遗传素质仅仅是为个体心理发展提供了物质基础，使个体心理发展具有了某种可能性，个体心理发展还取决于许多其他因素。

（二）生理成熟影响心理发展的速度和水平

成熟是一种先天决定的、相对不依赖环境的机体的生长发育。个体的生理成熟，特别是神经系统和内分泌系统的成熟状况，是其心理发展的必要条件，个体心理的发展就是伴随着生理成熟而逐步实现的。

个体的生理成熟具有一定顺序性。神经系统在出生后前几年成熟速度很快，以后逐渐减慢；肌肉、骨骼等系统的成熟是出生后前几年发育速度很快，然后减慢，青春期又进入一个快速发育时期直到完全成熟；生殖系统在出生后前几年成熟速度慢，在青春期则迅速发育。此外，各系统内部各部分的发展也都表现出一定的顺序性。

个体的生理成熟是个体心理发展的必备条件，影响着心理的发展。12个月左右的婴儿，骨骼的成熟为他学习走路提供条件，发音系统的成熟为他学习语言提供条件。尤其是个体神经系统的成熟是心理机能完善的重要条件。

心理学家格塞尔根据自己的研究提出了"成熟论"。格塞尔认为随着儿童年龄的增长，其心理会自然而然地发展，个体的生理成熟决定着个体的心理发展水平。1929年，格塞尔对一对双生子T和G进行了实验研究，通过观察发现T和G心理发展水平相近。到这对双生子出生后第48周时，对T进行爬楼梯、搭积木、运用词汇和肌肉协调等训练，而对G却不做任何训练。经过6周后，T更早地显示出某些技能。到了第53周时，G发育到能够爬楼梯的成熟水平时，对他进行集中训练，结果发现只经过了少量训练，G就达到了T的成熟水平。格塞尔进一步观察发现，在第55周时，这两个孩子的能力水平已没有差异了。格塞尔断言，生理成熟之前的早期训练对最终的结果并没有显著的作用，个体的心理发展取决于生理成熟。

（三）环境和教育是心理发展的决定性因素

在现实生活中我们会发现，许多人在心理发展上表现出了显著的差异，但他们在先天的遗传素质方面并不存在明显的差异。这充分说明，个体的家庭、社会环境、学校教育、个人实践在个体心理发展过程中的影响是巨大的。

本章"引子"部分的吉姆·斯普林格和吉姆·路易斯是同卵双生子，虽然他们在许多方面有相似性，但他们一个擅长口头表达自己的思想，另一个更精于写作，表现出了明显的差异性。研究表明，遗传因素相同的同卵双生子女，如果生活在不同的环境中，接受不同的教育，会获得不同的心理面貌；相反，遗传因素有差异的两个人，如果在同一环境中抚养，接受相同的教育，却可能获得类似的心理和行为特征。

社会物质生活条件、社会的传统文化观念在个体心理发展中起着重要作用。在极端贫困家庭或生活富裕的家庭，专制文化或民主文化，集体主义文化或个人主义文化下成长起来的个体在人生观、世界观、价值观、消费观以及性格特征等心理发展方面常常表现出很大的差异。特别是有目的、有计划、有组织的学校教育对个体的影响往往起着主导作用，尤其表现在个体知识、智力的发展，思想觉悟的提高，道德品质的培养，理想、世界观的形成等方面。

个体的心理发展是遗传与环境交互作用的结果。个体生活在一定的时空环境中，必然会受到环境的影响，但个体从来不是被动地接受环境影响的，会表现出主观能动性。

第二节 心理发展理论

一、弗洛伊德的心理发展理论

弗洛伊德把人的心理分成意识和无意识，无意识包括前意识和潜意识；把人格分为本我、自我和超我三大系统，认为本我中的性本能是人的一切心理活动的原动力。

弗洛伊德的心理发展理论也称为"心理性欲发展阶段理论"，他把个体心理发展分为五个阶段，即口唇期、肛门期、性器期、潜伏期和生殖欲期。儿童在这些阶段获得的各种经验决定了他们成年的人格特征。

（1）口唇期（0～1岁）。这一阶段口唇是快感区，婴儿的吮吸本能也能产生快感。往后的个体发展直至成人，出现的吮吸或咬东西的愉快，或抽烟和饮酒的快乐，都是口唇快感的发展。

（2）肛门期（1～3岁）。这一阶段肛门成为快感区，儿童通过排泄消除紧张而获得快感。

（3）性器期，也叫前生殖器期（约3～6岁）。这一阶段性器官成为快感区，儿童变得依恋异性父母，男孩产生恋母情结，女孩产生恋父情结，这一早期的亲子依恋被弗洛伊德描述为俄狄浦斯情结。

（4）潜伏期（5～12岁）。这一时期儿童性的发展呈现一种停滞的或退化的现象，儿童的快乐来自外界，如学习、体育以及与同辈人的集体活动，儿童的注意也集中在这些方面，这一时期反而显得相当平静。

（5）生殖欲期（12～20岁）。这一阶段相当于青春期，经过短暂的潜伏，青春期就来到了，女孩约从11岁，男孩约从13岁进入青春期。青春期最明显的特点是力图摆脱父母对自己的控制。这一时期，个体容易产生性冲动，也容易产生同成人的抵触情绪。

历年真题

【2.1】简答题：简述弗洛伊德的心理发展理论。

二、斯金纳的心理发展理论

斯金纳是新行为主义心理学的创始人之一。斯金纳认为经典性条件反射是由刺激引起的，行为是对刺激的应答或反应，因而经典性条件反射行为也叫应答性行为。在操作性条件反射中，有机体做出的行为是自发产生的，是主动的，强化往往是在操作行为发生之后才出现，这种行为又称操作性行为。相比之下，斯金纳更强调操作性条件反射在个体心理发展中的作用。

斯金纳的操作性条件反射强调强化与消退、及时强化等原则。

斯金纳认为，任何习得的行为，都与及时强化有关；人们通过对强化的控制实现对行为的控制。强化分为正强化和负强化。正强化是指通过呈现想要的愉快刺激来增强反应频率；负强化是指通过消除或中止厌恶的、不愉快的刺激来增强反应频率。

斯金纳认为惩罚不同于负强化，惩罚是指能够减弱或降低反应频率的刺激或事件，其作用在于降低行为发生的频率。

斯金纳的心理发展理论在行为矫正、课堂教学等方面产生了很大的影响。成人对儿童积极行为的及时强化，对不良行为的淡然处置，对程序教学过程中的小步子信息的呈现、及时反馈与主动参与等，至今仍是强化与控制个体行为发展的有效途径。

三、维果茨基的心理发展理论

维果茨基是苏联的著名儿童心理学家，他创立了"文化-历史发展理论"，用以解释人类心理本质上与动物心理不同的那些高级的心理机能。

维果茨基认为人类在物质生产中使用的工具凝聚着人类的间接经验，即社会文化知识经验，这使得人类心理的发展不再像动物那样受生物进化规律的制约，而是受社会历史发展规律的制约，因此，社会教育在儿童心理发展中起着重要的作用。

维果茨基在研究教学与发展的关系上提出了"最近发展区""教学应走在发展的前面""学习的最佳期限"等重要观念。他认为儿童心理发展有两种水平：第一种水平是现有发展水平，即儿童已有的解决问题的水平；第二种水平是借助于他人帮助能达到的解决问题的水平，即通过教学所获得的潜力。两种水平之间的差异称为最近发展区。维果茨基认为教学决定着儿童智力发展的水平和智力活动的特点，同时也影响智力发展的速度。维果茨基还提出了教学中的"学习的最佳期限"观念。他认为儿童学习特定技能是有最佳年龄的，脱离了学习这一技能的最佳年龄会造成儿童心理发展的障碍。教学必须以成熟和发展为前提，但这必须建立在正在形成的心理机能的基础上，走在心理机能形成的前面。因此，教学应走在发展的前面。

> **历年真题**

【2.2】张老师在设置教学目标时，既考虑学生的现有知识水平，也考虑他们在老师指导下可以达到的水平，维果茨基将这两种水平之间的差距称为（　　）。

A. 教学支架　　　　B. 最近发展区　　　　C. 组织者　　　　D. 自我差异性

【2.3】"跳一跳，摘到桃"主要强调教师在教学过程中尽可能挖掘每个学生的潜力，使其得到更好的发展。其理论依据是（　　）。
A. 最近发展区理论　　　　　　　　B. 范例教学理论
C. 合作教育学理论　　　　　　　　D. 教学过程最优化理论

四、皮亚杰的心理发展理论

瑞士心理学家皮亚杰毕生从事儿童心理学的研究，特别是在20世纪50年代，他对儿童的思维、智力进行了规模庞大的系统研究。皮亚杰主要以生物学、逻辑学、心理学的理论为基础来研究儿童认识的发展和结构，形成了著名的发生认识论。

皮亚杰认为，个体的认识功能是通过外部刺激和主体已有认知结构的相互作用而实现的，在这一过程中，有同化、顺应和平衡化三种机能。

同化是人的一种适应机能，当外部信息作用于人时，大脑通过各种水平的作用与转化，将新信息纳入已有认知结构中，构成自身的新的知识系统，这就是所谓的"同化于己"。

顺应与同化一样是人的一种适应机能，是人在适应外部环境过程中改变自身认知结构以实现对环境的适应，这就是所谓的"顺化于物"。顺应不是被动的过程，而是主体通过与环境作用，主动改变自身的认知结构，使认知结构不断地向更高水平发展，由此实现主体与外部环境的协调一致。

平衡化不是指静止状态，而是一种动态过程。在皮亚杰看来，个体出生以后，认知发展是一个连续的心理适应过程。人不是被动地复制现实的信息，而是主动地、积极地从环境中选择信息，通过各种水平的作用转化外部事物并重新组织信息，构成自己的知识系统。在个体智慧的发展过程中，通过主体与客体一系列的相互作用，原有平衡被打破，新的发展开始。依次循环，不断从一种认识平衡状态达到另一种更高的、更为稳定的认识平衡状态。平衡是相对稳定的状态，平衡化则是认识发展的动态过程，是认识结构不断趋于完善的发展过程，是一个递进的、连续的、有层次的发展过程。

同化、顺应和平衡化推动着个体心理不断地发展。

皮亚杰认为影响儿童心理发展的基本因素有四个：一是成熟，主要是指机体的生长，特别是神经系统和内分泌系统的成熟。二是物理环境，包括物体经验和数学逻辑经验。三是社会环境，是指社会环境中人与人之间的相互作用和社会文化的传递。四是平衡化，它是个体心理发展中最重要的因素，即决定的因素。平衡化就是不断成熟的内部组织和外部环境的相互作用。平衡化可以调和成熟、物理环境和社会环境三个方面的作用。

皮亚杰将儿童心理发展分为四个阶段，即感觉运动阶段、前运算阶段、具体运算阶段和形式运算阶段。

感觉运动阶段（0～2岁），相当于婴儿期，这一阶段被认为是"思维的萌芽"阶段。婴儿的智慧发展主要是感觉和动作的分化，初生的婴儿只有一系列笼统的反射，在接触外界事物时能利用或形成某些低级行为反应。这一阶段的儿童只有动作的智慧而没有表象的和运算的智慧，是言语出现以前的时期。随后的发展便是儿童组织自己的感觉与动作以应对环境中的刺激，他们仅靠感觉动作的手段来适应外部环境，了解事物的最简单的关系。到这一阶段的后期，感觉与动作才渐渐分化，思维也开始萌芽。

前运算阶段（2~7岁），相当于幼儿期，这一阶段被认为是"表象或形象思维"阶段。在感觉运动发展的基础上，儿童的各种感觉运动反应开始内化为象征性或表象性的反应。随着言语的出现和发展，儿童开始用语言和表象来描述外部世界和不在眼前的事物，儿童也用语言与他人交际，以表象再现交际活动。但在这一时期，儿童的语词或其他符号还不能代表抽象的概念，思维仍受具体直觉表象的束缚，难以从感觉中解放出来。儿童还没有所谓"守恒"和"可逆性"的意识，只能从自我考虑问题，不能从多方面考虑问题，这就限制了个体掌握逻辑概念的能力。皮亚杰又将前运算阶段分为两个分阶段：第一是前概念或象征思维阶段（2~4岁），这一阶段产生的标志是儿童开始运用象征符号；第二是直觉思维阶段（4~7岁），儿童此时已开始从前概念思维向运算思维过渡，但他的判断仍受直觉调节的限制，还不能真正认识事物本身。在前运算阶段，儿童的思维具有具体形象性、不可逆性、自我中心化和刻板性等特点。

具体运算阶段（7~12岁），相当于童年期，这一阶段被认为是"初步逻辑思维"阶段。儿童此时开始能独立运用各种方法进行正确的逻辑运算（如分类等），但还离不开具体事物或形象的支持。这时的儿童离开具体事物而进行纯形式的逻辑推理会感到困难，例如，在一种纯形式的传递关系问题中："A比B大，B比C大，问谁最大？"不少儿童回答起来感到很困难。这时所形成的一些运算还很零散，不能组成一个完整的系统或有结构的整体。这一时期的运算，主要属于分类和序列的群集运算阶段。

形式运算阶段（12~15岁），相当于少年期，这一阶段被认为是"抽象逻辑思维"阶段。此时儿童根据假设对各种命题进行逻辑推理的能力迅速发展。儿童的具体运算思维经过不断同化、顺应、平衡化，在旧的具体运算结构的基础上逐步出现新的运算结构，开始接近成人的思维水平，达到成熟的形式运算思维。所谓形式运算思维，是指可以在头脑里把形式和内容分开，使思维从具体内容中解放出来，而表现出能进行抽象的形式思维。

历年真题

【2.4】中学生晓波通过物理实验发现，钟表的摆动幅度不取决于钟摆的材料或重量，而是取决于钟摆的长度。根据皮亚杰的理论，晓波的认知发展水平已达到（　　）。

A. 感觉运动阶段 B. 前运算阶段
C. 具体运算阶段 D. 形式运算阶段

【2.5】赵明能根据A大于B、B大于C，则A大于C的原理，推出A、B和C的关系，比如"小张比小李高，小李比小王高，则小张最高"。根据皮亚杰的理论，赵明的认知发展阶段处于（　　）。

A. 感觉运动阶段 B. 前运算阶段
C. 具体运算阶段 D. 形式运算阶段

【2.6】辨析题：根据皮亚杰的理论，在良好的外界环境作用下，学生的认知发展可以从前运算阶段直接跨越到形式运算阶段。

【2.7】梦佳理解了"物质决定意识，意识反作用于物质"的含义。按照皮亚杰的理论，梦佳的思维发展水平处于（　　）。

　　A. 感觉运动阶段　　　　　　B. 前运算阶段
　　C. 具体运算阶段　　　　　　D. 形式运算阶段

第三节　青少年期心理发展的基本规律

个体心理发展一般分为婴儿期、幼儿期、童年期、青少年期和成年期等阶段，每个阶段都表现出不同的年龄特征、心理发展水平，反映了个体不同阶段的心理发展规律。中学生所处阶段相当于青少年期，本节介绍青少年期个体的心理发展特征及其规律。

一、青少年期心理发展的一般特征

青少年期是指十一二岁到十七八岁这一时期，大致相当于中学教育阶段，包括少年期和青年初期。其中，少年期是指十一二岁到十四五岁这一时期，又称青春期，大致相当于初中教育阶段。少年期个体生理发育加速期，身高和体重迅速增长，性器官和性机能日趋成熟，生理的加速发展使个体具有敏感的"身体自我"。同时社会生活的变迁也常常使少年期的个体无所适从，产生"自我认同"的危机，心理发展呈现明显的矛盾性和由不成熟向成熟发展的过渡性。少年期的主要特点在于：这是一个半幼稚、半成熟的时期，是独立性和依赖性、自觉性和幼稚性错综矛盾的时期。青年初期一般是指十四五岁到十七八岁这一时期，大致相当于高中教育阶段。青年初期个体身体发育已接近成人水平，身高与成人相差无几，骨骼全部骨化，肌肉力量不断增强，性机能已经成熟，进一步意识到两性关系。青年初期心理发展更趋成熟，抽象逻辑思维高度发展，情感丰富热烈，自我意识迅速发展，行为和道德意识的自觉性也大大提高，有独立生活的要求，人生观、世界观开始形成，对未来的生活充满了幻想。

二、青少年期思维的发展

（一）少年期思维的发展

1. 少年期个体思维具有抽象逻辑性

在整个初中阶段，个体的抽象思维能力得到迅速发展，是个体思维发展的黄金时期。初中生的抽象逻辑思维仍然是经验型，在思维过程中具体形象仍然起着主要作用，经常需要具体的直观感性经验来支持。

2. 少年期思维具有独立性和批判性

少年期思维的独立性和批判性是与个体自我意识的发展密切联系的。这一时期，个体具有强烈的求知欲望和探索精神，喜欢别出心裁、标新立异，兴趣广泛，关心时事、体育、科技等。他们不轻易接受别人的意见，对他人的见解和主张甚至持有过度怀疑和批评的态度。少年期思维具有自我中心性，处于少年期的初中生由于自我意识的觉醒，思维独立性和批判性的发展，他们更喜欢审视自己，进行内省。

3. 少年期思维具有片面性和表面性

少年期思维的片面性和表面性，首先是由于思维发展水平不高造成的，个体虽然已经具备完整的思维形式，但思维还不深刻，尚缺乏全面、客观、辩证地分析问题和解决问题的能力。其次，个体所处阶段虽然是抽象逻辑思维占优势，但仍然处于经验性阶段，需要感性经验的支持，他们看问题有时比较深刻，但经常不全面，缺乏逻辑性。最后，这一时期个体的情绪容易波动，这也会明显地干扰他们的思维活动。

（二）青年初期思维的发展

青年初期是思维结构趋于稳定和成熟的时期，是完整思维结构的成熟期和稳定期，思维的预见性增强，目的更为明确，思维的策略更加有效，思维的监控能力也获得了很大的发展。青年初期不仅是抽象逻辑思维由经验型过渡到理论型的重要阶段，而且其思维要素的各个成分之间以及非智力因素和思维之间的关系也变得更加协调，同时，辩证思维和创造思维等高级思维形式在青年初期的思维结构中的地位越来越重要。青年初期思维发展的重要特点就是思维的逻辑性成分减少，辩证性成分增加。

三、青少年期自我意识的发展

（一）少年期自我意识的发展

少年期个体开始产生强烈的成人感，渴望确立成人角色，要求独立和得到尊重。但由于其实际的心理发展水平仍然存在局限，有时偏执、幼稚和肤浅，这就导致家长和老师经常不能满足其成人感，时有冲突发生。进入青春期，个体自尊心表现得十分强烈。他们渴望得到家长和老师的尊重，自己也力图通过努力和不断地进行自我调整来获取在同伴中的地位和声誉。强烈而敏感是少年期个体自尊感发展的主要特点，另外，其自尊心还存在矛盾性和不稳定性，例如，他们渴望尊重但有时又不尊重别人，渴望完善自己但又掩盖自己的缺点，希望成功但却害怕挫折等。一方面，少年期自我意识的高涨促进了他们独立性的发展。另一方面，自我的独立也表现为少年期第二个反抗期的到来，其主要表现形式为：硬抵抗，表现为态度强硬，举止粗暴；软抵抗，表现为漠不关心，冷淡相对；抵抗的迁移，有时迁怒于其他成人。

（二）青年初期自我意识的发展

青年初期个体在过去知识积累和智力发展的基础上，由于即将毕业而必须考虑自己未来的生活道路，因而自我意识有了进一步的发展。一般说来，高中学生，特别是高中三年级的学生，都能了解自己的内心世界，即主观世界，他们不但关心和认识客观现实，而且关心和认识主观本身。他们都能够独立自觉地按照一定的目标和准则来评价自己的品质和能力。青年初期个体的自我评价能力和少年期比较起来，有了一些新的特点。第一，他们一般都能提高到具有概括性的个性品质上来分析自己，例如，意志坚定或意志薄弱，粗枝大叶或细致缜密，具有原则性或丧失原则，孤僻或热情，等等。第二，他们一般都能够提高到价值观，甚至思想政治品质上来分析自己。高中生由于能够自觉地认识自己的个性品质，就能更好地锻炼自己，进行自我教育。

由此可见，青年初期个体的自我意识正接近于成熟时期，但是仍然存在着缺点和问题。正确地认识自己、评价自己是人的个性发展的重要前提之一。因此，教师应该积极关心和帮助青年初期个体更好地了解自己、认识自己。

本章小结

1. 个体心理发展的基本特征：连续性和阶段性，定向性与顺序性，不平衡性，差异性。

2. 遗传素质是心理发展的物质前提，生理成熟影响心理发展的速度和水平，环境和教育是心理发展的决定性因素。

3. 弗洛伊德把个体心理发展阶段划分为五个时期：口唇期、肛门期、性器期、潜伏期和生殖欲期。

4. 斯金纳认为，任何习得的行为，都与及时强化有关；人们通过对强化的控制实现对行为的控制。

5. 维果茨基在研究教学与发展的关系上提出了三个重要观念：最近发展区、教学应走在发展的前面和学习的最佳期限。

6. 皮亚杰认为，个体的认识功能是通过外部刺激和个体已有认知结构的相互作用而实现的，在这一过程中有同化、顺应和平衡化三种机能。

7. 皮亚杰将儿童心理发展分为四个阶段，即感觉运动阶段（0～2岁）、前运算阶段（2～7岁）、具体运算阶段（7～12岁）、形式运算阶段（12～15岁）。

本章要点回顾

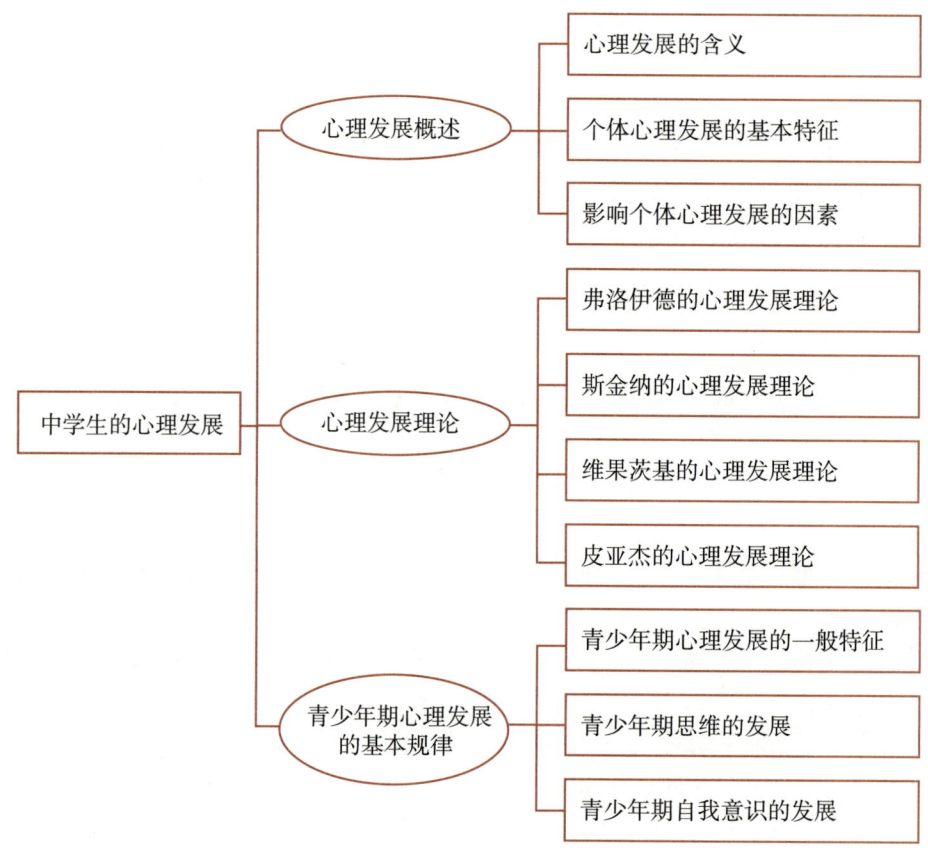

第三章

认知心理

☞ **学习完本章，应该做到：**

◎ 了解注意、感知、记忆、思维、想象的概念。
◎ 理解注意、感知、记忆、思维、想象的特点和规律。
◎ 能运用注意、感知、记忆、思维的规律指导教学实践。

☞ **学习本章时，重点内容为：**

◎ 注意、感知、记忆、思维的特点和规律。

> 本章阐述了注意、感知、记忆、思维、想象的概念，皮亚杰认知发展阶段理论等内容。
> 在学习过程中应着重理解注意、感知、记忆、思维的特点和规律，进而运用注意、感知、记忆、思维的规律指导教学实践。

【引子】

从前有一位著名的心算家，在他的心算历史上，还从来没有被难倒过。这天，一位心理学家从远方慕名而来，他要考一考这位心算家，题目是："一辆载着285名旅客的火车驶进车站，这时下去35人，又上来85人，在下一站上来101人，下去69人；再下一站下去17人，上来15人；再下一站下去40人，只上来8人；再下一站又下去99人，上来54人。"他又加快速度说："火车继续往前开，到了下一站……再下一站……再下一站……完了，先生。"心算家得意地说："您马上要知道结果吗？""那当然，"心理学家点点头，微笑着说，"不过，我现在并不想知道车上还有多少乘客，我想知道的是这趟车究竟停靠了多少站？"这位著名的心算家一下子呆住了。心算家为什么答不出心理学家的问题呢？

认知是个体重要的心理活动，是人的意识的集中表现。了解个体的认知发展规律，才能更好地帮助学生认识世界、认识自我。广义的认知是指个体通过感觉、知觉、表象、想象、记忆、思维等形式，把握客观事物的性质和规律的认识活动。狭义的认知与记忆含义基本相同，是指个体获取信息并进行加工、储存和提取的过程。认知心理学对认知活动的研究涉及认知过程、认知风格、认知策略、元认知等四方面内容。

一、认知过程

认知过程是个体认知活动的信息加工过程，认知心理学将认知过程看成一个由信息的获得、编码、储存、提取和使用等一系列连续的认知操作阶段组成的、按一定程序进行信息加工的系统。信息的获得就是接受直接作用于感官的刺激信息，感觉的作用就在于获得信息。信息的编码是将一种形式的信息转换为另一种形式的信息，以利于信息的储存和提取、使用。个体在知觉、表象、想象、记忆、思维等认知活动中都有相应的信息编码方式。信息的储存就是信息在大脑中的保持，在记忆活动中，信息的储存有多种形式。信息的提取就是依据一定的线索从记忆中寻找所需要的信息并将它取出来。信息的使用就是利用所提取的信息对新信息进行认知加工。在认知过程中，通过信息的编码，外部客体的特性可以转换为具体形象、语义或命题等形式的信息，再通过储存，保持在大脑中。这些具体形象、语义或命题实际就是外部客体的特性在个体心理上的表现形式，是客观现实在大脑中的反映。认知心理学将在大脑中反映客观事物特性的这些具体形象、语义或命题称为外部客体的心理表征，简称表征。通常，表征还指将外部客体以一定的形式表现在大脑中的信息加工过程。

二、认知风格

认知风格是个体习惯化的信息加工的方式，又称认知方式。认知风格是个体在长期的认知活动中形成的稳定的心理倾向，表现为对一定的信息加工方式的偏爱。个体常常意识不到自己存在这种偏爱。例如，在获得信息时，有人喜欢从外部环境中寻找，易受外部环境的影响，有人则从认知目标本身中探索，不易受外部环境的影响；在回答问题时，有人倾向于迅速回答，有人则只在有把握时才回答；在阅读材料时，有人重视细节，有人则重视整体。

不同认知风格的学生在学习方式、学科兴趣和对教师教学方式的适应性方面存在一定的差异，这些差异会对学生的学业成绩产生影响。在这里我们强调：认知风格并没有绝对的好坏之分，任何认知风格都有其优点和不足，只要教师能针对不同认知风格的特点进行教学，任何认知风格的学生都能取得好成绩。

三、认知策略

认知策略是指导认知活动的计划、方案、技巧。人脑的信息加工能力是有限的，不可能在瞬间进行多种操作，为了顺利地加工大量的信息，人只能按照一定的策略在每一时刻选择特定的信息进行操作，并将整个认知过程的大量操作组织起来。因此，认知策略对认知活动的有效进行是十分重要的。通常所说的"如何解决问题""如何保持注意""如何记忆"，指的都是认知策略。

四、元认知

元认知是个体对自己的认知活动的认知，由元认知知识、元认知体验、元认知监控三种心理成分组成。

（1）元认知知识，主要包括个体对自己或他人的认知活动的过程、结果等方面的知识。

（2）元认知体验，指伴随认知活动而产生的认知体验和情感体验。

（3）元认知监控，指认知个体在认知过程中，以自己的认知活动为对象，进行自觉的监督、控制和调节。元认知监控主要包括确定认知目标、选择认知策略、控制认知操作、评价认知活动并据此调整认知目标、认知策略和认知操作等环节。元认知监控是元认知最重要的心理成分。

本章将从注意、感觉与知觉、记忆、思维、想象等方面阐述认知心理的概念、特点和规律。

第一节 注 意

一、注意的概念

注意是指心理活动对一定对象的指向性和集中性，是高级心理活动的条件。它与认知过程、情感过程、意志过程密切联系，是一切心理活动的共同特征。注意能保证人们对事物做出更清晰的认识和更准确的反映，它是人们获取知识、掌握技能、完成各种心智活动和实际操作的重要心理条件。一般认为，注意并不是一个独立的心理过程，它常常伴随着其他高级心理活动的产生而产生，当人们注意某一事物的时候，往往伴有记忆、思维和意志等的参与以及情绪情感的体验。

注意的主要功能有三种：一是选择功能，即注意能够选择那些对自己有意义的信息；二是保持功能，即注意能够使人在注意某个对象时保持一段时间；三是对活动的调节和监督功能，调节和监督注意，可以让人在一段时间内始终把心理活动集中在某个事物上，而不偏离目标。

二、注意的特点

注意有两个特点：指向性与集中性。

注意的指向性是指心理活动选择某一事物为对象而忽略其他事物。注意的集中性是指当心理活动指向某个对象的时候，它们会在这个对象上集中起来，即全神贯注。指向性和集中性是密切相关的，在全神贯注地注意某一事物时，人的意识指向范围也大大缩小。

三、注意的种类

根据引起注意及维持注意的目的是否明确和意志努力程度的不同，可以把注意分为三类：无意注意、有意注意和有意后注意。

（一）无意注意

1. 无意注意的概念

无意注意是一种没有预期、不需要付出意志努力的注意，也叫不随意注意。无意注意时，心理活动对一定事物的指向和集中是由一些主客观条件引起的。例如，在安静的环境中，人们忽然听到一声巨响，便会寻找发出声音的地点，这就是一种无意注意。

无意注意因为无须意志努力，所以在工作、学习中可以减少脑力的消耗，避免身心过度疲劳。但这种注意是自发产生的，人们不可能通过它获得系统的知识和完成艰巨的工作任务。

2. 引起无意注意的条件

引起无意注意的条件有两个：刺激的特点和人的内部状态。

第一，刺激的特点，即客观条件，包括刺激的强度与周围环境的对比关系、运动与变化以及新异性。

第二，人的内部状态，即主观条件，如人对事物的需要、兴趣、个人的情绪状态、积极的情感态度以及对事物的期待等，都会影响人们的无意注意。

（二）有意注意

1. 有意注意的概念

有意注意又叫随意注意，是有预定目的、需要付出一定意志努力的注意。例如，当学生在学习中遇到困难时，就要通过意志的努力，将注意力集中在要学习的内容上。因此，有意注意是一种积极、主动的注意形式，显示了人的心理活动的主动性、积极性。有意注意是在人类社会实践过程中发展起来的，它是人类所特有的一种心理现象。

2. 引起有意注意的条件

虽然有意注意的发生和维持与个体的需要、兴趣、情感、知识经验有关，但这些主观因素的作用是间接表现出来的，都受个体当时确定的活动目的制约。具体来说，引起和维持有意注意的条件包括：明确的活动目的和任务；发挥意志努力与干扰和困难做斗争；培养对事物的间接兴趣；保持稳定的情绪；建立稳定的工作习惯；智力活动与外部活动相结合。

3. 无意注意与有意注意的关系

无意注意和有意注意是两种性质不同的注意，实际工作中二者缺一不可。如果只有有意注意，长时间工作会使人疲劳，注意就容易分散，工作也难以进行下去；如果只有无意注意，稍遇困难或干扰，注意就容易分散，同样也不能做好工作。无意注意和有意注意常常交替发生，一些简单的、不重要的活动只需要无意注意，而对于复杂的、重要的活动则必须要有意注意参与。

（三）有意后注意

有意后注意是注意的一种特殊形式，是指事先有预定目的但不需要意志努力的注意，它是在有意注意的基础上发展起来的。由于有意后注意同时具有无意注意和有意注意的某些特点，是一种高级状态的注意，它既服从于当前的活动目的与任务，又能节省意志努力，因此对完成长期的、持续的任务有利。它的形成有两个条件：一是要对活动有浓厚的兴趣，二是活动的自动化。例如，熟练地阅读课文、熟练地骑车等活动中的注意都是有意后注意。

> **历年真题**

【3.1】学生课前预习，带着不懂的问题去上课，以便更有针对性地注意听讲。这种注意方式属于（　　）。

　　A. 有意注意　　　　　　　　B. 无意注意
　　C. 无意后注意　　　　　　　D. 有意后注意

【3.2】课堂上，同学们的注意被突然飞进教室的一只小鸟所吸引。这种注意属于（　　）。

　　A. 无意注意　　　　　　　　B. 无意后注意
　　C. 有意注意　　　　　　　　D. 有意后注意

四、注意的品质及影响因素

（一）注意广度

1. 注意广度的概念

注意广度也称注意的范围，是指一个人在同一时间内能清楚地知觉出的对象的数量。它反映的是注意品质的空间特征。

2. 影响注意广度的因素

（1）注意对象的特点。

注意广度因注意对象的特点的不同而有所不同。一般来说，注意对象的组合越集中，排列越有规律，相互之间越能成为有机联系的整体，注意广度就越大。反之，注意广度越小。

（2）活动的性质。

活动越复杂，越需要关注细节，注意的广度就会大大缩小。如从事编辑工作的人和从事校对工作的人相比，前者注意的广度要更大，后者注意的广度要更小。

（3）个体的知识经验。

一般来说，个体的知识经验越丰富，整体知觉能力越强，注意的范围就越大。如专业素养深厚的人在阅读专业资料时可以做到"一目十行"，非专业人士即使逐字逐句阅读也不一定能正确理解。

> **历年真题**

【3.3】小明看书时可以"一目十行"，而小华则"一目一行"。这反映了他们在哪种注意品质上存在差异？（　　）

　　A. 注意广度　　B. 注意分配　　C. 注意稳定性　　D. 注意转移

（二）注意稳定性

1. 注意稳定性的概念

注意的稳定性是注意在时间上的特征，它是指注意在一定时间内相对稳定地保持在注意对象或操作活动上时间的长短。注意持续时间越长，注意越稳定。

2. 影响注意稳定性的因素

（1）注意对象的特点。

注意对象本身的一些特点会影响注意在它上面维持的时间的长短。一般来说，内容丰富的对象比单调的对象更能维持注意的稳定性；活动的对象比静止的对象更能维持注意的稳定性。但是，并不是事物越复杂，刺激越丰富，注意就越稳定。过于复杂、变幻莫测的对象反而容易使人疲劳，导致注意的分散。

（2）个体的精神状态。

一个人身体健康、情绪良好、精力充沛，就会全力投入学习和工作中，不容易产生疲倦。相反，一个人处于失眠、疲劳、疾病状态，或者情绪受挫的情况下，注意就无法保持稳定，活动效率也会大大降低。

由于人的感受性不能长时间地保持不变，总是会间歇地加强或减弱，因此注意也表现出周期性的变化，这叫作注意的起伏现象，或叫注意的动摇。注意的起伏周期一般为两三秒至十二秒。

与注意的稳定性相反的注意品质是注意的分散，也叫分心。注意的分散是指注意离开了心理活动所要指向的对象，而被无关的对象吸引的现象。

（3）个体的意志水平。

注意的稳定性实际上就是保持良好的有意注意，因此也需要有效地抗拒各种干扰。个体具备坚强的意志，就可以战胜各种困难，克服自身缺点和不足，始终如一地保证活动的进行和活动过程的高效率。

> **历年真题**
>
> 【3.4】杨柳被教室窗外的小鸟所吸引，不能专心听讲。这属于（　　）。
> A. 注意分配　　　　　　　　B. 注意广度
> C. 注意分散　　　　　　　　D. 注意转移

（三）注意分配

1. 注意分配的概念

注意的分配是指个体在同一时间内，把注意分配到两种或几种不同的对象或活动上。例如，上课时，学生边听教师讲解边做笔记，这就需要他把注意分配到两种活动上。

2. 注意分配的条件

（1）同时进行的几种活动至少有一种应是高度熟练的。当一种活动达到自动化的熟练程度时，个体就可以集中大部分精力去关注比较生疏的活动，从而保证几种活动同时进行。

（2）同时进行的几种活动必须有内在联系。有联系的活动才便于注意分配，因为活动间的内在联系有利于形成固定的反应系统，经过训练就可以掌握这种反应模式，从而做到同时兼顾几种活动。

> **历年真题**

【3.5】经验丰富的李老师一边讲课，一边兼顾全班同学的活动，谁认真听讲、谁玩手机、谁看课外书，她都一清二楚。这主要体现了李老师的哪种心理品质？（　　）

A. 思维品质　　　　　　　　B. 注意品质
C. 意志品质　　　　　　　　D. 个性品质

【3.6】杨老师一边讲课，一边观察学生的反应，这体现了注意的哪种品质？（　　）

A. 注意分配　　　　　　　　B. 注意稳定性
C. 注意广度　　　　　　　　D. 注意转移

（四）注意转移

1. 注意转移的概念

当环境或活动发生变化时，根据要求，注意从一个对象或活动转到另一对象或活动上，这叫注意的转移。注意转移的质量和速度依赖于前后活动的性质和人对前后活动的态度。

2. 影响注意转移的因素

（1）对原活动的注意集中程度。

个体对原来活动兴趣越浓厚、注意越集中，注意的转移就越困难。如果个体对原活动的注意本来就不够集中，注意的转移就比较容易。

（2）新注意对象的吸引力。

如果新的活动对象引起个体的兴趣，或能够满足他的心理需要，注意的转移就比较容易实现。

（3）明确的信号提示。

在需要注意转移的时候，明确的信号提示可以帮助个体的大脑处于兴奋和唤醒状态，从而灵活迅速地转换注意对象。

（4）个体的神经类型和自控能力。

神经类型灵活性高的人比不灵活的人更容易实现注意的转移，自控能力强的人比自控能力弱的人更善于主动及时地进行注意的转移。注意的转移不同于注意的分散，转移是根据活动的要求进行的，是主动进行的，分散则是离开了当前的活动。

> 历年真题

【3.7】辨析题：注意转移即注意分散。

【3.8】辨析题：注意的分配就是注意的分散。

【3.9】建华在听课过程中会不由自主地玩手机或做小动作。这种现象属于（　　）。

A. 注意集中　　　　　　　　B. 注意分散

C. 注意分配　　　　　　　　D. 注意转移

【3.10】简答题：注意的品质有哪些？

知识拓展

注意规律在教学中的运用

1. 充分利用无意注意的规律组织教学

在教学过程中教师要善于利用刺激的特点组织学生的注意。具体内容如下：

（1）尽量防止和排除使学生离开教学内容的无意注意的出现。

（2）利用无意注意的特点吸引学生对教学内容的注意。

（3）根据学生实际情况，恰当安排教学内容，提高学生对教学内容的兴趣和注意。

2. 用有意注意的规律组织教学

（1）明确目的、任务和意义，以引起有意注意。目的越明确，注意就越容易集中。

（2）合理组织教学活动，采取具体措施促使学生保持有意注意。具体措施有：给予信号，适时提醒；提出问题，强制注意；提出批评，给以警示。

（3）着重培养学生的间接兴趣和坚强的意志品质。

3. 善于运用两种注意相互转换的规律组织教学

在教学中，如果教师过分要求学生用有意注意来学习，容易引起疲劳，而如果只让学生凭借无意注意来学习，则不利于他们克服学习过程中的困难。所以，无论在整个教学活动中还是在一堂课上，教师都应充分利用两种注意相互转换的规律来组织教学。

> 历年真题

【3.11】简答题：简述教师培养学生注意的方法。

第二节 感觉与知觉

一、感觉

(一) 感觉的概念

感觉是人脑对直接作用于感觉器官的客观事物的个别属性的反映。对感觉的这一界定包括多层含义：首先，感觉是客观的；其次，感觉是对直接作用于感官的客体的反映；再次，感觉是脑的机能；最后，感觉只是对客观事物的个别属性的反映。

一个物体有它的光线、声音、温度、气味等属性，我们的每个感觉器官只能反映物体的一个属性，如眼睛看到光线，耳朵听到声音，鼻子闻到气味，舌头尝到滋味，皮肤感觉到温度和光滑的程度，等等。通常，视觉、听觉、味觉、嗅觉和肤觉被称为"五感"，其中，视觉和听觉是心理学中较为关注的两种感觉。

感觉是一种简单的心理现象，是认知的起点。可以说感觉是一切知识和经验的基础，是正常心理活动的必要条件。

(二) 感觉的种类

根据感觉所接受信息的来源和感受器在个体身上的位置不同，可以把感觉分为以下两大类。

1. 外部感觉

外部感觉是接受外部刺激，反映外部事物个别属性的感觉。外部感觉有：视觉、听觉、嗅觉、味觉和肤觉。

2. 内部感觉

内部感觉是指接受内部刺激，反映机体内部变化的感觉。内部感觉主要有：机体觉、运动觉和平衡觉。①机体觉，又叫内脏感觉，它是反映我们身体内部状况及各器官活动变化状态的感觉。②运动觉，就是关节肌肉的感觉，它传递人们关于四肢位置、运动状态及肌肉收缩程度的信号。③平衡觉，也叫静觉或姿势感觉，能够发出关于运动与头部位置的信号，反映运动速度的变化（如加速或减速）。

(三) 感受性和感觉阈限

感觉是客观世界的主观映象，任何感觉的产生，必须具备两个条件：一个是个体的感觉能力，另一个是客观世界的刺激。前者是感受性的问题，后者是感觉阈限的问题。

感受性是对于刺激的感觉能力，它是用感觉阈限的大小来度量的。感觉阈限是能引起感觉的、持续了一定时间的刺激量。感受性与感觉阈限在数值上成反比关系，即感受性高，感觉阈限低；反之，感受性低，感觉阈限高。

1. 绝对感受性和绝对感觉阈限

并不是任何刺激都能引起感觉，如果要产生感觉，刺激就要达到一定的量。觉察出最小刺激量的能力称为绝对感受性；刚刚能引起感觉的最小刺激量，称为绝对感觉阈限。没有达到这一数量的刺激都处在阈限之下，不能引起感觉。

2. 差别感受性和差别感觉阈限

刚能觉察出两个同类刺激之间最小差别的感觉能力叫作差别感受性。刚能引起差别感受的两个同类刺激之间的最小差别叫作差别感觉阈限，也称为最小可觉差。差别感觉阈限值越小，则差别感受性越大；差别感觉阈限值越大，则差别感受性越小。

历年真题

【3.12】在张老师组织的百人大合唱中，如果增加一至两个人，小红感觉不到音量的变化，如果增加十个人左右，小红就能明显地感觉到音量的变化。这种刚刚能使小红感觉到音量变化的最小差别称为（　　）。

A. 绝对感觉阈限　　B. 绝对感受性　　C. 差别感觉阈限　　D. 差别感受性

（四）感觉现象

以下从同一感觉的相互作用和不同感觉的相互作用两个方面介绍感觉的现象。

1. 同一感觉的相互作用

（1）感觉适应。

在同一感受器中，由于刺激的持续作用或一系列刺激的连续作用，导致对刺激的感受性的变化，这种现象叫作感觉适应。所有的感觉中都有适应现象，适应的结果大多是感受性的降低。

例如，视觉的适应可分为暗适应和明适应。从明亮的阳光下进入暗室，开始什么也看不清，隔了若干时间之后，我们就能分辨出物体的轮廓了，这种现象叫暗适应。暗适应是指照明停止或由亮处转入暗处时视觉感受性提高的现象。从暗室走到阳光下，开始会感觉耀眼，什么都看不清楚，只要稍过几秒钟，就能看清楚周围的事物了，这种现象叫明适应。明适应是指照明开始或由暗处转入亮处时视觉感受性下降的现象。

另外，"入芝兰之室，久而不闻其香"是嗅觉的适应。厨师由于连续品尝菜肴，到后来做出来的菜会越来越咸，这是味觉的适应现象。不同感觉的适应有不同的特点，如痛觉就很难发生适应，因为痛起到警报作用，促使人们避免痛刺激。

历年真题

【3.13】当我们看完电影走到大街上，明亮的阳光刺得睁不开眼，过一会儿就感觉自如了，这种现象是（　　）。

A. 明适应　　　B. 暗适应　　　C. 视觉后象　　　D. 感觉对比

(2) 感觉后象。

在刺激停止之后，感觉印象仍暂留一段时间的现象，叫感觉后象。例如，声音停止以后，耳朵里还有这个声音的余音在萦绕，这是听觉的后象。感觉后象的发生，是由于神经兴奋所留下的痕迹作用。

视觉后象表现得最为明显，视觉后象分为正、负两种。正后象保持刺激所具有的同一品质。例如，在灯前闭眼三分钟，睁开眼睛注视灯两三秒，再闭上眼睛，此时可见一盏明亮的灯的形象出现在暗的背景上，这种现象就叫正后象。正后象出现后，如果继续注视，会发现在亮的背景上出现黑色斑点，这就是负后象。正、负后象可以相互转换，后象持续的时间与刺激的强度成正比。

(3) 感觉对比。

感觉对比是指不同刺激作用于同一感觉器官，使感受性发生变化的现象。感觉对比有同时对比和继时对比两种。

①同时对比。

由同一感受器同时接受两种刺激的作用而产生的对比叫作同时对比。例如，明暗相邻的边界上，看起来亮处更亮，暗处更暗了（即马赫带现象），这是明度的对比现象。又如，绿叶陪衬下的红花看起来更红了，这是色彩对比现象。

知识拓展

> 马赫带现象是指视觉的主观感受在亮度有变化的地方出现虚幻的明亮或黑暗的条纹。它是一种主观的边缘对比效应。当观察两块亮度不同的区域时，边界处亮度对比加强，使轮廓表现得特别明显。例如，将一个星形白纸片贴在一个较大的黑色圆盘上，再将圆盘放在色轮上快速转动，可看到一个全黑的外圈和一个全白的内圈，以及一个由星形各角所形成的不同明度灰色渐变的中间地段；而且还可看到，在圆盘黑圈的内边界上，有一个窄而特别黑的环。由于不同区域亮度的相互作用而产生明暗边界处的对比，使我们更好地形成轮廓知觉。这种在图形轮廓部分发生的主观明度对比加强的现象，称为边缘对比效应。边缘对比效应总是发生在亮度变化最大的边界区域。

②继时对比。

同一感受器先后接受不同的刺激的作用而产生对比的现象叫作继时对比。例如，喝了苦汤药以后再吃糖，会觉得糖更甜了；手泡了冷水后再泡稍热一点的水，会觉得热水更热了。

2. 不同感觉的相互作用

所谓不同感觉的相互作用是指因为此种感觉通道受到刺激而引起彼种感觉通道产生感觉或感受性发生变化的现象。一般来说，在适当条件下，不同感觉之间会有不同程度的影响。

(1) 感觉补偿。

感觉补偿是不同感觉相互作用的一种现象，它是指某种感觉缺失后，其他感觉的感受性增强而起到部分弥补的作用的现象。例如，人失去视觉后，通过实践活动会使听觉更加灵敏。

(2) 联觉。

联觉也是一种不同感觉间相互作用的现象，是指一种感觉的感受器受到刺激时，在另一感觉通道也产生了感觉的现象。例如，红色看起来使人觉得温暖，蓝色看起来使人觉得清凉；听节奏鲜明的音乐的时候觉得灯光也和音乐节奏一样在闪动，这些现象都叫作联觉。

历年真题

【3.14】当人们听到一种自己觉得可怕的声音时，往往会感到发冷，甚至起鸡皮疙瘩。这种现象称为（　　）。

A. 适应　　　　B. 对比　　　　C. 联觉　　　　D. 后像

二、知觉

(一) 知觉的概念

知觉是人脑对直接作用于感觉器官的客观事物的各个部分和属性的整体的反映。例如，看到一个苹果、听到一首乐曲、闻到花的芳香等，这些都是知觉现象。知觉是在感觉的基础上产生的，是对感觉信息的整合和解释。知觉是各种感觉器官协同活动的结果，并受到人的知识经验和态度的制约。同一物体，不同的人对它的感觉是相同的，但对它的知觉却会有差别。

(二) 感觉和知觉的关系

感觉和知觉是不可分割、相互联系的。感觉是知觉的有机组成部分，是知觉产生的前提和基础。它们都是客观事物直接作用于感觉器官，在头脑中产生的对当前事物的直接反映，离开了当前事物的直接影响，便不可能产生任何感觉或知觉。而且，它们产生的主要映象都是具体的感性形象，同属于感性认识阶段。感觉和知觉密不可分。因此，常将二者统称为感知。

感觉和知觉所反映的具体内容不同，知觉反映的具体内容更加丰富和生动。感觉的产生主要来自感觉器官的生理活动以及客观刺激的物理特性，知觉的产生要借助人的经验与知识的参与。感觉是单一分析器活动的结果，而知觉则是多种分析器协同活动的结果。在多种分析器的参与下，通过反映事物多种属性并整合后才形成知觉。

(三) 知觉的种类

根据知觉反映的客观对象的不同，可将知觉分为空间知觉、时间知觉、运动知觉和社会知觉等。

1. 空间知觉

空间知觉是物体的空间特性在人脑中的反映。空间知觉是后天通过学习获得的，它是由视觉、触摸觉、动觉等多种感觉系统协同活动的结果,其中视觉起着重要的作用。空间知觉主要包括形状知觉、大小知觉、深度知觉、方位知觉等。

2. 时间知觉

时间知觉是对客观现象的延续性和顺序性的反映。时间知觉有两种:一是知觉现在是什么季节、几号、几点。二是知觉现在时刻与过去某一时刻的长短。例如,"一日不见如隔三秋""时光飞逝"。人体内的一切物理变化和化学变化都是有节律的,这些节律性的变化就是"生物钟"的机制。对于时间长度的估计,1 秒钟左右最为精确,短于 1 秒钟时容易产生高估的现象,长于 1 秒钟时容易产生低估现象。人对时间估计的个体差异很大,常常受情绪、兴趣、精神状态以及活动任务、内容等因素的影响。

3. 运动知觉

运动知觉是人脑对物体空间移动和移动速度的知觉,运动知觉跟空间知觉及时间知觉有不可分割的关系,它依赖于对象运行的速度、对象距观察者的距离以及观察者本身所处的运动或静止的状态。运动知觉分为真动知觉和似动知觉。

(1) 真动知觉。真动知觉是指物体发生实际的空间位移所产生的运动知觉,即物体在按一定的速度或加速度从一处向另一处连续位移时,人所产生的物体在运动的知觉。例如,电风扇叶片的转动、车轮的高速转动等就是真动知觉。

(2) 似动知觉。似动知觉是指将实际不动的物体知觉为运动的,或在没有连续位移的地方看到了连续运动的知觉。似动知觉的主要形式如下。

①动景运动:当两个刺激物按一定的空间距离和时间间隔相继呈现时,人就会知觉到一个刺激物在向另一个刺激物做连续运动。例如,电影和霓虹灯都是按照动景运动的原理制成的,其实质在于视觉后象。

②诱发运动:由于一个物体的运动使相邻的一个静止的物体产生运动的印象。例如,夜空中的月亮是相对静止的,而浮云是运动的,可是,由于浮云的运动,使人们知觉到好像是月亮在云朵间穿行。许多电影的特技镜头就是利用诱发运动的原理来拍摄的。

③自主运动:如果在黑暗的房间紧盯一个燃烧的烟头,过一段时间后,便会感觉它似乎在不停地游走。

④运动后效:在注视向一个方向运动的物体之后,如果将注视点转向静止物体,那么会看到静止的物体似乎朝相反的方向运动。

4. 社会知觉

社会知觉是个体在生活实践中,对人、对群体以及对自己的知觉,也叫社会认知。社会知觉常出现以下几种偏差。

①社会刻板印象。它是指对一群人的特征或动机加以概括,把概括得出的群体的特征归属于团体中的每一个人,认为他们每个人都具有这种特征,而无视团体成员中的个体差异的现象。

②晕轮效应。它是指当我们认为某人具有某种特征时,就会对他的其他特征做相似判断的现象,也称光环效应。

③首因效应。它是指在总体印象形成上,最初获得的信息比后来获得的信息影响更大的现象,也叫最初效应。

④近因效应。它是指在总体印象形成上,新近获得的信息比原来获得的信息影响更大的现象,也叫最近效应。

⑤投射效应。它是指与人交往时,把自己具有的某些不讨人喜欢、不为人接受的观念、性格、态度或欲望转移到别人身上,认为别人也是如此,以掩盖自己不受欢迎的特征的现象。

(四) 知觉的基本特征

1. 知觉的选择性

知觉的选择性是指人根据当前的需要,将客观事物有选择地作为知觉对象进行加工的过程。客观事物每时每刻都在影响着我们的感觉器官,但并不是所有的事物都同样被知觉,在特定时间内,人只能感受少量或少数刺激,而对其他事物只做模糊的反映。人们总是有选择地以少数对自己有重要意义的事物作为知觉的对象,其他衬托对象的事物成为背景。某事物一旦被选为知觉对象,就好像立即从背景中凸现出来,被认识得更鲜明、更清晰。知觉的对象能够清晰地反映,而背景只能得到比较模糊的反映。

知觉的对象从背景中分离,与注意的选择性有关。当注意指向某种事物的时候,这种事物便成为知觉的对象,而其他事物便成为知觉的背景。当注意从一个对象转向另一个对象时,原来的知觉对象就成为背景。

(1) 影响知觉选择性的客观因素有:

①刺激的绝对强度。阈限范围内越强烈的刺激,越容易被知觉。

②事物和背景的差别性。差别越大,越容易被优先选择。

③事物的活动性。如夜空中的流星、夜晚的霓虹灯都容易引起人们的知觉。

④刺激的新颖性、奇特性。刺激越新颖、越奇特,越容易引起人们的优先知觉。

(2) 影响知觉选择性的主观因素有:

①知觉有无目的和任务。

②个体已有知识经验的丰富程度。

③个人的需要、动机、兴趣、爱好、定势与情绪、态度等。

2. 知觉的整体性

当客观事物的个别属性作用于人的感官时,人能够根据知识经验把它知觉为一个整体,这就是知觉的整体性。如当我们听到某些熟人的声音时,立刻能知觉到这位熟人的整体形象。又如,一株绿叶树上开有红花,绿叶是一部分刺激,红花也是一部分刺激,我们将红花、绿叶合起来,在心理上所得的美感知觉,超过了红与绿两种物理属性之和。

知觉之所以具有整体性,是因为客观事物对人而言是一个复合的刺激。由于人在知觉时有过去经验的参与,大脑在对来自各感官的信息进行加工时,就会利用已有经验对缺失部分加以整合补充,将事物知觉为一个整体。

3. 知觉的理解性

知觉的理解性是指人以知觉经验为基础，对感知的事物加工处理，并用词语加以概括、赋予说明的过程。人在知觉过程中并不单单是对新事物的照相式的反映，而且还有过去经验参与对新事物的理解。对事物的理解是产生正确知觉的必要条件。知觉的理解性，表现在运用已有经验把当前的知觉对象纳入已知的相应的一类事物的系统之中，知道它是什么。人的知觉是一个积极主动的过程，知觉的理解性正是这种积极主动的表现。人们的知识经验不同、需要不同、期望不同，对同一知觉对象的理解也不同。理解对于知觉有四个主要功能：

（1）理解帮助对象从背景中分离出来，从而使知觉更加清晰和准确。

（2）理解有助于人们整体地知觉事物。对于自己理解和熟悉的东西，人们容易当成一个整体来感知。

（3）理解还能产生知觉期待和预测。

（4）理解提高知觉的效应，形成事物表象，为表象转化为科学概念提供重要条件。

4. 知觉的恒常性

知觉的恒常性是指人的知觉映象在一定范围内不随知觉条件的改变而保持相对稳定性的过程。在视知觉中，知觉的恒常性表现得特别明显。例如，某个人离自己10米远，在视网膜上形成的像，要比这个人离自己3米远形成的像小得多。尽管如此，我们并不会认为某个人由10米处向我们走来时，他会变得越来越高大，我们总是认为大小没有改变，仍然依其实际大小，这是大小恒常性现象。另外，雷声或火车的鸣笛声，若只按生理的听觉能力判断，远处的雷声或火车鸣笛声，其音强未必高于近处的敲门声，可我们总觉得雷声或火车鸣笛声较大。这就是声音的恒常性。此外，还包括颜色恒常性、亮度恒常性、形状恒常性。知觉的恒常性可以使我们在不断变化的环境条件下，仍然保持对物体的稳定不变的知觉，保持对事物本来面貌的认识。

> **历年真题**

【3.15】成人与幼儿对一幅画的知觉有明显差异，幼儿只会看到这幅画的主要构成，而成人看到的是画面意义。这反映的知觉特性是（　　）。

A. 理解性　　　B. 选择性　　　C. 恒常性　　　D. 整体性

【3.16】一件白衬衫在灯光昏暗的室内和在阳光明媚的户外，其亮度差别很大，但是人们都能将其知觉为白色衬衫。这反映了知觉具有（　　）。

A. 整体性　　　B. 选择性　　　C. 理解性　　　D. 恒常性

【3.17】简答题：简述知觉的基本特征。

第三节 记　　忆

一、记忆概述

（一）记忆的概念

记忆是过去的经验在头脑中的反映，也可以说是人脑对过去经验的识记、保持和再现的过程，它是进行思维、想象等高级心理活动的基础。人通过感知觉形成对客观事物的反映，当事物不再作用于感觉器官时，并不随之消失，而是在人的记忆中保持一个相当长的时间。在一定条件下，还能重现出来。凡是过去感知过的事物，思考过的问题，体验过的情绪，操作过的动作，都可以映象的形式储存在大脑中，在一定条件下，这种映象又可以从大脑中提取出来，这个过程就是记忆。记忆包括记和忆两个方面，记体现在识记和保持上，忆体现在再认和回忆上。

记忆是一种积极、能动的活动。人对外界信息的接受是有选择的，只有那些对人的生活有意义的事物，人才会有意识地进行记忆。记忆还依赖于人已有的知识结构，只有当输入的信息以不同的形式汇入人脑中已有的知识结构时，新的信息才能在头脑中更好地巩固。

（二）记忆的种类

1. 根据记忆内容不同划分

（1）形象记忆。

形象记忆是以感知过的事物的具体形象为内容的记忆，它具有鲜明的直观性。人类的记忆从形象记忆开始，只有经过形象记忆才能成为人的直接经验。

（2）逻辑记忆。

逻辑记忆又称"语义记忆"，是个体以词语所概括的事物之间的关系以及事物之间的意义和性质为内容的记忆。这种记忆保持的形式不是具体形象，而是某种法则、定理或公式，与抽象思维的关系密切，为人类所特有。

（3）情绪记忆。

情绪记忆是以体验过去的情绪或情感为内容，以亲身感受和深切体验为方式的记忆。引起情绪、情感的事件已经过去，但深刻的体验或感受却保留在记忆中，在一定情况和条件下，这种情绪、情感又重新被感受到。

（4）运动记忆。

运动记忆又称"动作记忆"，是以人们操作过的运动状态、动作形象及其系统为内容的记忆。经过学习，人们一旦掌握了运动动作的技能并能熟练地操作，运动动作的形象连同如何控制身体活动就一并储存在了记忆里，成为运动记忆。运动记忆容易保持和恢复，人的生活、学习离不开运动记忆，各种技能的形成和掌握都要依靠运动记忆。

> 历年真题

【3.18】林菁擅长记忆物理定律、数学公式和化学方程式,这表明他的哪种记忆好?(　　)
A. 形象记忆　　　B. 情绪记忆　　　C. 逻辑记忆　　　D. 动作记忆

2. 根据记忆保持时间的长短划分

(1) 瞬时记忆。

瞬时记忆又称感觉记忆,是指外界刺激以极短的时间一次呈现之后,一定数量的信息在感觉通道内迅速被登记并保留的一瞬间的记忆。

①瞬时记忆的特点如下。

A. 时间极短:研究表明,图像信息储存的时间约为 0.25～1 秒,声像信息储存的时间也仅为 2～4 秒,最长不会超过 4～5 秒。如此短暂的信息,若不加以注意,很快就会消失,若得以加工,就转入短时记忆。

B. 容量较大:一般来说,凡是进入感觉通道的信息都能被登记,其记忆量很大,以图像记忆为例,记忆容量为 9～20 个比特。

C. 形象鲜明:瞬时记忆储存的信息未经任何处理,以感觉痕迹的形式存在,完全按客观刺激的物理特性编码,并按感知的先后顺序被登记,所以形象鲜明。

D. 信息原始:记忆痕迹容易衰退。

②瞬时记忆的编码:主要依赖于信息的物理特性,具有鲜明的形象性。编码方式主要是图像记忆(视觉器官的编码)和声像记忆(听觉器官的编码)。

③瞬时记忆的影响因素:

A. 模式识别:就是从瞬时记忆向短时记忆传送信息并赋予它意义的过程,瞬时记忆中的一部分信息由于模式识别而被传送到短时记忆中,并在那里赋予它意义。

B. 注意:使信息从瞬时记忆传送到短时记忆,从而使信息得到进一步的加工。确定选择哪些信息传送到短时记忆,哪些信息从瞬时记忆中衰退的过程中,注意起主要的作用。

(2) 短时记忆。

短时记忆是在信息一次呈现后,保持时间在一分钟之内的记忆,又叫操作记忆或工作记忆。短时记忆中的记忆是正在工作的、活动着的记忆。经过复述,短时记忆中存储的内容能够转化为长时记忆。

①短时记忆的特点:

A. 时间很短:一般不会超过一分钟,一般是 30 秒左右。

B. 容量有限:它的信息容量为 7±2 个组块,平均值为 7。

C. 意识清晰:短时记忆是服从当前活动需要,人们对正在操作、使用的记忆有清晰的意识。

D. 操作性强:有人把短时记忆称为"工作记忆"。

E. 易受干扰。

②短时记忆的编码:方式主要是听觉编码和少量的视觉编码。

③短时记忆的影响因素:觉醒状态(即大脑皮层的兴奋水平)、组块、加工深度。

> 美国心理学家米勒有关短时记忆容量的研究表明,保持在短时记忆的刺激项目大约是 7 个,人的短时记忆广度为 7±2 个组块。组块能够有效地扩大短时记忆的容量。组块是短时记忆容量的信息单位,指将若干单个刺激联合成有意义、较大信息单位的加工过程,即对刺激信息的再编码。例如,要记住 2824714932 这样一个电话号码,若把它分成 28(局号)、247(总机号)和 14932(分机号)3 组,就能减轻记忆的负担,扩大记忆的容量。

历年真题

【3.19】在一次心理学知识测试中,关于短时记忆的容量单位,学生的答案涉及下列四种,其中正确的是（　　）。

　　A. 比特　　　　B. 组块　　　　C. 字节　　　　D. 词组

【3.20】晓东在记忆英文单词时,如果不对其加以复述,这个单词在他头脑中只能保持几十秒。这种记忆现象是（　　）。

　　A. 瞬时记忆　　B. 短时记忆　　C. 长时记忆　　D. 内隐记忆

【3.21】辨析题：信息进入工作记忆就会持久保存。

【3.22】简述短时记忆的特点。

（3）长时记忆。

长时记忆是指信息经过充分、深度加工之后,在头脑中长久保持的记忆,也叫"永久记忆"。它的保存时间从一分钟以上,直至几天、几周或到许多年甚至终身。信息或是通过对短时记忆内容加工获得,或是由于印象深刻一次获得的。

①长时记忆的特点：容量没有限度,保存时间长久。

②长时记忆的编码方式：以意义编码为主,有两种方式,被称为信息的双重编码,即表象编码和语义编码。表象编码主要加工处理非语言的对象和事件的知觉信息。语义编码是按言语发生的顺序以系统方式来表征信息的,包括言语听觉和言语运动两方面的信息。

③长时记忆的影响因素：

　A. 编码时的意识状态（有意编码大于自动编码）；

　B. 加工深度。信息加工越充分记忆越长久。

3. 根据记忆时意识参加的程度划分

（1）外显记忆。

外显记忆是指在意识的控制下,过去经验对当前活动产生有意识的影响。它对行为的影响是个体能够意识到的,因此又叫受意识控制的记忆。

（2）内隐记忆。

内隐记忆是指在个体无法意识的情况下,过去经验对当前任务产生的无意识的影响。在保持的时间上，内隐记忆要明显长于外显记忆；在干扰的形式上，内隐记忆不容易受到干扰，外显记忆却容易在干扰后发生遗忘。

4. 根据信息加工与存储的内容不同划分

（1）陈述性记忆。

陈述性记忆是指对有关事实和事件的记忆，可以通过语言传授而一次性获得，它的提取需要意识的参与。陈述性记忆以陈述性知识为内容，即事实类信息，这类信息可以用言语表达，包括字词、定义、人名、时间、事件、概念和观念。我们学习的课本知识和生活常识都属于陈述性记忆。

（2）程序性记忆。

程序性记忆是对程序性知识的记忆，又称技能记忆，是指如何做事情的记忆，包括对知觉技能、认知技能和运动技能的记忆。程序性记忆通常包含一系列复杂的动作过程，既有多个动作间的序列联系，也包括在同一瞬间同时进行的动作间的横向联系，这两方面共同构成的复合体是无法用语言清楚表达的。这类知识的习得往往比较慢，但一旦形成，往往不再需要意识的参与。

历年真题

【3.23】学习游泳之前，小兰通过阅读书籍记住了一些与游泳相关的知识。小兰对游泳知识的记忆是（　　）。

A. 陈述性记忆　　B. 程序性记忆　　C. 瞬时记忆　　D. 短时记忆

二、记忆的过程

记忆的过程包括识记、保持和遗忘、再认或回忆三个基本环节，它们是相互联系、相互制约的完整统一的过程。从信息加工的角度来看，记忆过程是对输入信息的编码、储存和提取的过程。信息的输入编码相当于识记过程，信息的储存相当于保持过程，信息的提取相当于再认或回忆过程。任何外界信息都要经过这样一个过程，才能被个体所保持和应用。

（一）识记

1. 识记的概念

识记是人们获得知识和经验的过程，是记忆的首要环节。识记具有选择性，它的好坏直接影响记忆的效果。

2. 识记的分类

（1）根据识记的目的是否明确，可分为无意识记和有意识记。

①无意识记：是指事先没有预定目的，不需要意志努力的识记。人的许多知识都是由无意识记积累起来的，由于缺乏目的性，因而识记内容具有偶然性和片段性，缺乏系统性。

②有意识记：是指事先有预定的目的、任务，按一定的方法和步骤，需要一定意志努力的识记。它是人们获得知识经验的主要手段。学生的学习活动主要依靠有意识记。

(2) 根据识记材料的性质不同，可分为机械识记和意义识记。

①机械识记：是指人们在识记材料没有意义或不理解其意义的情况下，采取机械重复的方法所进行的识记。机械识记的基本条件是多次重复、强化。

②意义识记：是根据事物的内在联系，在反复领会、理解、弄清事物本身意义的基础上所进行的识记。意义识记的先决条件是对材料的理解，只有理解了材料的意义，把它同已有的知识经验联系起来，并纳入人的知识系统，才能保留在记忆中。

（二）保持和遗忘

1. 保持

保持是指识记过的信息在头脑中存储和巩固的过程，它是记忆过程的第二个环节。保持不仅是记忆的重要标志，也是再认和回忆的重要条件。然而，在保持过程中，识记材料在质和量方面都容易出现不同程度的变化和遗忘。

2. 遗忘

（1）遗忘的概念。

遗忘是指识记过的内容既不能回忆也不能再认，或者发生错误的过程。遗忘是保持的对立面，适当的遗忘是正常的生理和心理现象，对于不必要的、陈旧的信息的遗忘，是有积极意义的。

（2）遗忘的规律。

关于遗忘的规律最早由德国心理学家艾宾浩斯进行实验研究提出的，他以无意义音节为材料，依据保持效果，绘制了著名的遗忘曲线，即"艾宾浩斯遗忘曲线"。

遗忘曲线表明了遗忘量与时间之间的关系，遗忘的发展是不均衡的，遗忘在学习后立即开始，最初遗忘的速度很快，随着时间的推移，遗忘的速度逐渐下降，到了一定程度后，几乎不再遗忘。因此说，遗忘是有规律的，其趋势是先快后慢，呈负加速型。

（3）遗忘的原因。

关于遗忘的原因，主要有以下几种理论学说。

①痕迹衰退说。痕迹衰退说是一种对遗忘的最古老的解释，按照这种理论，遗忘是由记忆痕迹衰退引起的，衰退随时间的推移自动发生。至今痕迹衰退仍然被认为是导致遗忘的原因之一。

②干扰说。大多数心理学家认为，长时记忆中信息的相互干扰是导致遗忘的最重要原因。干扰说认为，遗忘是由于在学习和回忆之间受到其他刺激干扰的结果。一旦排除了干扰，记忆就可以恢复。研究表明，干扰主要有两种情况，即前摄抑制和倒摄抑制。所谓前摄抑制，是指前面学习的材料对识记和回忆后面学习材料的干扰；所谓倒摄抑制，是指后面学习的材料对保持或回忆前面学习材料的干扰。

> 历年真题

【3.24】让小丽先后学习两组难度相当、性质相似的材料，随后的检查发现她对前面一组材料的回忆效果不如后面一组好，这是由于受到（　　）。

A. 倒摄抑制　　　B. 前摄抑制　　　C. 分化抑制　　　D. 延缓抑制

③同化说。奥苏贝尔对遗忘的原因提出了一种独特的解释。他认为，遗忘就其实质来说，是知识的组织与认知结构简化的过程。当学到了更高级的观念与规律以后，高级的观念可以代替低级的观念，使低级观念发生遗忘，从而简化认识并减轻了记忆负担。这是一种积极的遗忘。

④动机说。动机说遗忘理论认为，遗忘是因为不想记，而将一些记忆信息排除在意识之外，因为它们太可怕、太痛苦或有损自我的形象。这一理论最早由弗洛伊德提出，也叫压抑理论。

(4) 影响遗忘的因素。

①时间因素。根据遗忘规律，记忆的最初阶段遗忘速度快，之后逐渐变慢。

②识记材料的性质和数量。识记材料的性质是指材料的种类、长度、难度、系列位置以及意义性。一般认为，对熟练的动作和形象材料遗忘得慢，无意义材料比有意义材料遗忘要快得多；在学习程度相等的情况下，识记材料越多，忘得越快；识记材料少，则遗忘较慢。

③学习的程度。在识记材料时，如果达到恰能成诵之后还继续学习一段时间，称为过度学习。实验证明，低度学习容易遗忘，而过度学习的记忆效果要好一些。一般来说，学习强度达到150%时记忆的效果是最佳的。

④识记材料的系列位置。人们发现在回忆系列材料时，回忆的顺序有一定的规律性，最后呈现的材料最易回忆，遗忘最少，叫近因效应；最先呈现的材料较易回忆，遗忘较少，叫首因效应。这种在回忆系列材料时发生的现象叫作系列位置效应。一般是材料的首尾内容容易记住，而中间部分容易遗忘。

知识拓展

适当过度学习

所谓过度学习，是指在学习达到目的后的附加学习。在日常教学中，学习者对于学科的一些基本概念、基本原理的学习，仅仅达到目标是不够的，必须在全面理解的基础上达到牢固熟记，脱口而出的程度。当然，过度学习并不意味着复习次数越多越好。有研究表明，学习的熟练程度达到学习量的150%时，记忆效果最好，知识最牢固；超过150%时，效果并不递增，并且很可能引起厌倦、疲劳等而成为无效劳动。

⑤识记者的态度。识记者对实际材料的需要、兴趣等，对遗忘的快慢也有一定的影响。研究表明人们对需要的、感兴趣的事物，遗忘得较慢。另外，对经过人们的努力、积极加工的材料遗忘得较少，而单纯地重述材料，识记的效果较差，遗忘得也较多。

⑥识记任务的长久性和重要性。是否有长久的识记任务以及记忆材料，也是影响遗忘的因素之一。一般来说，长久的识记任务有利于材料在头脑中保持时间的延长。识记任务越重，越不容易遗忘。

历年真题

【3.25】简答题：影响遗忘的主要因素有哪些？

【3.26】艾宾浩斯遗忘曲线表明，遗忘的速度不是均衡的，呈现的趋势是（　　）。
A. 先慢后快　　B. 匀速加快　　C. 先快后慢　　D. 匀速减慢

【3.27】教师向学生依次呈现一组单词，要求他们记住，随后进行自由回忆。结果发现，最后呈现的单词更容易被回忆起来。这种现象称为（　　）。
A. 首因效应　　B. 近因效应　　C. 前摄抑制　　D. 倒摄抑制

舌尖现象

很多考生在考试中都有过这样的经历：一些平时很熟悉的字、单词或公式等"话到嘴边"就是无法记起，考试过后却突然忆起。心理学上称这种特殊现象为记忆的"舌尖现象"，意思是回忆的内容到了舌尖，只差一点，就是无法忆起。

舌尖现象是因为大脑对记忆内容的暂时性抑制所造成的，这种抑制来自多方面，比如对有关事物的其他部分特征的回忆掩盖了所要回忆的那部分特征，又比如回忆时的情境因素以及自身情绪因素的干扰等。而消除了抑制，如经他人提示、离开回忆困难时的情境、消除紧张情绪等，"舌尖现象"往往就会消失。

（三）再认或回忆

1. 再认

再认是指经历过的事物再度出现，有熟悉感并能被识别和确认的过程。再认的速度和准确性取决于对事物识记的巩固程度和精确程度。一般认为，再认比回忆容易，能回忆起来的事物一定能再认，可是能再认的事物未必能够回忆。

2. 回忆

回忆是指过去经验的事物不在眼前，可以重新回想起来的过程。

根据回忆的有无预期目的，可以将其分为无意回忆和有意回忆。无意回忆没有预期目的，也不需要意志努力；有意回忆则有一定目的，需要一定的意志努力才能重现。

根据回忆是否需要中介性联想，可以将其分为直接回忆和间接回忆。直接回忆是由当前事物直接唤起过去的经验；间接回忆则要通过某些中间环节才能回忆起所需内容。

历年真题

【3.28】闭卷考试时，学生在头脑中呈现问答题答案的心理活动属于（　　）。
A. 识记　　B. 保持　　C. 再认　　D. 回忆

（四）记忆规律在教学中的运用

1. 明确记忆目的，增强学习的主动性

有目的才会有动力，才会有责任感和主动性。第一，要有长远的记忆目标和意图。第二，记忆的时间意图应准确与明确，以便提高记忆效果。第三，要培养学生直接和间接的学习兴趣和求知欲。

2. 理解学习材料的意义

意义记忆的材料保持时间长，利用提取快，受干扰少。在学习中，要以意义记忆为主，机械记忆为辅，发挥两种记忆各自的长处，从而提高整个记忆的效果。

3. 对材料进行精细加工，促进对知识的理解

为了理解记忆的材料，需要对材料进行分析，把它的观点、论据以及逻辑标示出来，然后概括并确切地叙述出来。精加工的材料组织得好，提取的线索多，利用也更容易。

4. 运用组块化学习策略，合理组织学习材料

对材料的组块化实际上就是把若干的组块组合成数量更少的、体积更大的组块的心智操作，它能使输入的信息有效地进入长时记忆。常见的组织加工方式是类别群集，把一系列项目按一定的类别来记忆。

5. 运用多重信息编码方式，提高信息加工处理的质量

对信息进行转换，使之适合于记忆储存，有语义编码又有形象编码的材料易记忆。

6. 重视复习方法，防止知识遗忘

（1）及时复习，在学习的当天进行复习。

（2）合理分配复习时间，在识记后不久，复习的次数要多一些，时间间隔要短一些。

（3）做到集中与分散相结合。集中复习就是把材料集中在一段时间内进行复习，分散复习就是把材料分配到几段相隔的时间内进行复习。复习难度小的材料可适当集中，复习难度大的材料可采取分散复习的方式。

（4）反复阅读与试图回忆相结合。这种方法能使学习者及时了解识记的成绩，从而提高学习的兴趣，激发进一步学习的动机。另外，这种方法还可以及时检查记忆效果，有利于提高复习的针对性。

（5）复习方法多样化。单调的复习方法容易使人产生疲劳和厌倦情绪，会降低复习的效果，在组织学生复习时，方法要灵活多样。

（6）运用多种感官参与复习活动。多种感官参与可以更好地提高记忆效果，在复习时应尽量眼看、耳听、口读、手写相结合。

历年真题

【3.29】简答题：简述如何有效地组织复习。

【3.30】简答题：简述促进知识获得和保持的方法。

【3.31】材料分析题：晓宁平时没有复习的习惯，还有一周就要期末考试了，他开始着急起来，并暗自发誓要考出好成绩。他觉得只要自己努力，反复背诵就一定能取得好成绩。所以，只要有时间他就去背——背外语单词，背课文，背语法，背数学、物理公式和化学方程式等，连课间休息也不放过，从晚上背到深夜，早晨四五点钟就起床接着背，以致到了头昏脑胀的地步。他从没有哪次考试像这次考试下这么大的功夫，自以为一定能考出好成绩。然而，结果完全出乎他的意料，各门功课成绩都很不理想。他很失望，百思不得其解：到底是什么地方出了问题？

问题：请指出晓宁复习中存在的主要问题。

 知识拓展

中学生记忆的发展

1. 有意识记占支配地位

中学生的有意识记忆在记忆发展中居于支配地位，能自觉地根据目的来支配自己的识记活动。

2. 意义识记占主导地位

中学生的机械识记逐渐减弱并呈现下降趋势，意义识记逐渐增强，并成为中学生的主要记忆手段。

3. 抽象记忆占主导地位

中学生记忆内容逐渐从具体形象记忆过渡到以抽象记忆为主，同时抽象记忆的发展水平也逐渐超过形象记忆。

4. 短时记忆广度接近成人

中学生短时记忆的广度不断扩大，并接近成人水平。

三、中学生记忆能力的培养

（一）明确记忆目的，加强记忆自觉性

研究表明，记忆材料的目的越明确，记忆效果越好。但是，中学生通常很难自觉地提出识记任务和目的，他们还需要外力帮助，而且这种帮助最好具体、明确。因此教师不仅要提出识记任务，还要进行必要的督促、检查，在学生能够按要求完成识记任务的同时启发其自觉性。

（二）正确组织复习和练习

合理安排好复习和练习的时间对于记忆也很重要。遗忘的规律是，在记忆之后遗忘立刻开始，速度先快后慢，因此及时复习十分重要。不仅要及时复习，还要学会利用零碎的时间进行复习，做到分散复习和集中复习相结合。

（三）在理解基础上记忆

理解记忆是以理解材料内容为前提的。这种理解不仅指看懂了材料，而且包括厘清材料各部分之间的逻辑联系，以及该材料和以前的知识经验之间的关系。因此，在教学中，教师要有计划、有步骤地指导中学生逐步对教材的内容进行剖析，深入理解。

（四）让多种感官参加记忆活动

在记忆活动中，如果只运用一种模式十分单调，容易使学生失去兴趣，产生厌烦情绪。所以中学生在接收信息时，应充分调动多个感官，充分发挥眼、口、脑、手等感官的作用，牢固地记住所要识记的材料。

（五）对记忆结果进行自我检查

心理学研究证明，反复阅读与试图回忆相结合，可以提高记忆的效果。对记忆的结果进行自我检查，不仅能够检验记忆的效果，也能够进一步加深印象，找出薄弱环节，把主要精力集中于那些难以记住的地方。因此，教师应该常常让学生进行自我复述、自我回忆、自问自答、互问互答等自我检查的训练，努力提高学生的记忆力。

第四节　思　　维

一、思维概述

（一）思维的概念与特征

1. 思维的概念

思维是一种高级的认识活动，是人脑对客观现实的概括的、间接的反映，借助语言、表象、动作实现，是人认识的高级阶段，即理性认识阶段，它揭示了事物的内在联系和本质特征。

2. 思维的特征

（1）概括性。

概括性是指在大量感性材料的基础上，把一类事物的共同的、本质的特征和规律抽取出来加以概括。一切科学的概念、定理和法则都是人脑对客观事物的概括的反映。例如，"花"这个概念，包含规定这一类事物为花的本质的特征，从而舍弃了形状、大小、叶子等非本质的特征。

（2）间接性。

间接性是指不直接通过感觉器官，而是借助某种中介或一定的知识经验对客观事物进行认识。例如，根据动物的行动可推知天气，根据太阳的位置可推知时间。

3. 思维与感性认识的区别

（1）思维超出了感性认识的界限。

思维的间接性和概括性使它超出了感性认识的界限，通过思维，人可以掌握直接感知领域以外的东西，也可以预见事物的变化发展进程。像天体宇宙这样的宏观世界和基本粒子这样的微观世界，只有通过思维才能认识其活动规律。例如，人不能直接感知光速，但通过思维可以理解它，并在概念中把握它。

但是思维并不能脱离感性认识，它是在感性材料的基础上产生的。例如，人对光速的把握是在人对在地球上车速的感性知觉的基础上产生的。

（2）思维具有超脱现实的性质。

思维不仅可以把握现存事物的本质属性和规律，而且可以在想象中建立现实中不存在的事物及其联系和规律。这正是创造和创作的来源。然而，这并不意味着思维可以与人的实践截然分开。思维是在实践和感性认识中发生、发展的。人通过思维获得的认识也要经受实践的检验。超脱现实的幻想、假设、预期和创造是否能够成为现实，取决于思维判断是否符合实际。因此，人一方面在实践中产生认识；另一方面，又把认识的结果应用到实践中去，在再实践中，再提高认识。由于思维与实践的密切联系，思维虽然具有超脱现实的性质，但并不意味着人的思维必然陷入空想之中，思维仍然具有现实性。

（二）思维的品质

思维的品质是个体思维活动智力特征的表现，思维发展中个性差异反映的是每个人所具有的不同的思维品质。思维的品质包括以下几个方面。

1. 思维的广阔性和深刻性

思维的广阔性是指思维的广度。一个人思路广泛，善于把握事物各方面的联系和关系，善于全面地思考和分析问题，表现出的就是思维的广阔性。思维的深刻性体现的是思维的深度，是指一个人善于透过事物的表面现象，抓住事物的本质特征和规律，预见事物发展趋势的能力。

思维的广阔性和深刻性是相互联系的：深刻认识事物有赖于依据各种事物的普遍联系和相互制约的特点，全面地考察事物；掌握事物的本质与普遍规律，也会使考虑问题的广度扩大。在教育过程中，让学生充分理解所学的知识，适时运用知识，教给学生正确认识事物和分析问题的方法，有利于学生思维的广阔性和深刻性的发展。

2. 思维的独立性和批判性

思维的独立性是指一个人善于独立地提出问题、分析问题和解决问题，表现为不盲从，也不受别人暗示的影响，不依赖别人的结论。思维的批判性是指一个人善于批判地评价他人和自己的思想与成果。敢于向书本和权威挑战，吾爱吾师，吾更爱真理。正是有了思维的批判性，人类才能够对思维本身加以自我认识，人类不仅能够认识客体，而且也能够认识主体，并且在改造客观世界的过程中改造主观世界。

3. 思维的灵活性与敏捷性

思维的灵活性，是指个体在进行思维活动时能根据客观情况的变化而变化，即根据所发现的新情况及时修正原来的想法。思维的灵活性受人们的知识经验水平、运用知识的能力以及思维习惯等因素的影响。它是在思维的深刻性基础上派生出的思维品质，缺乏对问题情境的深刻分析和把握就没有灵活性可言。例如，有的学生在解题时，不喜欢套用现成的公式，而愿意开动脑筋，尽管题目变化很大，都能应付自如，独立解决。这说明该学生的思维具有较大的灵活性。

思维的敏捷性，是指思维过程的速度，即能在很短的时间内完成一个思维任务，提出解决问题的正确意见。曹植七步成诗的故事就是一个广为人知的思维敏捷性的事例。思维的敏捷性是和轻率性有本质区别的。思维轻率的人，回答问题也很快，但多数是未经周密思考而草率做出的，也常常是错误的。而思维敏捷的人是能够快速而周密地思考问题，准确地做出判断，迅速地得出结论。

4. 思维的独创性

思维的独创性，是指个体通过独立思考并创造出新颖而有社会价值的思维成果，这是思维品质的最高表现。思维的独创性在促进创造发明中所起的作用是举足轻重的。一般来说，每个人的思维都有其独创的一面，只是就其社会价值而言，不同的创造有水平高低之分。

（三）思维的种类

1. 根据思维发展水平不同划分

（1）直观动作思维。

直观动作思维是指依据实际行动来解决具体问题的思维过程。它往往是人们在边做边想时发生的，具有直观实践性。这种思维依赖于实际的动作。例如，3 岁前的幼儿只能在动作中思考，动作停止，他们的思维也就停止了。如儿童边数手指边算数，感知和动作中断，思维也就停止了。

（2）具体形象思维。

具体形象思维是指人们利用头脑中的具体形象（表象）来解决问题的思维过程。表象是思维的材料，思维过程往往表现为对表象的概括、加工和操作。具体形象思维具有形象性、整体性、可操作性等特点。这种思维形式主要表现在 3～7 岁儿童身上，他们更多的是运用形象思维解决问题。如儿童计算 3+4=7，不是对抽象数字的分析、综合，而是在头脑中用三个手指加上四个手指，或三个苹果加上四个苹果等实物表象相加而计算出来的。艺术家、作家、导演、设计师等职业也需要发达的形象思维。

（3）抽象逻辑思维。

抽象逻辑思维是指运用言语符号形成的概念来进行判断、推理，以解决问题的思维过程。例如，科学家进行科学推理、学生学习科学文化知识等，都需要运用抽象逻辑思维，它是人类思维的典型形式。抽象逻辑思维不直接依赖所感知事物的具体形象，它能超越生活经验的局限，把握事物的本质和规律。

2. 根据思维的逻辑性不同划分

（1）直觉思维。

直觉思维是未经逐步分析就迅速对问题答案做出合理的猜测、设想或突然领悟的思维。如学生在解题中未经逐步分析，就对问题的答案做出合理的猜测、猜想等的思维。

(2) 分析思维。

分析思维是经过逐步分析后，对问题解决做出明确结论的思维。如学生解几何题的多步推理和论证；医生面对疑难病症的多种检查、会诊分析等的思维。

3. 根据思维的指向性不同划分

(1) 聚合思维。

聚合思维又称求同思维、集中思维，是把问题所提供的各种信息集中起来得出一个正确的或最好的答案的思维。如学生从各种解题方法中筛选出一种最佳解法，工程建设中把多种实施方案经过筛选和比较找出最佳的方案等的思维。

(2) 发散思维。

发散思维又称辐射思维、放射思维、扩散思维或求异思维，是指大脑在思维时呈现的一种扩散状态的思维模式，它表现为思维视野广阔，思维呈现多维发散状。可用"一题多解""一事多写""一物多用"等方式培养发散思维能力。科学研究中对某一问题的解决提出多种设想，教育改革中多种方案的提出等都属于发散思维。

聚合思维与发散思维都是心智活动不可缺少的思维，都带有创造的成分，而发散思维最具创造性的特征。

> **历年真题**

【3.32】小红在解决数学问题时总是从多种途径寻求解决问题的方法，力求一题多解。小红的思维方式属于（　　）。

A. 聚合思维　　　　　　　　B. 发散思维
C. 常规思维　　　　　　　　D. 具体思维

【3.33】当教师提问"一个四边形，每边边长都是1，面积是否是1?"许多同学肯定地回答是1，刘晓翔却回答说，如果把它压扁，变成一条线，面积就差不多成了0，这体现了发散思维的（　　）。

A. 流畅性　　　B. 变通性　　　C. 独特性　　　D. 独立性

【3.34】简答题：简述发散思维的基本特征。

4. 根据思维的创造程度不同划分

(1) 再造性思维。

再造性思维（常规性思维）是指人们运用已获得的知识经验，按现成的方案和程序，用惯常的方法、固定的模式来解决问题的思维方式。如学生运用音标规律来读单词，这种思维创造性水平低，对原有知识不需要进行明显的改组，也没有创造出新的思维水平。这种思维往往缺乏新颖性和创造性。

(2) 创造性思维。

创造性思维是指以新颖、独特的方式来解决问题的思维方式。创造性思维是人类思维的高级过程。许多心理学家认为创造性思维是多种思维的综合表现，它既是聚合思维与发散思维的结合，也是直觉思维与分析思维的结合。在从事文艺创作、科学研究、技术发明等创造性活动时，创造性思维的表现特别典型。

创造性思维是一种具有开创意义的思维活动，即开拓人类认识新领域、开创人类认识新成果的思维活动。创造性思维是以感知、记忆、思考、联想、理解等能力为基础，以综合性、探索性和求新性为特征的高级心理活动。

创造性思维具有以下三方面的特征：

目前较公认的是以发散思维的基本特征来代表创造性思维。发散思维是沿不同的方向去探求多种答案的思维形式。发散思维是创造性思维的核心，其主要特征有三个：

①流畅性：流畅性指个人面对问题情境时，在规定的时间内产生不同观念的数量的多少。该特征代表心智灵活、思路通达、没有阻滞、反应敏捷，能在较短的时间表达出较多的信息。对同一问题，想到的可能答案越多，表示思维的流畅性越高；反之表示思维的流畅性越低。

②变通性：即灵活性，指个人面对问题情境时，不墨守成规，不钻牛角尖，能随机应变，触类旁通。对同一问题，能在不同方向上提出不同类型信息的思维特征。想出不同类型答案越多，变通性越高。

③独创性：个人面对问题情境时，能独具匠心，想出不同寻常的、超越自己也超越前辈的意见，具有新奇性。对同一问题所提意见越新奇独特者，其独创性越高。独创性是在流畅性和灵活性基础上形成的最高层次的发散思维能力。

（3）创造性思维与智力。

创造性思维与智力是两个既有联系又有区别的概念，有关研究表明，创造性思维与智力的关系并非简单的线性关系，两者既有独立性，又在某种条件下具有相关性。

创造性思维与智力的基本关系表现为：①低智商不可能具有高创造性；②高智商可能有高创造性，也可能有低创造性；③低创造性者的智商水平可能高，也可能低；④高创造性者必须有高于一般水平的智商。

上述关系表明，高智商虽非高创造性的充分条件，但却是高创造性的必要条件。更重要的是，这种非线性关系还表明，创造性思维是一些智力测验所不能测出的智力品质。正是由于这些品质的参与，才能实现单纯智力所无法完成的创造。

历年真题

【3.35】

材料：

在一次讨论课上，老师问学生："雪融化后变成什么？"

张红抢先回答："雪融化后变为水。"

黄阳想了想说："雪融化后变成泥土。"

柳丽慢条斯理地回答："雪融化后变成了春天。"

老师评价道："张红反应敏捷，回答准确，可以得到满分。黄阳和柳丽真不知你们怎么想的，要是给分，只能得0分。"

问题：
(1) 运用心理学知识评价这位老师的教学行为。
(2) 这个案例对教师教学有何启发？

5. 根据思维过程的依据不同划分

(1) 经验思维。

经验思维是以日常生活经验为依据，判断生产、生活中的问题的思维。如人们对"月晕而风，础润而雨"的判断；儿童凭自己的经验认为"鸟是会飞的动物"；人们通常认为"太阳从东边升起，往西边落下"等都属于经验思维。

(2) 理论思维。

理论思维是以科学的原理、定理、定律等理论为依据，对问题进行分析、判断的思维。例如，根据"凡绿色植物都是可以进行光合作用的"一般原理，去判断某一种绿色植物的光合作用；科学家、理论家运用理论思维发现事物的客观规律；教师利用理论思维传授科学理论；学生运用理论思维学习理性知识等。

(四) 思维的认知加工方式

思维的认知加工方式包括以下四种。

(1) 分析与综合。

分析是指将事物或对象分解成各个部分或各个属性，以把握事物的主要结构要素、属性和特征。综合则是把事物或对象的个别部分或属性联合为一体，通过综合可以把握事物各成分之间的关系，以把握事物的整体结构和规律。

(2) 比较与分类。

比较是指在人脑中将各种事物或现象加以对比，来确定它们之间的异同点和关系的思维过程，比较是以分析和综合为基础的。分类是指依据事务的特性，把事物分门别类的思维操作过程，分类是在比较的基础上进行的。

(3) 抽象与概括。

抽象是指在人脑中提炼各种对象或现象的共同的、本质的特征，舍弃其不同的、非本质的特征的过程。概括是指人脑把事物间共同的、本质的特征抽象出来加以综合的过程。

(4) 系统化与具体化。

系统化是指人脑把具有相同本质特征的事物归纳到一定类别系统中去的思维过程。具体化是指人脑把经过抽象概括后的一般特征和规律推广到同类的具体事物中去的过程。

(五) 思维的基本单位

表象、概念和语言是思维的三种基本单位。

表象是指具有图画般特点的心理表征，具有似乎看到真实物体的效果。表象有很广泛的用途。比如，你挑一件衣服，设想室内家具的布置，想象小说中描述的情景，你为坚持节食而想象自己很苗条的样子，等等。

概念是代表一类事物的观念，是思维的重要工具。有了概念，人类的思维才更抽象，才能摆脱事物中零散的细枝末节的干扰。

语言包括用于思维和交流的词、符号，以及将词或符号连接起来的规则。有了语言，我们才能够对世界上的一切进行编码，以便用易于操作的符号来表达事物和思想。因此，思维在很大程度上依赖于语言。

复杂的思维需要运用上述三种表征。在具体情况下，人们会利用他们所能得到的一切帮助进行思维。

历年真题

【3.36】
材料：
小林进入初中以后发生了很大的变化。小学时她经常把"这是老师说的"挂在嘴边，现在，她经常和同学们一起讨论书本以及老师的一些观点，觉得书本上和老师的很多观点不合理，经常以独立批判的态度对待老师和家长给出的建议，有时候会为了一个观点同老师争得面红耳赤。老师觉得小林有时候不能根据实际情况对所学原理恰当地加以运用，看待问题有点片面，对一些观点的怀疑和批判缺乏充足的证据。

问题：
(1) 根据心理学原理分析小林思维变化的特点；
(2) 提出促进小林思维发展的建议。

二、想象

(一) 想象的概念

想象是人脑对已储存的表象进行加工改造，形成新形象的心理过程。

例如，有的人在读诗句"日出江花红胜火，春来江水绿如蓝"时，头脑中就会浮现出祖国江南秀丽景色的形象。

表象与知觉的关系

表象是事物不在面前时，人们在头脑中出现的关于事物的形象。表象与知觉之间的关系如下：
1. 表象是在知觉的基础上产生的，和知觉中的形象具有相似性；
2. 知觉的形象鲜明生动，表象的形象却比较暗淡模糊；
3. 知觉的形象持久稳定，表象的形象不稳定、易变；
4. 知觉的形象完整，表象的形象一般不完整。

（二）想象的分类

1. 有意想象和无意想象

（1）有意想象：也称随意想象，是指有预定目的和自觉进行的想象，有时还需要一定的意志努力。有意想象包括再造想象和创造想象等。

（2）无意想象：也称不随意想象，没有预定目的，不由自主产生的想象。

2. 再造想象和创造想象

（1）再造想象：再造想象是指根据语言表述或非语言的描绘（图样、图解、模型、符号记录等）在头脑中形成有关事物形象的想象。

再造想象产生的条件：①必须具有丰富的表象储备；②为再造想象提供的词语及实物标志要准确、鲜明、生动；③正确理解词语与实物标志的意义。

（2）创造想象：创造想象是一种有意想象，它是根据一定目的、任务，在头脑中创造出新形象的心理过程。

创造想象产生的条件：①强烈的创造愿望；②丰富的表象储备；③积累必要的知识经验；④原型启发；⑤积极的思维活动；⑥灵感的发挥。

历年真题

【3.37】学生在学习《望庐山瀑布》这首古诗时，头脑中呈现诗句所描绘的相关形象，这种心理活动属于（　　）。

A. 无意记忆　　　B. 有意记忆　　　C. 再造想象　　　D. 创造想象

【3.38】伟华看见天上的浮云，脑中出现"骏马""恐龙"等动物形象，这种现象属于（　　）。

A. 有意想象　　　B. 无意想象　　　C. 再造想象　　　D. 创造想象

3. 幻想、理想和空想

（1）幻想。

幻想是创造想象的一种特殊形式，是一种指向未来并与个人的愿望相联系的想象。它是创造想象的准备阶段和特殊形式。

幻想与一般创造想象相比主要有两点不同：

①幻想总是与个人愿望相联系；

②幻想往往与当前的活动没有直接联系，而是指向未来的。

幻想也不同于再造想象，因为它包含一定的独创成分。

（2）幻想与理想、空想的关系。

如果幻想是以现实为依据并指向行动，经过努力最终可以实现，那么它就变成理想。

如果幻想完全脱离现实，毫无实现的可能，就成为空想。

理想能鼓励人向上和进取，是人们从事创造性活动的动力，而空想往往会把人引向歧途。

(三) 想象的功能

1. 预见功能

人从事任何活动之前，都必须在头脑中确立定向目标，即能够想象出活动过程及其结果，于是人的活动就有了主动性、预见性和计划性，这有助于活动的顺利完成。

2. 补充功能

在现实生活中，有许多事物人是不可能直接感知的，在这种情况下，可以借助想象，弥补人类认识活动的时空局限和不足，超越个体狭隘的经验范围，扩大人的视野。

3. 替代功能

在现实生活中，当人们的某种需要不能得到满足时，可以利用想象从心理上得到一定的补偿和慰藉。

 知识拓展

培养中学生想象力的方法

1. 要引导中学生学会观察，丰富中学生的表象储备；
2. 引导中学生积极思考，有利于打开想象力的大门；
3. 引导中学生努力学习科学文化知识，扩大中学生的知识经验，以发展中学生的空间想象能力。
4. 结合学科教学，有目的地训练中学生的想象力。
5. 引导中学生进行积极的幻想。

三、问题解决

(一) 问题解决的概念与特点

问题解决是指个人应用一系列的认知操作，从问题的起始状态到达目标状态的过程。解决问题时，你所知道的与你所需要知道的往往存在着差距，这个差距就是问题空间。解决一个问题，就是消除这个空间，这需要通过发现和取得必要的信息来完成。

从信息加工的观点来看，一个问题可分为三个部分：初始状态、目标状态、存在的障碍或限制。这三个部分共同界定了所谓的问题空间。在做一道证明题时，题目中的已知条件即为这一问题的初始状态，目标状态是证明的结果，中间的一系列证明过程就是为了达到目标所采取的一系列认知操作。问题的解决是个人应用一系列的认知操作，克服存在的障碍或限制，从问题的起始状态到达目标状态的过程。

问题解决的特点如下：

1. 目的性

问题解决具有明确的目的性，就是要达到某个特定的目标状态。达到特定的目标状态的过程是自觉行为，它是在一定的目的指引下进行的，没有明确目的指向的心理活动（如漫无目的的幻想）则不能称为问题解决。

2. 认知性

问题解决活动是通过内在的心理加工实现的，整个活动过程依赖于一系列认知操作来进行。问题解决需要运用高级规则，进行信息的重组，不是简单的思维活动过程，也不是已有知识经验的简单再现。那些只包括一个心理步骤、只需要简单的记忆提取的活动，也不属于问题解决。

3. 序列性

问题解决包含一系列的心理活动，即认知操作，如分析、联想、比较、推论等，而且这些心理操作是存在一定的序列的，一旦序列出错，问题就无法解决。

（二）问题解决的过程

1. 发现问题

发现问题是解决问题的首要环节，是问题解决中最困难且最富挑战性的一个环节。要发现问题，需要个体具有一定的创造性和坚持性，还要在较长时间内容忍问题的模糊性。

2. 理解问题

理解问题即明确问题，就是把握问题的性质和关键信息，摒弃无关因素，并在头脑中形成有关问题的初步印象，即形成问题的表征，主要是确定问题究竟是什么，并尽可能地达到对整个问题的准确理解。

3. 提出假设

提出假设就是提出解决问题的可能途径与方案，选择恰当的解决问题的操作步骤。能否有效地提出假设，受个体思维的灵活性与已有的知识经验的影响。提出假设是解决问题的关键阶段。

4. 检验假设

检验假设就是通过一定的方法来确定假设是否合乎实际、是否符合科学原理。检验假设的方法有两种：一是直接检验，即通过实践和问题解决的结果来检验；二是间接检验，即通过推论来淘汰错误的假设，保留并选择合理的、最佳的假设。

历年真题

【3.39】初三学生小岩晚上在家复习功课，忽然灯灭了，他根据物理课上所学的知识，推测可能是保险丝断了，然后检查了闸盒里的保险丝。这是问题解决过程的哪个阶段？（　　）。

A. 发现问题阶段　　　　　　　　B. 理解问题阶段
C. 提出假设阶段　　　　　　　　D. 检验假设阶段

(三) 影响问题解决的重要因素

1. 问题的形式

个体解决有关问题时，常常受到问题的类型、呈现的方式等因素的影响。教师在课堂中的各种形式的提问，各种类型的课堂和课后练习、习题或作业等，都是学校情境中常见的问题形式。

首先，学生解决抽象而不带具体情节的问题时比较容易，解决具体而接近实际的问题时比较困难。其次，学生解决不需通过实际操作的"文字题"时比较容易，理解需要实际操作的"实际题"时比较困难。最后，不同的呈现问题的方式、问题中已知条件的呈现次序都会影响到对问题的理解和最终解决。

2. 已有的知识经验

已有的知识经验的质与量都影响着问题解决，与问题解决有关的经验越多，解决该问题的可能性也就越大。研究发现，学习好的学生头脑中储存的知识经验显著地多于学习差的学生。可以说，拥有某一领域的丰富的知识经验是有效地解决问题的基础。

3. 心理定势

心理定势是指人们由于某种情境反复出现而形成的心理活动的固有倾向。定势的作用存在两面性：一方面，使人们能够对一些常规性的问题做出较快的解答，从而提高问题解决的效率；另一方面，囿于狭小范围内的这种固定性和恒常性往往又会使人们的思路陷于僵局，难以寻找到一种新的方式去考虑问题，不利于创造性地解决问题。

4. 功能固着

功能固着是指个体在解决问题时往往只看到某种事物的通常功能，而看不到其他方面可能有的功能，是人们长期以来形成的对某些事物的功能或用途的固定看法。在某种情形下需要利用某种事物的潜在功能来解决问题时，功能固着可能起到阻碍的作用。

5. 原型启发

对问题解决起启发作用的事物叫原型，原型启发是指从其他事物上发现解决问题的途径和方法，原型启发在创造性解决问题时的作用十分明显。通过联想，人们可以从原型中找到解决问题的新方法，某事物能否起到启发作用，不仅取决于该事物的特点，还取决于问题解决者的心理状态。

> **历年真题**

【3.40】辨析题：心理定势对问题解决只有消极影响。

【3.41】老师问："一张桌子四个角，锯掉一个角，还有几个角？"张冬不假思索地回答："三个角。"老师又问："还有其他答案吗？"张冬想了想，没有回答出来。这表明张冬在解决问题时受到哪种因素的影响？（　　）。

A. 功能固着　　　B. 原型启发　　　C. 心理定势　　　D. 垂直迁移

【3.42】在思维训练课中，老师让大家列举纽扣的用途，小丽只想到了纽扣可以钉在衣服前面用来扣衣服，却想不到纽扣可以制作成装饰品、点缀衣服等其他用途，这种现象属于（ ）。

A. 功能迁移　　　B. 功能固着　　　C. 功能转换　　　D. 功能变通

6. 动机和情绪

人们对活动的态度、社会责任感、认识兴趣等，都可以成为发现问题的动机，影响到问题解决的效果。动机的强度不同，影响的大小也不同。在一定的限度内，动机的强度和解决问题的效率成正比，但动机太强或太弱都会降低解决问题的效果。

情绪对问题解决有一定的影响，紧张、惶恐、烦躁、压抑等消极的情绪会阻碍问题解决的速度，而乐观、平静、积极的情绪将有助于问题的解决。例如，学生考试时，由于情绪过分紧张，会使其思路阻塞，有时甚至面对容易的问题却束手无策。如果学生能以积极的情绪迎接考试，就将有利于打开思路，使问题得以解决。

除了上述因素外，个体的智力水平、性格特征、认知风格和世界观等个体心理特性也制约着问题解决的方向和效果。

历年真题

【3.43】辨析题：问题解决不受情绪影响。

【3.44】辨析题：心理定势对问题解决的影响可能是积极的，也可能是消极的。

（四）问题解决的策略

问题解决的策略有算法式、启发式等。

1. 算法式

算法式是将所有可能的针对问题解决的方法都一一列举出来并进行尝试，直至选择到一种有效的方法解决问题。

历年真题

【3.45】小亮在解决物理习题时，能够把各种解法逐一列出并加以尝试最终找到最佳解法。小亮的这种解题方法属于（ ）。

A. 启发式　　　B. 推理式　　　C. 算法式　　　D. 归纳式

2. 启发式

启发式是人根据一定的经验，在问题空间内进行较少的搜索，以达到问题解决的一种方法。启发式不能保证问题能成功地解决，但这种方法比较省力。启发式包括以下几种策略：

（1）手段-目的分析法。

手段-目的分析法是将需要达到问题的目标状态分成若干子目标，通过实现一系列子目标最终达到总目标。

（2）逆向搜索法。

逆向搜索法是从问题的目标状态开始搜索，直至找到通往初始状态的通路或方法。例如，做几何证明题，所谓的从结论入手就是逆向搜索。

（3）爬山法。

爬山法是采用一定的方法逐步降低初始状态和目标状态的距离，以达到解决问题的一种方法。这就像登山者，为了登上山峰，需要从山脚一步一步往上攀登一样。

爬山法与手段-目的分析法的不同在于，后者包括这样一种情况，即有时人们为了达到目的，不得不暂时扩大目标状态与初始状态的差异，以有利于最终达到目标。

历年真题

【3.46】
材料：

研究者设计了一个"两绳问题"的实验，在一个房间的天花板上悬挂两根相距较远的绳子，被试者无法同时抓住。这个房间里有一把椅子、一盒火柴、一把螺丝刀和一把钳子。要求被试者把两根绳子系住，解决问题的方法是：把钳子作为重物系在一根绳子上，从而把两根绳子系起来。结果发现只有39%的被试者能在10分钟内解决这个问题，大多数被试者认为钳子只有剪断铁丝的功能，没有意识到还可以当作重物。

问题：
（1）上述实验主要说明哪种因素影响问题的解决？该实验结果对教学工作有何启示？
（2）请指出问题解决还受到哪些因素的影响。

知识拓展

学生的思维和创造能力的培养

1. 调动学生的思维和创造的积极性

教师要对学生进行学习目的教育，使学生知道思维和创造在学习中的重要作用，激发学生思维和创造的积极性。

2. 用唯物辩证法指导思维和创造活动

按照唯物辩证法进行思维，可以防止思维的主观性、表面性和片面性，防止唯心主义和机械唯物主义的影响。

3. 在启发式教学中培养学生的独立思维能力

运用启发式教学，引导学生主动开动脑筋，久而久之，就激发了学生思维的积极性，培养了其良好的思维习惯，发展了其独立思维能力。

4. 运用发现式教学法把科学探索过程引入课堂

运用发现法有计划地让学生参加科学探索的过程，诱导学生发现问题、提出问题、提出假设、检验假设，让学生分析讨论并得出结论。学生多次体验了科学探索的乐趣，逐步掌握了科学研究的方法，创造思维能力就能得到发展。

5. 让学生学会学习

教师要有计划地把用以理解知识、应用知识的学习策略教给学生，并使之个性化。经过长期的思维训练，学生在掌握知识的同时，也学到了符合自己的学习方法，逐步发展了思维能力，学会了学习。

6. 让学生掌握有关思维创造的知识

在强调思维训练重要性的同时，绝不能忽视逻辑知识和创造知识的传授。学生懂得了逻辑知识和创造知识，就可以使思维的程序符合逻辑规律，使自己的创造性思维活跃起来。

7. 提高学生的言语能力

学生掌握的词汇量越大，言语活动越有条理，思维就越开阔、越深入。学生不仅要学会运用语言，更要切实掌握言语这个工具，更好地发展思维能力。

8. 要使学生了解自己的思维品质

要发展学生的思维能力，必须使学生了解自己思维品质的特点，发扬优点，克服缺点，不断发展自己的思维能力。

9. 组织创造性活动，让学生大胆创造

鼓励学生进行创造性学习，要有计划地组织"小发明"等创造性课外活动，让学生大胆创造，让学生在发明创造中提高创造能力。

本章小结

1. 广义的认知是指个体通过感觉、知觉、表象、想象、记忆、思维等形式，把握客观事物的性质和规律的认识活动。狭义的认知是指个体获取信息并进行加工、储存和提取的过程。

2. 元认知是个体对自己的认知活动的认知。元认知由元认知知识、元认知体验和元认知监控等三种心理成分组成。

3. 注意是心理活动对一定对象的指向和集中，指向性和集中性是注意的两个基本特征。

4. 感觉是个体对直接作用于感官的客观事物的个别属性的反映。感觉可以分为外部感觉和内部感觉两大类，外部感觉包括视觉、听觉、嗅觉、味觉、皮肤觉。内部感觉包括机体觉、运动觉和平衡觉。

5. 知觉是个体对直接作用于感官的客观事物的各个部分和属性的整体反映。知觉具有选择性、整体性、理解性和恒常性等特征。

6. 记忆是过去经验在头脑中的反映，是对过去经验的识记、保持和再现的过程。

7. 艾宾浩斯认为遗忘的发展是不均衡的，其趋势是先快后慢，呈负加速型。

8. 思维是一种高级的认知活动，是人脑对客观现实的概括的、间接的反映。概括性和间接性是思维的特征。

9. 创造性思维是指以新颖、独特的方式来解决问题的思维方式，是人类思维的高级过程。创造性思维有流畅性、变通性和独创性特征。

10. 想象是人脑对已经储存的表象进行加工改造，形成新形象的过程。

11. 问题解决是指个人应用一系列的认知操作，从问题的起始状态到达目标状态的过程。

☞ **本章要点回顾**

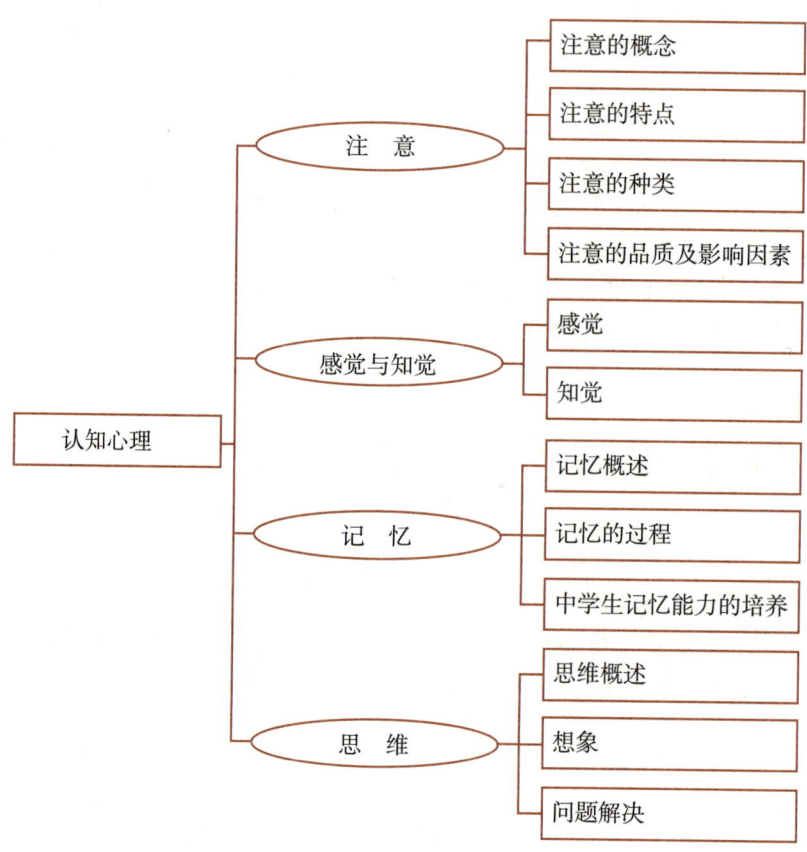

第四章

情绪、情感与意志

☞ 学习完本章，应该做到：

◎ 了解情绪、情感和意志的概念。
◎ 掌握中学生的情绪、情感特点。
◎ 了解意志的品质。

☞ 学习本章时，重点内容为：

◎ 情绪、情感的分类。
◎ 双趋冲突、双避冲突、趋避冲突。
◎ 意志的品质。

> 本章介绍了情绪、情感和意志的概念、特征等，阐述了中学生情绪、情感的特点。
>
> 在学习过程中，应了解情绪情感的概念及其与认知的关系，理解情绪、情感的两极性，进一步理解情绪、情感的类型。重点掌握中学生情绪、情感的特点及中学生积极情绪、情感的培养方法。

【引子】

有一位华侨，在国外事业做得很大，但思乡情重，想出资在家乡办厂。消息传开后，大家都看到此事有利可图，家乡人纷纷与他联系，表示愿意与他合作。这让老华侨在挑选合作者方面犯了难。最后，他在众人之中挑了两个比较合适的人选，想在他们二人中再挑出一个与自己合作，并把他在国内投资的所有项目都交给他管理。有一天，老华侨叫来两个候选人说："我本人没有什么爱好，唯独酷爱下棋，今天，你们谁赢了我，我就会与谁合作。"那两个人也都是下棋高手，棋下得都很好。第一个人与老华侨下了起来，最后老华侨以微弱的优势战胜了他。第二个人很精明，在下棋当中，趁老华侨转身去倒水时，偷偷换了一个棋子的位置，不承想这一切全都被老华侨从玻璃的影像上看到了。最后，第二个人获得了胜利。但是，老华侨却选择输了棋的那个人来管理自己在国内的企业。他说："第一个人虽没有赢我，但他没有想着去耍小计谋，而是凭自己的实力，诚心诚意地与我对弈。这也是一个人生态度问题，从中可以看出他是可信的。而第二个人却偷换了一个棋子的位置，虽然这是一件小事情，但可以看出他道德感低下，为人不诚实。与这样的人合作是不能让我放心的。"

第一节 情绪、情感

一、情绪和情感概述

人在认识外界事物时，并不是无动于衷、冷酷无情的。人们对现实中的现象，诸如各种事物，他人的行为，自己的举动、表现等常抱有一定的态度体验，例如，看到好的作品会对作者的才华赞叹不已，产生愉快的情绪；当看到一些不良现象时会产生蔑视、愤怒等情绪。愉快、忧愁、烦恼、愤怒、惊恐等都是人的情绪和情感的不同的表现形式。

（一）情绪和情感的定义

情绪和情感是指人对客观事物是否符合自己的需要产生的态度体验。

情绪和情感是人脑对客观事物的反映，但是客观事物不能直接引起人的情绪和情感活动，必须有需要参与。需要是情绪和情感产生的中介。当客观事物符合了人的需要时，就会产生肯定性质的情绪和情感体验，如愉快、高兴、满意等；当客观事物不能符合人的需要时，就会产生否定性质的情绪和情感体验，如忧愁、悲伤、愤怒等。

情绪和情感与人的特定的主观愿望或需要相联系，曾统称为感情。人的感情是非常复杂的，既包括感情发生的过程，也包括由此产生的各种体验。在当代心理学中，采用个体情绪和情感来表达感情的不同方面。情绪主要指感情过程，即个体需要与情境相互作用的过程，如高兴时手舞足蹈、愤怒时暴跳如雷。情绪具有较大的情景性、激动性和暂时性，往往随情境的改变和需要的满足而减弱或消失。情绪代表感情较原始的方面，一般是由生理、安全等级较低级的需要所引起，人与动物共有。而情感经常用来描述那些具有稳定的、深刻的社会意义的感情，如对祖国的热爱，对敌人的憎恨以及对美的欣赏等。作为一种体验和感受，情感具有较大的稳定性、深刻性和持久性。情绪和情感是有区别的，但又相互依存、不可分离。稳定的情感是在情绪的基础上形成的，而且又通过情绪来表达。情绪也离不开情感，情绪的变化反映情感的深度，在情绪中蕴含着情感。心理学主要研究感情的发生、发展的过程和规律，因此较多地使用情绪这一概念。

（二）情绪和情感的构成

情绪和情感由独特的三部分构成：主观体验、外部表现和生理唤醒。

主观体验是个体对不同情绪状态的自我感受。每种情绪都有不同的主观体验。

外部表现是在情绪状态发生时身体各部位的动作量化形式，即表情。情绪的外部表现十分丰富，主要包括面部表情、体态表情和言语表情。

生理唤醒是情绪引发的生理反应。不同情绪的生理反应是有差异的，如高兴时心跳节律平稳正常，恐惧暴怒时心跳加速、血压上升、呼吸频率加快甚至出现呼吸停顿等。

(三) 情绪和情感的功能

1. 适应功能

情绪和情感是有机体适应生存和发展的一种重要方式。在成人的生活中，情绪直接反映着人们生存的状况，如通过愉快表示处境良好，通过痛苦表示处境困难；人们还通过情绪、情感进行社会适应，如用微笑表示友好；通过察言观色了解对方的情绪状况，以便采取适当的、相应的措施或对策等。人们通过各种情绪、情感，了解自身或他人的处境与状况，适应社会的需要，求得更好的生存和发展。

2. 动机功能

情绪和情感是动机的源泉之一。它能够激励人的活动，提高人的活动效率。适度的情绪兴奋，可以使身心处于活动的最佳状态，进而推动人们有效地完成工作任务。研究表明，适度的紧张和焦虑能促使人积极地思考和解决问题。

3. 组织功能

情绪和情感对个体心理活动具有组织作用。如中等强度的愉快情绪，有利于提高认知活动的效果。而消极的情绪如恐惧、痛苦等会对认知活动产生负面影响。当人处在积极、乐观的情绪状态时，容易注意事物美好的方面，其行为比较开放，愿意接纳外界的事物。而当人处在消极的情绪状态时，容易失望、悲观，放弃自己的愿望，有时甚至产生攻击行为。

4. 信号功能

情绪和情感在人际间具有传递信息、沟通思想的功能。这种功能是通过情绪的外部表现，即表情来实现的。表情是思想的信号，在许多场合，只能通过表情来传递信息，如用微笑表示赞赏，用点头表示默认等。表情也是言语交流的重要补充，如手势、语调等能使言语信息表达得更加明确或确定。

(四) 情绪和情感的两极性

情绪和情感的两极性是指每一种情绪和情感都能找到与它对立的情绪和情感，具体表现在以下几个方面。

1. 肯定与否定

这种体验与个体需要满足程度有关，如果认为外界的事物能够满足我们的需要，就会产生肯定性质的情绪和情感体验，如满意、喜悦、兴奋、爱等；反之，就会产生否定性质的情绪和情感体验，如不满意、悲伤、恨等。在每一对相反的情绪之间有许多程度上的不同，表现为多样化的形式。

2. 积极的（或增力的）和消极的（或减力的）

积极的情绪和情感体验可以增强人的活动能力，推动人积极地行动，而消极的情绪和情感体验会降低人的活动能力或阻碍人的活动。同一种情绪和情感可能既具有积极的性质，又具有消极的性质，如恐惧，既可以增强人面对恐惧情境的力量，但也可能会抑制人的行动，减弱人的活动能力。

3. 紧张与松弛

情绪在紧张度、激动性和强度上都表现为互相对立的两极。例如，学生在参加高考之前都会有紧张感，在处理紧急事件时也会表现出紧张情绪。当紧急任务顺利完成、重大问题得到妥善解决时，就会表现出与紧张相对的另一种情绪体验——松弛。

4. 激动和平静

激动是在极短的时间内爆发的情绪反应，是一种强烈的、外显的情绪状态。例如，暴怒时暴跳如雷、狂喜时手舞足蹈等，它是由一些重要事件或突然受到强烈的刺激引起的。激动过后就会表现出对立的平静情绪状态。平静是指一种平稳、安静的情绪状态，它是人们正确的生活、学习和工作时的基本情绪状态，也是基本的工作条件。

5. 强烈和微弱

情绪在强度上表现为强弱对立的两极。有强烈的情绪，就有微弱的情绪。每一对对立的情绪中都有程度不同的强、弱对立情绪。例如，悲伤可以从遗憾、失望、难过、伤心、悲伤、哀痛、悲痛欲绝等表现为不同强度；而快乐可以分为满意、愉快、兴奋、狂喜。

情绪和情感的两极性并不是绝对互相排斥的，它们之间是相辅相成的。没有满意就无所谓不满意，没有紧张就无所谓松弛。人有时会同时产生两种对立情绪，如悲喜交加等。情绪和情感的两极性在一定的条件下可以相互转化，如乐极生悲、破涕为笑等。

> **历年真题**
>
> 【4.1】中学生晓涛时而温和，时而暴躁；时而欢乐，时而忧郁。这说明晓涛的情绪具有（　　）。
>
> A. 两极性　　　B. 适应性　　　C. 复合性　　　D. 社会性
>
> 【4.2】在一项暑期夏令营活动中，天气炎热，同学们都感到口干舌燥，此时，小丽因自己还剩半杯水而高兴，而小悦则因只有半杯水而担忧，这说明情绪具有（　　）。
>
> A. 主观性　　　B. 感染性　　　C. 客观性　　　D. 两极性

二、情绪理论

（一）詹姆斯-兰格情绪外周理论

美国心理学家詹姆斯和丹麦生理学家兰格先后提出了两种内容相似的情绪理论，这两种理论都认为情绪是由人们知觉到身体的变化所导致的。后来有人将此种理论称为情绪的外周理论，即詹姆斯-兰格情绪外周理论。詹姆斯认为情绪就是对身体变化的知觉，外部刺激所引起的身体变化是情绪产生的直接原因。他根据情绪产生时所引起的植物性神经活动和由此产生的一系列集体变化的事实，提出先有有机体的生理变化，而后才有情绪。所以，人因为哭泣所以悲伤，因为发笑所以高兴。兰格把情绪看作是一种内脏活动，尤其强调情绪与血管变化的关系，认为情绪决定于血管受神经支配的状态、血管的容积以及对它的意识。詹姆斯和兰格共同把产生情绪的原因归为外周性的生理变化，他们看到了情绪与机体变化的直接关系，强调了植物性神经系统在情绪产生中的作用。但他们片面强调了植物性神经系统的作用，忽视了中枢神经机制的调控作用，引起了心理学家们的长期争议。

（二）坎农-巴德情绪丘脑学说

美国生理学家坎农对詹姆斯-兰格情绪外周理论提出了批判与质疑，提出情绪产生的机制不在外周神经系统，而在中枢神经系统的丘脑，并提出了情绪丘脑学说。该理论指出，由外界刺激引起的神经冲动，通过传入神经传至丘脑，再由丘脑同时向大脑皮层和身体的其他部分输送神经冲动，神经冲动向上传至大脑产生情绪的主观体验，向下传至交感神经系统引起机体的生理变化，使个体进入应激状态，因此身体变化和情绪体验是同时发生的。坎农的情绪学说后来得到其追随者巴德的支持和发展，后来此种理论被称为坎农-巴德情绪丘脑学说。

（三）阿诺德的评定-兴奋说

美国心理学家阿诺德在20世纪50年代提出了情绪的评定-兴奋学说，强调情绪来源于人对情境的评价和认知。对外部环境影响的评价与估量是情绪产生的直接原因。同一刺激情境，由于对它的评估不同，就会产生不同的情绪反应。情绪的产生是大脑皮层和皮下组织协同活动的结果，其中包括机体内部器官和骨骼肌的变化，对外周变化的反馈是情绪意识的基础。阿诺德强调情绪反应序列是情境-评估-情绪，即对情境的评估引发了情绪，且这种评估是一个皮层过程，因此，皮层的兴奋直接影响着情绪反应，所以，阿诺德的学说被称为评定-兴奋学说。

（四）沙赫特和辛格的二因素情绪理论

美国心理学家沙赫特和辛格认为，情绪的产生有两个不可或缺的因素：生理唤醒和认知评价。情绪的产生是由认知因素、生理因素和环境因素在大脑皮层中整合的结果。环境刺激通过感受器向大脑皮层传输外界信息；生理状况通过内脏器官、骨骼活动，向大脑传输生理变化的信息；认知过程是对以往经验的回忆和对当前情境的评估，来自这方面的信息经过大脑皮层的整合作用才产生了情绪。

（五）拉扎勒斯的认知-评价理论

美国心理学家拉扎勒斯提出情绪是人与环境相互作用的产物。他强调情绪活动必须要有认知评价的指导，只有如此，个体才能解释环境中刺激的意义，并选择恰切的动作组合应对。拉扎勒斯提出三个层次的评价，分别是初评价、次评价和再评价。初评价是指人确认刺激事件与自己是否有利害关系，以及这种关系的程度。次评价是指人对自己反应行为的调节和控制，主要包括人们能否控制刺激事件以及控制的程度。在次评价中，经验起着重要的作用。再评价是指人对自己的情绪和行为反应的有效性和适宜性的评价，实际上是一种反馈性行为。假如再评价的结果显示行为是无效的或不合适的，人们就会调整自己对刺激事件的次评价，进而对自己的情绪和行为反应做出改变。

（六）情绪的动机-分化理论

情绪的动机-分化理论主张情绪具有重要的动机性和适应性功能，这种理论以美国心理学家汤姆金斯和伊扎德为代表。汤姆金斯强调情绪是有机体的基本动机系统，提出感情体系才是第一性的动机体系，内驱力只有经过感情体系的放大才可以发挥动机的作用。伊扎德认为情绪是人格系统的核心动力，是人格系统的组成部分。他认为人格是由六个子系统组成，依次为体内平衡系统、内驱力系统、情绪系统、知觉系统、认识系统和动作系统。人格系统的发展是这些子系统的自身发展与系统之间的连接不断形成和发展的过程。伊扎德从进化的观点出发，认为情绪的分化是进化过程的产物，因此情绪具有了灵活多样的适应功能，从而使得情绪在有机体适应和生存中起着核心的作用。

三、情绪和情感的种类

人们的情绪和情感是极其多样的，自古以来我国就有"喜、怒、哀、欲、爱、恶、惧"的七情说法。近现代，国内外很多心理学家根据自己的研究把情绪和情感分为不同类型。当前，多数学者把快乐、愤怒、悲伤、恐惧，即喜、怒、哀、惧列为最基本的情绪和情感。

（一）情绪的分类

1. 心境

心境是一种微弱而持久的情绪状态。"人逢喜事精神爽"，这种被某人某事所引起的心情舒畅的情绪状态就是一种心境。心境是一种微弱而持久的情绪状态，它具有弥散性的特点。情绪产生应指向特定的对象，但由于心境这种情绪状态具有弥散性，倾向于扩散和蔓延，在心境发生的全部时间内，会蔓延到与这些特定对象有关或无关的对象上，形成某一段时间的情绪状态，而不限于指向某一个对象。例如，一个人高兴时，总是兴致勃勃，做什么事都美滋滋的；而在忧愁时，常是见花也落泪，对月也愁眉，干什么事都闷闷不乐。所谓"喜者见之则喜，忧者见之则忧"或草木皆兵或迁怒于人等都是心境弥散性的表现。

引起心境的原因很多，如工作、学习的成败，人际关系，身体状况，生活需要的满足程度，社会性需要的满足与否等，甚至有些时令、气候也会引起。

心境有积极和消极之分，积极的心境使人总是愉快、乐观，有利于人们在学习工作中克服困难，发挥主动性和创造性，提高工作效率，也有益于身心健康。消极的心境易使人颓废、悲观失望，会降低认知活动效率，使人丧失信心和希望并有损健康。人的世界观、信念、理想、人格等因素决定着心境的基本倾向，对心境有调节作用。在平时我们要发挥主动性，调节心境，使心境始终处于积极的状态。

2. 激情

激情是一种强烈、短暂、爆发性的情绪状态，如狂喜、暴怒、悲痛欲绝、惊恐万状等。这种情绪状态像狂风暴雨似的突然侵袭个体，一般在个人面临重大事件或受到了强烈的刺激时产生。

激情具有激动性和冲动性的特点，激情状态会伴有明显的外部行为表现和生理变化，如狂喜时的捧腹大笑、手舞足蹈，暴怒时的怒发冲冠、暴跳如雷、拍案而起、双目怒视、咬牙切齿等。激情状态下人的认识范围缩小，仅仅指向与体验有关的事，理智分析能力受到抑制，自我控制力减弱，进而使人的行为失去控制、意气用事，甚至会使人改变原来的观点，做出令人难以预料的行为。

激情状态有积极和消极之分，消极激情有害于身体健康，不仅会致病而且可能致死，例如，周瑜就被诸葛亮刺激进入激情状态而死。消极激情爆发之前，我们要善于用理智和意志控制自己，凡事三思而行、宽容大度，可以降低或避免其发生。此外，也可以通过痛哭一场、大喊大叫或到操场上狂跑或找人倾诉等方式分散自己的注意力。平时要努力培养坚强的意志，提高自我的控制能力或提高自己的修养。积极、短暂的激情对身体几乎没有伤害，如体育健儿成功时球迷啦啦队欣喜若狂的激情等，这些激情中包含着强烈的正向情感，是激励人积极上进的强大动力。

3. 应激

应激是一种出乎意料的紧迫情况所引起的急速而高度紧张的情绪状态。它是高度紧张与其他情绪相混合的复合情绪状态。例如，司机在驾驶过程中突然遇到危险情境，表现出的高度紧张、惊恐等的情绪体验就是应激表现。

应激状态的产生与人面临的情境及人对自己能力的估计有关。当意识到情况不太危急、自己有能力处理时，就会产生积极的应激反应，可以调动机体的身心潜能，提高个体的应对能力，能使人的力量、智慧集中起来，做出平时没有的大胆、勇敢、果断的行为。这时，思维清晰、动作敏捷、力量增强，能够顺利地处理意外事件。当面对意外情境时，意识到情况太危急、自己无力应付当前情境时，就会过多地体验到紧张、恐惧，处于消极的应激状态。消极的应激状态可能会影响智能的发挥，出现感知、记忆、思维的错误，甚至发生临时性的休克，降低人的应对能力。例如，刚刚学开车遇到危险时动作慌乱、学生临考怯场等行为都是消极应激状态。当机体持续处于强烈应激状态之下，会耗尽自身的能量，导致适应性的疾病。应激可引起多种疾病，如高血压、冠心病、消化性溃疡、癌症及各种神经症等。

（二）情感的分类

1. 道德感

道德感是人们运用一定的道德标准评价自身或他人的思想、意图、言行时所产生的情感体验。如果自己或别人的言论、行为、思想等不符合自己已掌握的道德标准时就会产生否定性的情感体验，如讨厌、蔑视、羞愧、不安、内疚、自责等。当自身及别人的言论、行动、思想、意图符合自己已经掌握的道德标准时，就会产生肯定性质的情感体验，如幸福、欣慰、满意、愉快、赞赏、钦佩等。

道德感和道德认识、道德行为紧密联系，它是品德的重要组成成分，是道德行为实现的强大动力。

道德感是在人的社会实践中以道德认识为基础，发生、发展的，并受社会历史条件和主观性的制约。不同的历史时期、不同的人有着不同的道德标准和道德需要，因而在不同的时期、不同人有着不同的道德感。

2. 理智感

理智感是在认识活动过程中，在认识和评价事物时所产生的情感体验。它与人的认识活动，成就的获得，需要、兴趣的满足，对真理的探索追求及思维任务的解决相联系。以下情况都是理智感的体现：在认识事物或研究问题时，对于新的还未认识的事物，表现出求知欲、好奇心；对于不能理解和不能解决的问题，表现出惊奇和疑虑；对于新的发现会产生愉快、喜悦；在下了判断而感到论据不充分时产生不安感；在问题解决以后会产生强烈的喜悦和快慰、自信感、成功感；在坚持自己的观点时有强烈的热情；由于违背了事实而感到羞愧；等等。理智感产生于认识活动，反过来又推动人的认识活动不断地深化。理智感是人们学习科学知识、认识和掌握事物发展规律的一种重要动力，其作用的大小同个人已有的知识水平、学习愿望有关。人的理想、世界观对理智感也有重要的作用。

3. 美感

美感是人们根据自己的审美需要和审美标准对客观事物进行评价时所产生的肯定、愉悦、爱慕、满意的情感体验。

美感的体验主要表现为愉悦性，审美时个体的心情是自由、愉快和轻松的。凡是客观事物中符合个人审美标准的事物，就能引起美的体验。美感的愉悦性不同于快感，美感比快感所具有的内容要丰富得多、高超得多，欣赏悲剧艺术使人在悲哀、痛苦以至流泪的同时也会产生美感。

美感具有直觉性，事物的外部形式对美感有很大的影响，如事物的颜色、形状、线条以及声音方面的特点在美感的产生中起重要作用。但是事物的外部特点是不能离开事物的内容而存在的，作为美感发生的源泉并不只限于事物的外部特点，起决定作用的是事物的内容。事物内容上的美赋予美感以更丰富的内涵，形式上的美往往是服从于内容上的美。对内在美的追求是由更深刻的审美需要引起的。

美感和道德感一样，受社会生活条件的制约。不同的社会历史阶段、不同的社会制度和不同的阶级、不同的民族、不同的风俗习惯和文化背景等，人们对客观事物的审美需要和审美标准会有不同，因而对美的感受体验也不同。随着人类社会的进步，人类的美感从物质的、外表的审美需要发展到精神的、内在的审美需要。审美的内容也越来越丰富。

道德感、理智感、美感都是在社会实践和教育的影响下形成和发展起来的，三者是相互联系、相互交织、相互影响的。它们都是人类高级的情感体验，通常说的高尚的情操，就是三者融为一体的结果。

历年真题

【4.3】王悦接到高考录取通知书已十多天了，仍心情愉悦，往常觉得平淡的事也能让她很高兴。这种情绪状态属于（　　）。

A. 激情　　　　　B. 心境　　　　　C. 应激　　　　　D. 热情

【4.4】当同学们获悉本班取得学校合唱比赛第一名的成绩时欣喜若狂，他们的情绪状态属于（　　）。

　　A. 心境　　　　B. 激情　　　　C. 应激　　　　D. 热情

【4.5】小东在解决了困扰他许久的数学难题后出现的喜悦感属于（　　）。

　　A. 道德感　　　B. 理智感　　　C. 美感　　　　D. 效能感

【4.6】"见花落泪，见月伤心，良辰美景也是一种无可奈何之感。"这种情绪状态属于（　　）。

　　A. 心境　　　　B. 激情　　　　C. 应激　　　　D. 适应

【4.7】高中生曲鸣喜欢写诗，前几天他的诗首次在报纸上发表，并得到了平生第一次稿费，因此近期他做什么事都很愉快。曲鸣表现出的情绪状态属于（　　）。

　　A. 心境　　　　B. 激情　　　　C. 应激　　　　D. 热情

【4.8】民辉在解答难题时产生的疑惑、惊讶和焦躁等情感属于（　　）。

　　A. 道德感　　　B. 理智感　　　C. 美感　　　　D. 荣誉感

四、中学生情绪和情感的特点

中学生处在半幼稚与半成熟、独立性与依赖性、自觉性和幼稚性错综相连并充满矛盾的时期。他们的情绪和情感表现出这一时期具有的特点。

（一）充满热情，富有朝气

中学生容易动感情，也重感情，他们的情绪高亢强烈，充满热情和激情，心情明朗快乐、活泼愉快，富有朝气。

中学生的情感丰富而强烈，并善于表达情感，与成人相比，他们显得生动活泼，生气勃勃。中学生有为真理献身的热情，常常为自认为是正确的言论行为争执得面红耳赤。

中学生朝气蓬勃，对未来充满美好的憧憬和幻想。他们往往是英雄事业、英雄行为的热烈追求者。

（二）情绪和情感具有半外露、半隐蔽的特点

中学生表达情绪和情感的方法越来越多，自我控制和自我调节能力有所提高，外部表情动作逐渐减少，但力量更强；内心体验有所加深和延缓，情绪和情感的外露性减少，隐蔽性增加。但由于调节和控制能力所限，他们仍容易表露出一时激动的情绪和情感。例如，一方面他们的友谊感增强想让别人理解自己，成为别人的朋友；一方面又隐蔽自己的情绪和情感，不愿太外露。

（三）两极性明显，情绪和情感体验不平衡

中学生情绪和情感的两极性在日常学习、生活中表现较明显，往往容易从一个极端走向另一个极端，是一个"疾风怒涛"时期。例如，当在某方面获得好成绩时，就会非常高兴，甚至骄傲，表现出唯我独尊；一旦失败，又陷入极端的苦恼悲观的

情绪状态，觉得自己一无是处。情绪和情感体验不平衡，往往表现出矛盾的状态。有时积极帮助老人、保护小学生、对残疾人富有同情心；有时又毫无来由地欺负小孩和笑话残障人士；有时表现出很强的义务感、责任感和正义感；有时却不履行职责、不遵守纪律等。尽管两极性明显，但他们对情感的自我调节和控制能力在逐渐提高。

（四）情绪和情感内容不断深刻，社会性情绪和情感不断增强

中学生的情绪和情感内容已日渐丰富，他们对国家、社会表现出热情，对国家的前途持关心的态度。同时，高级社会情绪和情感，如集体主义情感、爱国主义情感、友谊感、个人的自尊心及荣誉感有较快发展和加深。随着年级的升高，其情绪和情感不断变得深刻，社会性情感不断增强。但由于知识经验的局限，中学生的情绪和情感还显得狭隘和肤浅，如容易把友谊局限在小范围内，甚至脱离集体，出现意气用事等不正确的情感。

历年真题

【4.9】下面是有关中学生的几个生活情境：

情景1：一天放学后，高一学生张欣因送生病的同学去医院，回家时间比平时迟了一个多小时，当张欣一推开家门时，着急的妈妈便过去说了她几句，话里没有任何指责的意思，只是嘱咐女儿不要回来太晚了。但是，张欣顿时暴跳如雷："你不相信我！"她叫道："你们总是告诉我该做什么，你们根本就不相信！"她的情绪非常激动，头也不回地走出家门。

情景2：初二学生王芳非常喜欢好朋友丽丽，在她眼里，丽丽简直就是个完美的人，她不容同学说丽丽的坏话。可是有一天，当王芳听说好朋友丽丽把自己告诉她的秘密告诉了别人，便匆匆找到了丽丽，对着她大声呵斥，指责她是一个骗子，再也不信任她了。

情景3：初三数学模拟考试试卷发下来，岳勇取得了他上初三以来最好的成绩，他非常高兴，真想大声欢呼。但当他得知本次考试中大多数同学都考得不好时，他控制了自己内心的激动，表现出若无其事的样子。

问题：

(1) 结合材料，分析中学生的情绪发展的主要特点。

(2) 如何指导中学生进行有效的情绪调节。

【4.10】谢晶在全校大会上受到表扬，兴奋不已；会议结束后，当听到几个同学议论"她有什么了不起，你看她长得那个样"时，她又很快陷入极度苦恼之中。谢晶的表现典型地反映了中学生情绪的哪种特点？（　　）

　A. 两极性　　　　B. 不平衡性　　　C. 阶段性　　　D. 爆发性

五、中学生情绪和情感的培养

情绪和情感在教育、教学中是非智力因素，它在教与学中具有双向互动的作用。

教师通过情感的外部表现即面部表情、身段表情、言语表情把自己对学生的要求、积极期待传递给学生。例如，当教师经常对学生表现微笑、满意的情绪时，其中就暗含了期待、希望的信号，这样就会调动学生学习的积极性。教育实践中教师对学生抱有何种性质的期待，会有意无意地以相应的态度和表情对学生施加影响，在学生身上产生不同的教育效果。不同性质的情感对学生学习效率的影响具有不同的作用，一般来说，在轻松、愉快、乐观、热情洋溢的积极情绪状态下，学生的感知范围广阔、记忆增强、注意集中、思维敏捷、解决问题迅速，能促进学习进步，取得良好的成绩；在忧愁、焦虑、恐惧等消极情绪状态下，学生则会思路阻塞、操作迟缓、记忆混乱、注意分散、创造性思维受到影响，学习积极性受阻，学习效率降低导致学习成绩下降。良好的情绪和情感会提高大脑活动的效率，提高认知操作的速度与质量。

（一）积极情绪和情感的培养是每一门课程的重要目标之一

在传统的教学中不太重视学生的情绪和情感活动，仅把学生看成是接受知识信息的一个工具。只注重学生对学科知识的记忆、理解和掌握，而不关注学生在教学活动中的情绪生活和情感体验，正如苏联教学论专家斯卡特金所指出的，学校建立了很合理的、很有逻辑性的教学过程，但它给积极情感的食粮很少，因而引起了很多学生的苦恼、恐惧和别的消极感受，阻止他们全力以赴地学习。教学的非感情化是传统教学的一大缺陷。教育、教学活动是教师与学生的双边活动，教师面对的是活生生的、有思想、有丰富情感的人，在教学中关注学生的情绪和情感是当代教学理论和实践发展的一个基本特征。教学中，教师要关注学生的情绪生活和情感体验。教学过程应该成为学生一种愉悦的情绪生活和积极的情感体验过程，这是新课程对教师提出的基本要求。教师在教学中要进行积极情感的培养，让学生在学习中乐学、好学，在快乐中取得成功，健康成长。积极情绪和情感的培养是教学的一项重要任务。

（二）中学生积极情绪和情感的培养方法

1. 教师充分利用积极情绪和情感感染学生

（1）建立新型平等的师生情感关系。

优化师生情感关系，建立温馨感人的师生情谊。师生间的情绪和情感交往是教师调整教学内容、改进教学方法的重要依据。教师要保护学生的自信心和自尊心，帮助他们克服自身的自卑心理，尊重学生的人格。心理学研究表明：很多学生的心理障碍只是对情感的渴求，希望得到别人的关心、理解，只要有人能听他们倾诉就行了。所以，教师不仅应该有丰富的学识，而且应该有良好的情绪特征。在学习和生活中，教师要多关心学生，多了解他们的情感需要，学会做一个倾听者，而不只是一个说教者。良好的师生关系是教学获得成功的重要保证。

（2）用积极情绪和情感感染、期待学生。

在教学中的情绪和情感具有什么性质及达到什么程度，在很大程度上取决于教师在教学中的实际情绪和情感状态。这就要求教师必须不断地激发和丰富自身对教育的积极情绪和情感，用自己的积极情绪和情感去感染、激发学生的肯定情感，用教师的真挚获得学生的真情，唤起学生追求真知的欲望，充分发挥情绪和情感的教育作用。教师不仅要有爱，而且还要善于爱。教师要充满情感地进行教学，充分发挥情绪和情感的信号和感染作用。坚信每个学生都是可以积极成长的，是追求进步和完善的，是可以成功的。教师以什么性质的情感对待学生，学生也会以相应的情绪态度对待他。

（3）教师要发挥表率作用。

教师的行为对学生会产生"潜移默化"的影响。教师在教学中喜欢探索、钻研难题，热爱教育事业，常常会激励学生对知识进行探索，喜欢学习。教师站在讲台上总是精神饱满、充满自信地进行教学工作，也会让学生精神振奋、精力充沛、情绪积极地学习。如果教师在教学中，总是牢骚满腹、抱怨不断、动辄呵斥学生、不热爱教育工作，也会让学生情绪压抑、沉闷，产生消极的后果。所以，教师要学会调控自己的情绪，使自己的情绪始终处于振奋、愉悦、热忱的状态，活跃课堂气氛，为学生的认知活动创造最佳的情绪背景。教师要带着激情和欣赏去工作和生活，应用温和的目光提醒、暗示、鼓励和支持学生，应用微笑、亲切的语气去开导、启发学生。教师应运用开放热情的状态缩短师生间的心理距离，运用爱的行为来"批评"学生的意外违纪事件，引起学生情感的震动和觉醒，创设"和蔼、宽容"的教学情境。

2. 教师教会学生正确认识和合理表达自己的情绪

教师要教育学生心胸要宽广、坦荡，看待问题不能太狭隘，对学生无意的不良言行不斤斤计较；教育学生在学习中学会耐心和宽容、理智调节；教育学生认识到自己的个性缺陷，在学习、生活中不断地调整和改变自己；教育学生当不良情绪出现时要找出不良情绪产生的原因，寻找积极的应对办法，学会控制和管理自己的情绪，保持冷静，合理表达自己的情绪。

3. 教会学生积极调控不良情绪的方法

在不良的情绪下人们会积蓄负面能量，但如果不及时宣泄，不断积累的负面能量会影响人的身心健康。积极调控不良情绪的方法如下。

（1）转移注意力，如通过转移话题，或者做点别的事情，改变注意焦点，从而分散注意力。做一些平时最感兴趣的事，这是使人从消极、负面情绪中解脱出来的好办法。

（2）合理地宣泄不良情绪。情绪具有动力的功能，有机体在情绪和情感高涨时，积蓄了大量的能量，这些能量是活动的巨大动力，它推动人们积极地从事各种活动，通过这些活动有机体才能释放出这些能量。较微弱的情绪蕴含的能量相对较小，但如果不及时宣泄，不断地积累也会加强情绪的驱动力。我们可以通过哭泣、找人倾诉、剧烈的运动、大声吼叫或大声唱歌等方式合理宣泄不良情绪。

（3）放松训练。如对于紧张、焦虑等不良情绪，我们可以通过调整呼吸、冥想、体育运动、给自己积极的言语暗示、激励，或利用幽默或自嘲等方式消除。

通过经历一些事情锻炼自己的自制力和受挫力，用理智控制情绪发生的强度。当自己无法控制与调节时要能够积极寻求别人的帮助、社会的支持。

> **历年真题**

【4.11】材料分析题：初三学生晓辉近期很苦恼，常常感觉自己不能很好地控制自己的情绪。他觉得自己的情绪来得快，变得也快。在学校，取得好成绩时就非常高兴，遇到一点挫折又极度苦恼；与同学交往经常为一点小事发脾气，导致同学关系紧张，回到家里，只要父母过问他的学习，他就很抵触：我这么大了，还要你们管？因此，他与父母的关系也不好。他想改变这一切，可是每次出现状况时，老毛病就再次发作，他非常恨自己，每次发了脾气都后悔莫及，他不知道该怎么办。

问题：
(1) 材料中晓辉的表现反映了他情绪发展的哪些特点？
(2) 作为教师，请你针对晓辉的问题提出指导建议。

第二节 意 志

一、意志的概念

一个人为了一定的目标，自觉组织自己的行为，并根据目标调节支配自身的行动，克服困难，并力求实现该目标的心理过程称为意志。人在与客观世界互动的过程中，产生了认识和情绪和情感，人还能根据对客观事物的认识，确定行动的目标，根据确定的目标支配自己的行动实现此目标，表现出一定的意志，由意志支配的行动称为意志行动。人有了意志，就能够积极地改造世界，成为世界的主人。意志行动具有以下三种特征：

（一）自觉的目的性

自觉的目的性是意志行动的前提，是指人在活动之前，在头脑中预想了活动的结果，所采取的行动也是围绕着这个结果而设定。在活动过程中，计划的安排、方法的选择从属于已经确立的目标，以能否实现预定目标作为评价活动成功与否的标准。

（二）与克服困难相联系

只有那些与克服困难相联系而产生的行动，才是意志行动。一个人的意志水平往往以困难的性质和克服困难的努力程度加以衡量。意志行动中的困难包括内部困难和外部困难。由于情绪、信心、态度、性格等方面的原因导致的困难属于内部困难。物理环境、人文环境等方面的原因导致的困难属于外部困难。

（三）意志对行动的调节作用

意志对行动的调节作用保证了人的行为的方向性，调节的最终结果表现为预定目的的实现。意志对行动的调节作用是通过对人的行动的发动和抑制两个方面实现的。意志不仅调节人的外部动作，还可以调节人的心理状态。

二、意志与认识、情感和动机的关系

（一）意志与认识的关系

认识活动是意志行动的前提。意志行动中的自觉目的性是以对客观规律的认识为基础的，人的行动目的受客观规律制约。人只有认识了客观世界的规律，认识了人自身的需要和客观规律间的关系，才可能有自觉目的性。个体的认识越丰富和深入，所积累的知识和技能越多，他在意志活动中提出的计划就越有效。

20世纪六七十年代心理学有关习得性无助的研究，证明了人对自己行为结果的认识会制约人的意志行为表现。赛利格曼发现，狗在连续多次遭受电击而无法躲避的情况下，即使可以设法躲避时也不躲避，听任电击。这就是习得性无助。

意志也影响人的认识活动。人对外部世界的认识，必须通过个体的努力来组织自己的观察活动，维持自己的注意，加强随意记忆和创造性想象。积极开展解决问题的思维活动等，都离不开意志的努力。

（二）意志与情感的关系

积极的情感可以鼓励人的意志，成为意志的动力；消极的情感则可以成为人的意志的阻力，它会削弱人的意志，阻碍人去实现原定目标，使意志行动半途而废。

意志也能影响情感。意志能否调节情感受到许多因素的制约，但就人的内部条件而言，它取决于意志和情感之间的对比力量。意志坚强的人，可以控制、调节自己的情感；意志薄弱的人则会半途而废。所谓以理智驾驭情感，就是由意志遵循理智的要求而实现的对情感的驾驭。认识过程本身并不具有控制情感的功能，控制是由意志来完成的。

（三）意志和动机的关系

人的意志行动的发生和维持都与动机有紧密的关系。首先，动机是意志活动的激活者，有激励作用，是人的行为积极性的源泉。其次，动机对人的意志起着指向性的作用。再次，动机还对人的意志起着调节的作用。

总之，认识、情感、动机和意志是密切联系、相互渗透的，任何意志过程都要受到理智、情感和动机的影响，而理智、情感和动机过程也要受到意志的影响，最新的神经心理学研究发现，理性的决策不可没有情绪的参与。

三、意志行动过程

（一）采取决定阶段

采取决定阶段包含确定目标、制订计划、做出决策等环节。行动目标是个体行动所期望的结果。人们在选择行动目标时往往会产生动机冲突，目标确定之后，在拟定行动计划，选择实现目标的方式和方法时也需要仔细斟酌、反复权衡，甚至犹豫不决，需要付出意志努力。一般来说，有一定的难度、需要付出意志努力才可以实现的目标往往是适当的目标。符合客观事物的规律和社会准则及要求的方法才是最适合的方法。

（二）执行决定阶段

执行决定是意志行动的中心环节。执行决定表现为两种形式：一是采取积极行动实现目标，二是阻止不利于实现目标的行动。执行的两种形式体现了意志在实际行动中的调节作用。在执行决定阶段的行动中往往会遇到一些困难，克服这些困难就需要积极的意志努力。

四、意志行动的动机冲突

常见的动机冲突有双趋冲突、双避冲突、趋避冲突和多重趋避冲突。

（一）双趋冲突

双趋冲突是指个体有两个具有同样强度的吸引力的目标，只能选择其中的一个目标而造成的动机冲突。双趋冲突必须在非此即彼的两者之间进行选择。社会生活中此种两者不可兼得的情况常常会遇到，如分身无术只能参加一种活动。人们在面临双趋冲突时，往往"两利相权取其重"。

（二）双避冲突

双避冲突是指面临两个强度相近、不愿意执行的目标，只能逃避其中一个目标时产生的动机冲突。面临"前有狼，后有虎"的局面，狼和虎两者都有威胁，只能选择逃避其中一个，这时产生的动机冲突就属于双避冲突。在生活中也有很多这样的例子，如小孩生病怕吃药，也怕打针。在双避冲突中，人们往往会"两害相权取其轻"。

（三）趋避冲突

趋避冲突是指同一目标对个体来说既有利也有弊，既有吸引力又有排斥力，个体对这一目标同时具有趋近也有逃避的心态，从而陷入进退两难的心理困境。如一个人喜欢巧克力但又怕吃了会长胖，想对暗恋的对象表白但又怕被拒绝，希望考试能考高分但又觉得读书太辛苦，喜欢吸烟又害怕有害健康，等等。

（四）多重趋避冲突

多重趋避冲突是指同时存在两个或两个以上目标，每个目标都既具有吸引力又具有排斥力而带来的矛盾和冲突。如在选择职业时，人们既想"睡觉睡到自然醒"又想"数钱数到手抽筋"，但现实往往不可能这样两全其美，如果工作清闲，往往钱也赚不多，要想赚多点钱，往往也得没日没夜地拼命工作。

> **历年真题**

【4.12】李哲爱好广泛，恰逢本周六晚上既有足球赛，又有演唱会，他都想去看。由于二者时间冲突，他很矛盾。他面临的冲突是（　　）。
A. 双趋冲突
B. 双避冲突
C. 趋避冲突
D. 多重趋避冲突

五、意志的品质

（一）意志的自觉性

意志的自觉性是指人对自己意志行动中的目的、社会意义有清晰的认识，并愿意调节和支配自己的行动，使之符合行动目的的品质。有自觉性品质的人相信自己的目的是正确的，能够充分发挥自己的主观能动性，愿意为之投入极大的热情，既不盲目附和，也不断然拒绝合理意见。

与自觉性相反的意志品质是受暗示性（盲从）和独断性。盲从的人不了解自己行动的意义，轻易改变或放弃自己的决定，表现为盲目行动，极易在别人的怂恿下从事不符合个人意愿或社会需要的行动，容易接受别人的影响。独断性是指对自己的决定坚信不疑，一概拒绝他人的意见或建议。

（二）意志的果断性

果断性是指一种善于明辨是非、抓住时机、迅速而合理地采取决定并执行决定的意志品质。具有果断性品质的人能审时度势，对问题情境做出正确的分析和判断，洞察问题的是非真伪。果断性品质必须以正确的认识为前提，以大胆无畏和深思熟虑为条件。

与果断性相反的意志品质是优柔寡断和草率武断。优柔寡断的人做事顾虑重重、犹豫不决，该断不断，其结果常常错失良机。草率武断的人懒于思考，滥下结论，性格鲁莽，轻举妄动。

（三）意志的坚忍性（坚持性）

意志的坚忍性是指一个人在行动中坚持决定，百折不挠地克服困难去达到行动目的的品质。这类人善于抵制与行动目的不相符合的诱因的干扰，目标专一，始终不渝，直到实现目的。为此他们能在行动中做到锲而不舍，百折不挠，勇于克服各种困难。所谓"富贵不能淫，贫贱不能移，威武不能屈"体现的就是意志的坚忍性。

与坚韧性相反的意志品质是动摇性和执拗性。动摇性的人或对既定目的持怀疑态度，或对实现目的缺乏信心和决心。行为表现为见异思迁，虎头蛇尾，遇到困难即放弃对预定目的的追求。具有执拗性的人不能根据形势变化而灵活调整自己的思想行为，甚至在明知自己的主张和观点错误时，仍然固执己见，违背客观规律而一意孤行。

（四）意志的自制性

意志的自制性是指一个人善于控制和支配自己的情绪，约束自己的言行的品质。具有自制性意志品质的人，一方面善于控制自己去执行所采取的决定，具有较强的组织性和纪律性；另一方面又善于控制自己的消极情绪，能够克服各种内外的干扰，表现出较强的忍耐性。

与自制力相反的意志品质是任性和怯懦。任性的人不能控制自己的情绪，不能约束自己的行动；怯懦的人在行动中畏缩不前，惊慌失措。

 知识拓展

> 意志教育
>
> 坚强的意志不是天生的，是后天教育和实践锻炼培养的结果。要成为有成就的人，必须重视意志的锻炼和培养：
>
> （1）增强学生自主学习的意识：成功的学生知道并善于利用自己的资源去克服学习上的种种困难，以获取学习的成功；聪明的学生在学习过程中善于自我监控与调节，以适应学习的环境与要求。这样的学习过程有助于培养学生的良好的意志品质。
>
> （2）在实践活动中磨炼意志：实践活动对于学生而言，可将在校期间的学习给予进一步扩展。实践活动不仅能检验学科知识内容的掌握程度，而且能加强自我监控与调节。
>
> （3）自勉自励、自警自戒：学生可以针对自己的弱点，用格言、警句提醒自己；也可以设置一些障碍或挫折来磨炼自己。

本章小结

1. 情绪和情感是指人对客观事物是否符合自己的需要产生的态度体验。情绪和情感过程是以人的认知和认知评价活动作为基础。

2. 情绪和情感的两极性是指每一种情绪和情感都能找到与之对立的情绪和情感。两极性是情绪的主要特征之一。

3. 情绪包括心境、激情和应激，情感包括道德感、理智感和美感。

4. 意志是指一个人为了一定的目标，自觉组织自己的行为，并根据目标调节支配自身的行动，克服困难，并力求实现该目标的心理过程。意志行动可以分为采取决定阶段和执行决定阶段。

5. 意志有四个品质：意志的自觉性、意志的果断性、意志的坚韧性和意志的自制性。

第四章 情绪、情感与意志

☞ **本章要点回顾**

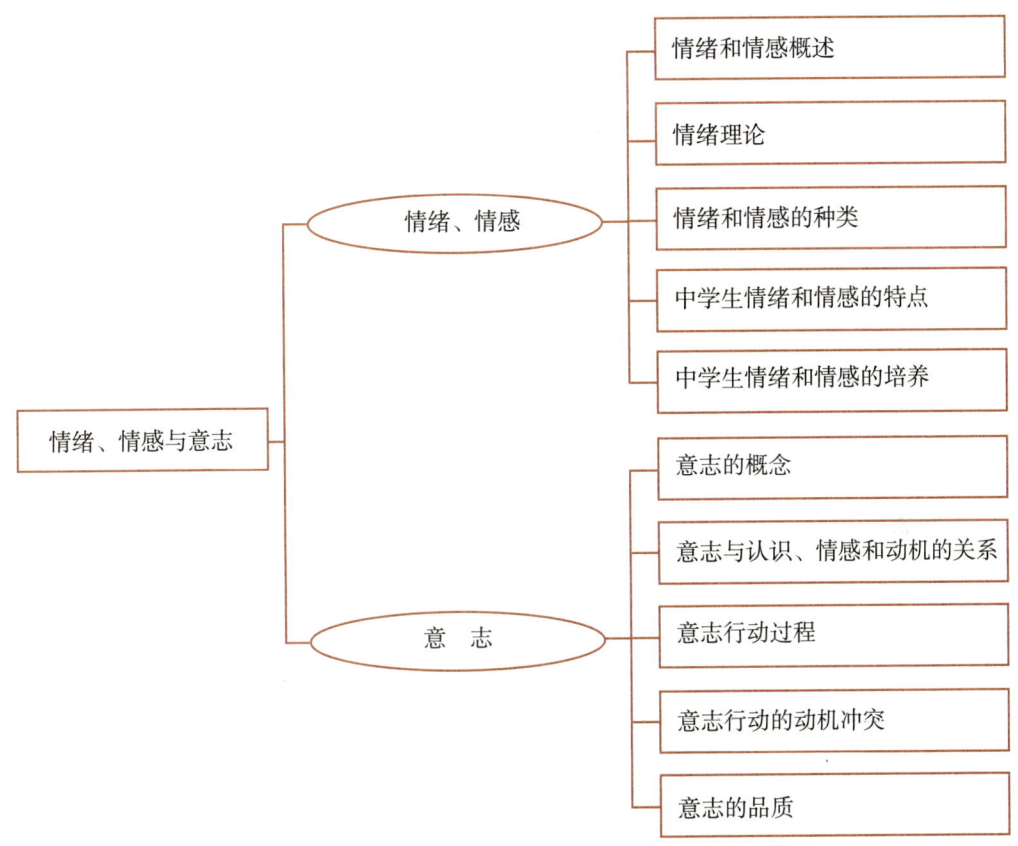

第五章

人格心理

☞ **学习完本章，应该做到：**
◎ 了解人格的特征，了解智力的概念。
◎ 了解四种典型的气质类型，了解性格的特征及影响因素。
◎ 掌握培养学生良好人格的方法。

☞ **学习本章时，重点内容为：**
◎ 气质类型特征和学习气质的意义。
◎ 性格的概念、分类，影响性格形成和发展的因素。

> 本章介绍了人格、智力、气质、性格等内容，分析了影响性格形成和发展的因素，阐述了培养良好人格的方法。
> 在学习过程中，应学会如何从能力、气质和性格等方面去认识别人和自己，增强人际交往的针对性、适合性。

【引子】

《水浒传》中的武松血刃潘金莲、斗杀西门庆、醉打蒋门神、大闹飞云浦、血溅鸳鸯楼、除恶蜈蚣岭。他"身躯凛凛，相貌堂堂。一双眼光射寒星，两弯眉浑如刷漆。胸脯横阔，有万夫难敌之威风；话语轩昂，吐千丈凌云之志气。胆大心雄，似撼天狮子下云端；骨健筋强，如摇地貔貅临座上。如同天上降魔主，真是人间太岁神"。有人描述武松的性格特点是：勇而有谋、爱憎分明、敢作敢为、崇尚忠义、有仇必复、有恩必报。你觉得上述对武松性格的描写符合作者的原意吗？

第一节 人格概述

一、人格的概念

人格是构成一个人的思想、情感及行为的特有模式，这个特有模式包含一个人区别于他人的稳定而统一的心理品质。

人格与个性的概念十分接近，又不完全相同。传统心理学讲的个性，主要内容是动机系统和心理特征系统；人格除了包括个性的动机系统和心理特征系统之外，还包括了自我调控系统，而且把这三个系统的许多因素有机地综合起来，形成一个整体的人格结构。在内涵上，人格要比传统的个性更加丰富；在外延上，人格要比传统的个性更加宽泛；在结构上，人格要比传统的个性更加复杂。

（一）人格的结构

人格可分为人格动机系统、心理特征系统、自我调控系统三个部分。人格动机系统即动力系统，决定着个人行为的积极性，由需要、动机、兴趣、目的、志向、理想、信念、价值观等构成。心理特征系统即个性心理特征，是个人身上经常表现出来的稳定的心理特征，它影响个人活动的效能和风格，包括气质、性格、能力等。自我调控系统即自我意识，是指人对自身以及对自己与客观世界的关系的意识。它能使每个人在与周围世界打交道的过程中对自己有认识、有体验、有控制。人格结构的这三个部分既是相对独立的，又是相互渗透、相互制约的。

（二）人格的特征

1. 人格的整体性

人格的整体性是指人格虽由多种成分和特质组成，如需要、动机、态度、价值观、气质、性格、能力、情感、意志、行为习惯、认知等，但各种心理成分不是相互独立的，也不是机械地联合在一起，而是错综复杂、紧密联系，构成多层次、多侧面、多水平的统一整体。当一个人的人格结构各方面彼此和谐一致时，人格就是健康的。否则，会出现适应困难，甚至"人格分裂"。

2. 人格的独特性

人格的独特性表现为人与人之间不同的心理和行为。世界上找不到两个人格相同的人，即使是同卵双生子，其人格也有差别。在日常生活中我们可以看到，人们在兴趣、需要、态度、价值观、能力、气质、性格等方面存在各种差异，每个人的行为均异于他人。人格的独特性就是一个人的个性，但独特性是相对的，它不排除人与人之间在心理和行为上的共同性特征。同一个群体，如医生、中学生等由于受共同的文化和环境的影响形成了一些共同的心理特征，人格的独特性和共同性是统一的。在具体的人身上，人格的独特性与共同性是有机的统一体。

3. 人格的稳定性

一个人身上会表现出许多的心理特征，有些特征经常出现，是稳定的，有些特征只是偶然出现的，构成人格特征的是那些稳定的、经常出现的特征，那些暂时的、偶然表现出来的心理特征不能算人格特征。比如，一位性格内向的学生，在各种不同的场合都会表现出沉默寡言的特点，这种特点从其入学到毕业不会有很大的变化，这就是人格的稳定性。正因人格具有稳定性，我们才能在精神面貌上将一个人和另一个人区别开来，我们才能预料一个人在某种情况下会做出什么行为。

人格的稳定性也并不排斥人格也具有一定的可变性，人格是在人长期的社会生活实践过程中形成的，一经形成就比较稳固。然而，现实生活是纷繁多变的，人格也必然随着现实的变化而或多或少地发生变化，但从其主导性来说，人格是稳定的。

4. 人格的社会性

人是生物实体也是社会实体，人只有生活在社会环境中，接受并参与社会生活，才能使天赋得到应有的发展。一个人脱离了社会也就不成其为人。人格是在社会化的过程中形成的。从出生那天起，婴儿就生活在一个特定的社会关系和社会环境中，社会环境通过各种直接或间接的渠道向儿童施加影响，使儿童不仅在生理上逐渐成熟，而且积极主动地或不自觉地接受社会规范，逐渐掌握社会公认的行为方式，形成适应社会与文化要求的人格，即人格具有社会性。

5. 人格的功能性

人格在一定程度上会影响一个人的生活方式，甚至会决定某些人的命运，是人生成败的根源之一。当面对挫折与失败时，坚强者能发愤图强，懦弱者则会一蹶不振。这就是人格功能的表现。

人格的社会性并不排斥人格也具有一定的生物性。人格是在个体的遗传和生物性的基础上形成的。从这个意义上说，人格是个体的自然性与社会性的综合。

> **历年真题**

【5.1】小琼十分内向，不爱说话，无论是在陌生的环境还是在家里，都少言寡语，这表明人格具有（   ）。

A. 整体性　　　　B. 稳定性　　　　C. 独特性　　　　D. 功能性

【5.2】简述人格的特征。

二、人格理论

不同心理学家对人格的发展有着不同看法，其中以弗洛伊德的人格发展理论和美国心理学家 E. F. 埃里克森的社会性发展阶段理论最具有代表性。

（一）弗洛伊德的人格发展理论

弗洛伊德深受能量守恒定律的启发，把人的身心组织看成一个能量系统，在这个能量系统中，除了以肉体的生理形式表现的机械能、电能和化学能以外，还有在心理过程中起作用的心理能，并把性本能视为心理能的原动力。弗洛伊德将性本能的能量称为力比多，并把性本能看成是人格发展重要的动力，认为人格是伴随着性的发展而发展。弗洛伊德提出的"性"含义很广泛，除了生殖活动外，还包括直接或间接引起机体快感的一切活动，如肌肤的接触、接吻、抚摸等。他认为人一出生就有力比多，在不同的年龄阶段，力比多通过身体的不同部位获得满足，这些部位被称为性感区。

弗洛伊德将人格的结构划分为本我、自我、超我三个部分。本我是人格结构的基础。本我包括原始的、与生俱来的本能或欲望（如，饥、渴、性等），其中以性和攻击冲动为主。本我受"享乐主义原则"支配。自我是在出生以后从本我中分化出来的，受"现实主义原则"支配，一方面它要满足本我的原始冲动，追求快乐；另一方面它还要符合良心、道德等超我的评价，以社会能够接受的方式满足个体需要。超我是人格结构中的道德高点，受"理想主义原则"支配。个体在一定的社会文化背景下，获得了一定的知识经验和行为规范，这些知识经验和行为规范就内化为个体的超我。

精神分析学派以对心理异常者的临床观察经验为基础，不仅提出了人格结构，并且阐述了人格的发展，虽然某些观点失之偏颇，但还是一种较为完善的人格理论。

弗洛伊德的人格发展理论的一个重要贡献是关注个体的早期经历，提出了早期经历影响日后的发展。但他过分强调潜意识和性本能的作用，把人格发展的动力归结于性本能，认为性本能是否满足，直接影响人格发展。他忽视意识和社会环境在人格发展中的作用，受到许多学者的批评。

（二）埃里克森的社会性发展阶段理论

埃里克森认为，在个体与社会环境交互作用中，一方面由于自我成长的需要，个体从环境中获得满足；另一方面个体又不得不受社会要求的限制，因而在社会适应上产生一定的困难，埃里克森将这种困难称为发展危机，发展危机在人生的不同阶段表现各不相同。他把人格的发展分为婴儿期、儿童期、学龄初期、学龄期、青春期、成年早期、成年中期、成年晚期八个顺序不变的阶段。其中，前五个阶段属于儿童成长和接受教育的时期。个体在每个阶段的矛盾和危机若能获得积极解决，人格就会健全发展，有利于个人对环境的适应，否则就会人格不健全。

1. 婴儿期

婴儿期（0～1岁）的主要任务是满足生理上的需要，发展信任感，克服不信任感，体验着希望的实现。如果父母或照料者给予婴儿适当的、稳定的与不间断的关切、照顾、哺育和抚摸，婴儿就会对父母或照料者产生一种信任感，认为这个世界是安全而可信赖的，否则就会产生不信任感。按照埃里克森的观点，信任对不信任的危机会影响婴儿及其以后的人格发展，因为婴儿对父母信任或不信任的态度会迁移到其他人。

2. 儿童早期

儿童早期（1～3岁）主要是获得自主感而克服羞耻与怀疑，体验意志的实现。该阶段儿童开始具有基本的能力，如爬、走、推、拉及语言活动。如果父母允许儿童去做他们力所能及的事，鼓励独立探索愿望，儿童就会认识自己的能力，养成自主的个性；反之，父母溺爱或过分批评指责，就可能使儿童怀疑自己，对自我和环境的控制能力产生羞耻感。

3. 学龄初期

学龄初期（3～6岁）儿童的主要发展任务是获得主动感和克服内疚感，体验目的的实现。由于身体活动能力和语言的发展，儿童有可能把他的活动范围扩展到家庭之外，儿童喜欢尝试探索环境，承担并学习掌握新的任务。此时，如果父母和教师对儿童遇到的问题耐心听取、细心回答，对儿童的建议给予适当的鼓励或妥善的处理，则儿童不仅发展了主动感，而且还能培养明辨是非的道德感。反之，如果父母和教师对儿童的问题感到不耐烦或嘲笑儿童的活动，儿童就会对自己的活动产生内疚感。

4. 学龄期

学龄期（6～12岁）儿童的发展任务是获得勤奋感，克服自卑感，体验能力的实现。这个时期，绝大多数儿童已进入学校，第一次接受社会赋予他并期望他完成的社会任务。他们追求学业完成时所获得的成就感及由此成就带来的师长的认可和赞许。如果儿童在学习活动中不断地取得成就并受到成人的奖励，儿童将以成功、奖励为荣，养成乐观、进取和勤奋的人格；反之，如果由于成人教育不当，或儿童努力不够而多次遭受挫折，或其成就受到漠视，儿童就容易产生自卑感。这一阶段发展起来的勤奋感或自卑感能延续终身。

5. 青春期

青春期（12～18岁）的发展任务是建立同一性和防止角色混乱，体验忠实的实现。自我同一性是个体组织自己的动机、能力、信仰及其活动经验而形成的有关自我一致性的形象。通过学习，学生知道了自己是什么样的人，能做什么，扮演什么。此阶段是在前四个阶段基础上对各种"材料"加以整合的过程，通过这样的整合过程建立自己的精神世界，获得自己是什么人的意识，从而逐渐形成自我同一性。如果这个阶段的整合出现问题不能获得自我同一性，就会产生"角色混乱"或消极心理。

6. 成年早期

成年早期（18～25岁）的发展任务是获得亲密感而避免孤独感，体验爱情的实现。只有具有牢固的自我同一性的人，才敢于与他人发生亲密关系。因为与他人发生爱的关系，就是把自己的同一性与他人的同一性融为一体。这里有自我牺牲或损失，只有这样才能在恋爱中建立真正亲密无间的关系，从而获得亲密感，否则将产生孤独感。

7. 成年中期

成年中期（25～60岁）的发展任务是获得繁殖感而避免停滞感，体验关怀的实现。这时男女建立家庭，他们的兴趣扩展到下一代。他们将过上幸福充实的生活，生儿育女，关心后代的繁殖和养育。这里的繁殖除了生殖力，还包括关心和指导下一代。因此，没有自己的孩子的人也能产生繁殖感。缺乏这种体验的人会沉浸于自己的天地之中，只一心专注自己而产生停滞感。

8. 成年晚期

成年晚期（60岁以上）又称老年期，这一阶段的发展任务是获得完善感和避免失望、厌倦感，体验智慧的实现。由于衰老，老人的体力、心智和健康每况愈下，因此，老人需要从心理上做出相应的调整和适应。如果一个人对自己的一生比较满意，则产生一种完善感。这种完善感包括一种长期形成的智慧感和人生哲学。否则，就会恐惧死亡，对人生感到厌倦和失望。

埃里克森认为，在每一个心理社会发展阶段中，解决了核心问题之后所产生的人格特质都包括积极与消极两方面的品质，如果各个阶段都保持向积极品质发展，就算完成了这个阶段的任务，逐渐实现了健全的人格，否则就会产生心理危机，出现情绪障碍，形成不健全的人格。

历年真题

【5.3】上初中以来，刘俊突然好像不认识自己了，"我到底是谁？我将来做什么呢？"这类问题常常困扰着他。根据埃里克森的社会性发展阶段理论，他处于哪个发展阶段？（　　）

A. 亲密对孤独　　　　　　　　B. 勤奋对自卑
C. 同一性对角色混乱　　　　　D. 信任对不信任

【5.4】中学生小孙近期心里很矛盾，觉得未来的自己应该是一名科学家，但又觉得能力有限，遥不可及。根据埃里克森的社会性发展阶段理论，当前他的主要发展任务

是（　　）。

A. 获得勤奋感　　B. 克服内疚感　　C. 避免孤独感　　D. 建立同一性

【5.5】简述埃里克森的社会性发展阶段理论。

第二节　能　力

一、能力概述

（一）能力的含义

能力是一种直接影响活动效率，使活动得以顺利完成所必须具备的个性心理特征。要完成一些较复杂的工作，仅仅依靠一种能力是不够的，而需要依靠多种能力的结合。这种结合在一起的能力一般称为才能。例如，课堂教学就是一个教师观察能力、语言表达能力、思维能力和组织管理能力的综合表现，这些能力的结合就是教师的才能。

（二）能力的分类

1. 一般能力和特殊能力

一般能力又称普通能力，指从事大多数活动所共同需要的能力，是最基本的能力，适用于广泛的活动范围，符合多种活动的要求。观察能力、记忆能力、注意能力、想象能力和思维能力都是一般能力。

特殊能力又称专门能力，是指从事某项专门活动所必须具备的能力。它只在特殊活动领域内发生作用，是完成有关活动必不可少的能力。如计算能力、作曲能力、绘画能力、长跑能力、写作能力等都是特殊能力。

一般能力是各种特殊能力形成和发展的基础，特殊能力的发展同时也会促进一般能力的发展。要成功地完成一项活动，需要一般能力和特殊能力共同起作用。

2. 认知能力、操作能力和社交能力

认知能力是指接收、加工、储存和应用信息的能力。它是人们成功地完成活动最重要的心理条件。知觉、记忆、注意、思维和想象的能力都被认为是认知能力。

操作能力是指操纵、制作和运动的能力。如机械操作、艺术表演、运动竞技等方面的能力都被认为是操作能力。

社交能力是指人们在社会交往活动中所表现出来的能力。如组织管理、言语感染等能力都被认为是社交能力。这种能力对组织团体、促进人际交往和信息沟通有重要作用。

3. 模仿能力和创造能力

模仿能力是指仿效他人作品或言行举止的能力。人们通过模仿能使原有的行为巩固或改变，使原来潜伏的行为表现出来，习得新的行为动作。

创造能力是指产生新思想，发现和创造新事物的能力。创造能力是成功地完成某

种创造性活动所必需的条件。发散思维的外部表现即代表个人的创造能力。人们在进行创造思维时，整个过程反复交织着发散思维和聚合思维。

创造能力是在模仿能力的基础上发展起来的。人们一般总是从模仿到创造。模仿可以说是创造的前提和基础，创造是模仿的发展。

（三）影响能力发展的因素

1. 遗传因素

遗传对能力发展的影响主要表现在身体素质上，如感官和肢体功能、脑的功能等直接影响能力的表现和发挥。遗传因素只是能力发展的自然前提，只为能力的发展提供了一种可能性，不能决定一个人能力发展的速度与程度。只有通过后天的教育和实践活动，才能使个体先天的、潜在的遗传素质的可能性变成现实。

2. 环境因素

环境包括自然环境和社会环境。影响人的能力发展的主要是社会环境，特别是家庭环境和学校教育环境。良好的家庭环境有利于儿童能力的发展，但学校教育是环境因素中的主导力量。

3. 实践因素

个体不断参与各种实践活动是能力发展的基本途径，从事实践活动要求相应的能力，在实践活动中人的各种能力得到培养和锻炼，并在实践活动中得以形成和发展。

4. 主观能动性

能力的发展离不开人的主观能动性。当人们对学习、工作感兴趣，就会投入大量的时间和精力，发现问题、解决问题，同时能力得到锻炼。坚强的意志对能力的发展也有重要意义，一些人的成功往往不是因为他们具有特别高的天分，而是由于他们坚强的意志品质在起作用。

二、智力的含义

智力是使人能顺利地从事某种活动所必需的一般性认识能力，由注意力、观察力、记忆力、想象力和思维力等基本因素组成。思维力是智力的核心，创造性思维是智力的最高表现。

三、智力理论

（一）智力的心理测量学理论

英国心理学家斯皮尔曼在智力领域中较早地应用了因素分析，对后人影响较大。他根据智力测验相关的研究，发现个体在不同智力测量上成绩高度相关，提出了智力的二因素理论，认为人的智力由贯穿于所有智力活动中的一般因素（G因素）和体现某一特殊能力的特殊因素（S因素）构成。

美国心理学家卡特尔采用更为先进的因素分析，将一般智力分为两个相对独立的成分，即流体智力和晶体智力。晶体智力是指一个人所获得的知识以及获得知识的能力，它由语词、算术和一般知识测验来测定。流体智力是发现复杂关系和解决问题的能力,它由木块图、空间视觉等测验来测定。晶体智力使得人们很好地面对自己的生活和具体问题,流体智力帮助人们处理新的复杂问题。

美国心理学家吉尔福特采用因素分析方法检验了许多与智力相关的任务。他的智力结构模型定义了智力任务的三个特性:内容或信息类型、产品或信息表征的形式、操作或心理活动表现的类型。这一模型中有五个内容:视觉、听觉、符号、语义和行为;六种产品:单元、分类、关系、系统、转换和提示;五种操作:评价、聚合、发散、记忆和认知。

(二) 斯腾伯格智力的三因素理论

美国心理学家斯腾伯格于1985年提出了智力的三因素理论。认为智力包括三个部分——成分、经验和情境,它们都代表有效操作的不同方面。

1. 成分性智力

成分性智力是指思维和问题解决等所依赖的心理过程。斯腾伯格认为有三种成分对信息加工是至关重要的:①知识获得成分,可以用于学习新的事实;②操作成分,作为问题解决的策略和技巧;③元认知成分,用于选择策略、监控认知过程以达到成功。

2. 经验性智力

经验性智力是指人们在两种极端情况下处理问题的能力:新异的或常规的问题。在处理熟悉任务的时候,良好表现依赖于操作成分的自动执行,如阅读、驾驶汽车;在处理不熟悉任务时,良好的成绩依赖于元认知成分对推理和问题解决的辅助方式。

3. 情境性智力

情境性智力反映在对日常事务的处理上,包括对新的和不同环境的适应,选择合适的环境以及有效地改变环境以适应需要。

(三) 加德纳的多元智能理论

美国心理发展学家加德纳认为我们每个人都拥有八种主要智能,包括语言智能、逻辑数学智能、音乐智能、空间智能、运动智能、人际交往智能、内省智能、探索自然智能。

1. 语言智能

语言智能主要是指有效地运用口头语言及文字的能力,即指听、说、读、写能力,表现为个人能够顺利而高效地利用语言描述事件、表达思想并与人交流的能力。这种智能在作家、演说家、记者、编辑、节目主持人、播音员、律师等职业上有更加突出的表现。

2. 逻辑数学智能

逻辑数学智能是指人进行计算、量化、思考命题和假设以及复杂数学运算的能力,即有效运用数字和推理的能力,包括对逻辑的方式和关系、陈述和主张、功能及其他相关的抽象概念的敏感性。从事与数字有关工作的人特别需要这种有效运用数字和推理的智能。他们学习时靠推理来进行思考,喜欢提出问题并执行实验以寻求答案,寻找事物的规律及逻辑顺序,对科学的新发展有兴趣,对可被测量、归类、分析的事物比较容易接受。

3. 音乐智能

音乐智能主要是指人敏感地感知音调、旋律、节奏和音色等的能力，表现为个人对音乐节奏、音调、音色和旋律的敏感以及通过作曲、演奏和歌唱等表达音乐的能力。作曲家、指挥家、歌唱家、乐师、乐器制作者、音乐评论家等人员都具有音乐智能优势。

4. 空间智能

空间智能主要是指人敏感地感知色彩、线条、形状、形式、空间及它们之间关系的能力，表现为个人对感受、辨别、记忆、改变物体的空间关系并借此表达思想和情感的能力比较强，对线条、形状、结构、色彩和空间的关系敏感，能准确地感觉视觉空间，并把所知觉到的表现出来。这类人在学习时是用意象及图像来思考的。

空间智能可以划分为形象的空间智能和抽象的空间智能两种能力。形象的空间智能为画家的特长，抽象的空间智能为几何学家特长，而建筑学家对形象和抽象的空间智能都擅长。

5. 运动智能

运动智能主要是指人调节身体运动及用巧妙的双手改变物体的技能。表现为能够较好地控制自己的身体，对事件能够做出恰当的身体反应以及善于利用身体语言来表达自己的思想。这类人很难长时间坐着不动，喜欢动手建造东西，喜欢户外活动，与人谈话时常用手势或其他肢体语言，他们学习时是通过身体感觉来思考。运动员、舞蹈家、外科医生、手艺人都有运动智能优势。

6. 人际交往智能

人际交往智能是指能够有效地理解别人和与人交往的能力，包括四大要素。①组织能力，包括群体动员与协调能力。②协商能力，指仲裁与排解纷争能力。③分析能力，指能够敏锐察知他人的情感动向与想法，易与他人建立密切关系的能力。④人际联系，指对他人表现出关心，善体人意，适于团体合作的能力。

7. 内省智能

内省智能主要是指认识自己的能力，正确把握自己的长处和短处，把握自己的情绪、意向、动机、欲望，对自己的生活有规划，能自尊、自律，会吸收他人的长处。会从各种回馈渠道中了解自己的优劣，常静思以规划自己的人生目标，爱独处，以深入自我的方式思考。喜欢独立工作，有自我选择的空间。政治家、哲学家、心理学家、教师等人员都有内省智能优势。

内省智能可以划分为两个层次：事件层次和价值层次。事件层次的内省指向对于事件成败的总结。价值层次的内省将事件的成败和价值观联系起来自审。

8. 探索自然智能

探索自然智能是指能认识植物、动物和其他自然环境（如云和石头）的能力。自然智能强的人，在打猎、耕作、生物科学上的表现较为突出。探索自然智能应当进一步归结为探索智能，包括对于社会的探索和对于自然的探索两个方面。

四、智力发展的差异

（一）发展水平差异

在智力发展水平上，不同的人所达到的最高水平极其不同。人类的智力分布基本上呈两头小、中间大的正态分布形式。

心理学在研究人的智力发展水平时，通常采用超常、中常、低常的概念来概括智力水平的三个等级。智力超常的人智力发展水平显著超过同龄人，其心理上表现为：具有强烈的求知欲和广泛的兴趣；观察细致、准确；注意容易集中，记忆速度快、准确而牢固；思维敏捷，不易受具体情境的局限。

（二）表现早晚的差异

由于政治、经济、军事、地域等因素的影响，一个人智力表现的机会有早有晚，如一些出身音乐世家的孩子，由于受家庭音乐氛围的熏陶和教育，且有较早的登台表演的机会，往往几岁时就表现出了音乐才能。有的人音乐能力可能直至中年时才被人发现。有些人的能力表现为"大器晚成"，可能和该能力需要长期的积累有关，如达尔文50多岁才发表《物种起源》。

（三）性别差异

对智力性别差异的有些研究结论在学术上还存在争议，但在以下两方面则基本一致：

第一，男女智力的总体水平大致相等，但男性智力分布的离散程度大于女性。也就是说，很聪明的男性与很笨的男性都比女性多，智力中等的女性要比男性多得多。

第二，男女的智力结构存在差异，各自具有优势领域。一般认为，男性的视知觉能力较强，尤其是空间知觉的能力，男性明显优于女性；女性的听觉能力较强，特别是对声音的辨别和定位，女性明显优于男性。男性偏于抽象思维，喜欢数学、物理和化学等学科；女性长于形象思维，喜欢语言、历史、人文地理等学科；女孩的口语发展通常比男孩早，在言语的流畅性及读、写、拼等方面均占优势；男孩在言语理解、言语推理等方面又比女孩强。

五、创造力

创造力是个体对已知信息进行加工产生出某种新颖、独特、有社会或个人价值的产品的能力，创造性思维是其核心和基础。创造力是一种较特殊的智力品质，是智力发展的结果，通常在创造活动和创造过程中表现出来。美国心理学家推孟、吉尔福特等人研究发现：低智力者难以有创造性；智力高的人未必都有高创造力。因此，智力是创造的必要条件，但不是充分条件。

有创造力的人大多伴有下列良好的人格特征：

(1) 好奇心强，兴趣广泛，思维灵活，喜欢钻研一些抽象问题；
(2) 自信心强，看问题常有自己的独到见解，不满足于书本知识和教师讲解；
(3) 独立性强，常独立从事活动，对自己的事情有较大的责任心；
(4) 主动性强，乐于接收新信息；
(5) 意志力强，做事能坚持、有恒心；
(6) 对未来有较高的期望与抱负，希望能面对更复杂的工作，能摆脱传统和习俗，不怕风险和压力。

美国学者莱曼通过对几千名科学家、艺术家和文学家年龄与成就关系的研究发现，

25~40岁是一个人成才的最佳年龄。在青少年期，个体虽然还未达到一生创造力的最高峰时期，但已经处在创造力最佳发展年龄的前端。历史上无数人在青少年时期就已表现出卓著的创造性才能，学校教育应该为青少年学生创造力的发展提供良好的环境。

> **历年真题**

【5.6】辨析题：遗传素质决定能力发展水平。

【5.7】辨析题：学生知识越多，说明学生能力越强。

第三节 气 质

一、什么是气质

气质是指人在心理活动和行为中表现出的比较稳定的动力特性。心理活动和行为的动力特性主要指心理活动和行为发生时在强度、速度、稳定性和指向性等方面表现出的不同特点。它使人的全部心理活动涂上了独特的色彩，体现出个人独有的动力特征。气质具有以下特点：

气质具有先天性，受神经系统活动过程所制约，但其特点是在后天环境中表现出来的。我们可以从婴儿身上看到，有的吵闹、好动、不认生，有的比较安静、害怕生人，这就是气质差异的表现。

气质具有稳定性，如情绪易激动的人在任何场合都难于抑制自己的情绪和行为。具有某种气质特征的人，常常在内容不同的活动中，在不同目的的支配下，都会表现出同样方式的心理活动的动力特点。"江山易改禀性难移"正说明了气质的稳定性的特点。

一个人的气质在教育和生活环境影响下也会发生缓慢的变化，表现出可塑性的一面，主要表现在两个方面：

（1）气质是可以被掩蔽的。在某种情况下，个体行为表现可能和这个人的气质完全不一致，个人的气质可能长期被后天获得的个性特征掩蔽，由于暂时神经联系发挥其机能作用，影响到神经类型的变化，他的气质特点也会得到某些改造。

（2）气质特点随年龄增长会发生一定的变化。气质既然是可变的，这就要求教育工作者要掌握气质变化的规律，因材施教，培养学生良好的个性特征。

> **历年真题**

【5.8】辨析题：气质由遗传决定。

二、气质的类型

古希腊希波克拉底用四种体液来解释气质类型，虽然缺乏科学根据，但他提出的四种气质类型一直沿用到今天。

1. 胆汁质

胆汁质的人具有较强的反应性与主动性。直率热情，精力旺盛，反应迅速，情感体验强烈，意志坚强；勇敢果断，有干劲，思维敏捷但准确性不高；性情急躁，易于冲动；情绪强烈、外露，但持续时间不长，爆发力强。这类人能坚持长时间的工作而不知疲倦，显得精力旺盛，行为外向，兴奋性高，但心境变化剧烈，脾气暴躁，难以自我控制。

2. 多血质

多血质的人行动具有较强的反应性。活泼好动，充满朝气；行动敏捷，灵活机智；较为温和，善于交际，适应性强。这类人的情感和行为发生得很快，变化得也快，注意力容易转移，兴趣容易变换；情感体验不深刻并明显露于外，容易接受新事物，但印象不很深刻，其明显特征是具有很高的灵活性，容易适应变化的生活环境。

3. 黏液质

黏液质的人反应性低，表现为安静稳定，反应缓慢，沉默寡言；交际适度，情绪稳定不易外露，不易激动；注意力稳定且难转移；善于忍耐，沉着坚定，善于自制，情绪波动小，思维较慢，但是耐力强。这类人固执、冷淡，不善于与人合作，其显著特点是安静、均衡，反应缓慢。

4. 抑郁质

抑郁质的人有较强的感受性。这类人极为敏感，善于觉察别人易疏忽的细节；内心容易受挫也经不起挫折的洗礼，行为孤僻，反应迟缓，多愁善感，柔弱；情感和行为都进行得相当缓慢，但持续时间长，而且体验相当深刻；具有内倾性。这类人的明显特点是感受性高、迟缓、内倾。

在现实生活中只有少数的人是某种气质类型的典型代表，大部分人都具有两种或多种气质类型特点，只是其中某种气质类型的特点较突出而已。因此，对于一个人通常我们不能说他就是具有某种气质类型，而只能说他符合某种气质类型。在教育工作中，教师也不是一定要把学生划为某种气质类型，主要看学生的哪种气质特征较明显。

> **历年真题**
>
> 【5.9】方华情绪快而强，容易冲动，常常是爆发式的，并伴随有明显外部表现，她的气质类型属于（　　）。
> A. 胆汁质　　　B. 多血质　　　C. 黏液质　　　D. 抑郁质

三、气质对教育工作的影响

气质类型不是一朝一夕就能改变的，其实也不需要改变。既然如此，在教育教学过程中教师要照顾到学生的气质类型特点，采取适合这些特点的方法不仅必要，而且也会使教学工作进行得更顺利、更有效。

为了更好地进行教学和教育工作，因材施教，培养学生良好的人格特点，教师要认真做好下列工作：

1. 对不同气质类型的学生应没有任何偏见

气质类型没有好坏之分，不能从社会意义上评价其好坏，气质类型不决定一个人智力水平和成就的高低以及社会价值,因为各种气质类型的学生都可以成为品学兼优的人才;但是每一种气质类型都存在有利于形成某些积极的或消极的人格品质的可能性,气质虽然在人的实践活动中不起决定作用,但有一定的影响,它不仅影响活动性质,而且能影响活动的效率。教师只有了解学生的气质特点,才能有针对性地开展好工作。

2. 在教学中要扬长避短,培养学生良好的人格品质

教师在教学中可以通过组织活动来促使不同气质的学生克服自身的缺点,发挥优点。对胆汁质的学生,要着重培养他们热情、豪放、爽朗、勇敢、进取和主动的心理品质,防止粗暴、任性、刚愎自用等特点的产生。对多血质的学生,要培养其朝气蓬勃、满腔热情等心理品质,防止朝三暮四、虎头蛇尾、粗心大意、任性等不良品质的产生。对黏液质的学生,要着重发展其诚恳待人、工作踏实等品质,注意防止墨守成规、冷淡、迟缓等品质。对抑郁质的学生,要着重发展敏感、机智、认真细致、有自尊心和自信心等品质,防止怯懦、多疑、孤僻等消极品质产生。

3. 要依据学生不同的气质特征,采取不同的教育措施

对于胆汁质的学生,不要轻易激怒他们,而要去锻炼他们的自制力,沉着冷静地对待事物,对他们进行教育时要保持冷静,轻声细语,实实在在、干脆利落地讲清道理,切忌急躁。对于多血质的学生,要多给予其参加各种活动的机会和任务,动静结合,并使他们从中受到更多的教育,要求他们养成扎实、专一、坚持到底和克服困难的决心。教育多血质的学生时,一定要"刚柔交替":在他们满不在乎时,批评要有一定的刺激强度;在他们对错误能冷静对待时,要耐心帮助,做好巩固工作。对于黏液质的学生,要更加耐心,要给予他们足够的考虑问题和准备行动的时间,应当满腔热情地引导他们参加集体活动,激发他们的积极情绪。对于抑郁质学生,要更多地关心体贴他们,避免在公开场合指责他们,根据他们的接受能力,适当调整要求,对他们的要求应逐渐提高,不可操之过急。对于抑郁质的学生要多称赞、奖励,这对他们的发展会起积极的作用。在新编班和环境发生改变时,教师要对抑郁质和黏液质的学生更多地关心和照顾。

历年真题

【5.10】( )是人在心理活动和行为中表现出的比较稳定的动力特性。
A. 人格　　　B. 性格　　　C. 能力　　　D. 气质

【5.11】肖晓活泼好动,善于交际,思维敏捷,易接受新事物,兴趣广泛,注意力容易转移。他的气质类型属于( )。
A. 多血质　　B. 胆汁质　　C. 黏液质　　D. 抑郁质

【5.12】综合题

【案例】肖平、王东、高力、赵翔四个人都喜欢足球,也喜欢看足球赛,他们看到自己喜欢的球星进球后,肖平手舞足蹈,振臂高呼:"好球!好球!"王东也很兴奋,高呼"好球",但又不像肖平那样激动,高力也觉得球踢得不错,说:"是一场好球。"赵翔通常都很安静,没有什么表现。

问题:
(1) 请指出这四个人的气质类型。
(2) 请说明四种气质类型的特征。
(3) 请说明教师了解学生气质类型在教育教学中的意义。

第四节　性　格

一、什么是性格

性格是一个人对现实的比较稳定的态度和与之相应的习惯化的行为方式。它最能体现一个人的人格特点和个性差异。如谦虚、虚伪、狡猾、自私、粗心、内向等词都是对一个人性格的描述。性格是人格中最具有核心意义的心理特征。

> 性格与气质
>
> 性格与气质的区别：首先，气质主要是先天的，更多受高级神经活动类型的影响，在人的情绪和行为活动中表现出来；性格主要是后天形成的，更多受社会生活条件制约，是态度体系和行为方式相结合而表现出来的具有核心意义的心理特征。其次，气质无好坏之分，而性格有好坏之分。再次，气质表现的范围狭窄，局限于心理活动的强度、速度等方面；而性格表现的范围广泛，几乎包括了人的社会心理特点。最后，气质的可塑性较小，变化较慢；而性格的可塑性较大，变化较快。
>
> 性格与气质的关系密切。第一，气质可以影响性格的形成和发展。如形成自制力这个性格特征，胆汁质的人需要经过极大的克制和努力，而抑郁质的人则比较容易。第二，性格对气质也有明显的影响。性格主要是受社会生活条件的制约，在一定程度上可以掩盖和改造气质。例如，从事精细操作的外科医生一旦形成沉着的性格，就有可能改造胆汁质行为冲动的气质特点。

二、性格的特征

性格是由许多特征组成的复杂心理结构。由于每个人的性格特征组合及其表现形式不同，因而形成了千差万别的性格。

1. 性格的态度特征

性格的态度特征是指人在对客观现实的稳定态度方面表现出来的个别差异，是性格特征中最重要的组成部分。

（1）对社会、集体、他人的态度特征。

表现为关心社会、爱集体、有社会责任心，还是对社会与集体漠不关心、缺乏责任感、自私自利；是对人富有同情心、为人正直、诚实、有礼貌、善于交际，还是冷酷无情、圆滑、狡诈或虚伪等。

（2）对劳动、工作和学习的态度特征。

表现为勤奋刻苦、认真负责、细心忍耐、精益求精、敢于创新、勤俭节约、严守纪律等，还是表现为懒惰、马虎、粗心、草草了事、墨守成规、挥霍浪费、自由散漫等。

（3）对自己的态度特征。

表现为谦虚、谨慎、自尊、自信、朴实无华等，还是表现为骄傲、自负、自卑、拘谨、腼腆、虚荣、轻浮等。

2. 性格的意志特征

性格的意志特征是指个体在对自己行为的自觉调节方式和控制水平、目标明确程度以及在处理紧急问题方面表现出来的性格差异。

（1）对行动的自觉控制能力。如主动性或被动性，冷静性或冲动性等。

（2）对行为目的的明确程度。如具有明确的行动目的性或盲目性，独立性或易受暗示性，纪律性或散漫性。

（3）在紧急或困难条件下处理问题的特点。如勇敢或怯懦，沉着镇定或惊慌失措、果断或优柔寡断。

（4）在长期的工作中表现的特征。如恒心、坚忍性或见异思迁、虎头蛇尾等。

3. 性格的情绪特征

性格的情绪特征是指人在情绪活动时，在强度、稳定性、持续性和主导心境等方面表现出来的性格特征。

（1）表现在强度上，有的人很容易激动，情绪一经引起就比较强烈，而有的人的情绪体验微弱，总是冷静地对待现实。

（2）表现在稳定性上，有的人情绪起伏、波动较大，时而激动，时而平静，而有的人表现为较稳定。

（3）表现在持续性上，有的人某一情绪出现后持续时间很长，而有的人持续时间较短暂。

（4）表现在主导心境上，有的人经常是欢乐、愉快的，而有的人经常是抑郁、低沉的，还有的人经常是宁静的或任性、轻浮的等。

4. 性格的理智特征

性格的理智特征是指人在感知、记忆和思维活动过程中表现出来的性格特征。

（1）感知方面，存在主动观察型和被动观察型、记录型和解释型、分析型和概括型、快速型和精确型等。

（2）记忆方面，存在主动记忆型和被动记忆型、直观形象记忆型和逻辑思维记忆型等。

（3）想象方面，存在主动想象型和被动想象型、幻想型和现实型、敢于想象型和想象受阻型、狭窄想象型和广阔想象型等。

（4）思维方面，存在独立型和依赖型、分析型和综合型、灵活型和呆板型等。

> **历年真题**

【5.13】韩老师常常说方琼勤奋努力，孙彤细致严谨，李冰诚实可信。韩老师描述的这些心理特征属于（　　）。
  A. 能力　　　　B. 性格　　　　C. 气质　　　　D. 情绪

【5.14】晓颖是个诚实，勤奋好学的学生，这些特征属于（　　）。
  A. 性格　　　　B. 能力　　　　C. 气质　　　　D. 认知

三、性格的类型

性格类型是指某类人身上共同具有的性格特征的独特结合。曾有许多的心理学家试图对性格进行分类，但由于研究对象的复杂性，至今没有一个公认的标准，学者们各自按照一定的标准和原则对性格进行分类。

1. 外向型和内向型

瑞士心理学家荣格根据人的心理活动是倾向于外部世界还是倾向于内部世界，把性格分为外向型和内向型两大类。外向型的人，心理活动倾向于外部，活泼开朗、好动、善于交际；内向型的人，心理活动倾向于内部，谨慎小心、沉静、不善于交际。这两种性格类型的人在人际适应上有着明显的不同。英国心理学家艾森克对外向型和内向型性格特点做了更为详尽的描述。

外向型性格特点如下：

（1）注意外界所发生的事情，追求刺激，勇于冒险。
（2）无忧无虑，随和，乐观，爱开玩笑，易怒也易平息，不加思考地行动。
（3）有与别人谈话的需要，好为人师，容易冲动。
（4）喜欢变化，有许多朋友。
（5）善于交际，不喜欢独自学习。

内向型性格特点如下：

（1）倾向于事先计划，三思而后行，严格控制自己的感情，很少有攻击行为。
（2）性情孤独，内省，生活有规律。
（3）爱好读书甚于与人交往，除亲密朋友外，对人总是冷漠，保持一定距离。
（4）很重视道德标准，但有些悲观。
（5）安静，不善交际。

2. 理智型、情绪型和意志型

理智型的人善于以理智来调节自己的言行，深思熟虑地解决问题。情绪型的人的言行受情绪支配，处理问题不冷静，但情绪体验深刻。意志型的人自觉性强，处事果断，勇于克服困难，善于控制自己的言行和情绪。除了这三种典型的类型外，还有一些混合类型，如理智-意志型，在生活中大多数人是混合型。

3. 独立型和顺从型

独立型的人善于独立思考，不容易受周围环境因素的干扰，能够独立地发现问题和解决问题，但有时会把自己的意见强加于别人。顺从型的人容易受周围环境因素的影响和干扰，经常没有主见，有时不加分析地接受他人的意见而盲目行动，应变能力较差。

4. A、B、C、D 型性格

A 型性格的主要特点是：性情急躁，缺乏耐性。他们的成就欲高，上进心强，有苦干精神，工作投入，做事认真负责，时间紧迫感强，富有竞争意识，外向，动作敏捷，说话快，生活常处于紧张状态，但办事匆忙，社会适应性差，属不安定型人格。

B 型性格的主要特点是：性情不温不火，举止稳当，对工作和生活满足感强，喜欢慢节奏的生活，在需要审慎思考和耐心的工作中，B 型性格的人往往比 A 型性格的人更胜任。

C 型性格的主要特点：好忍气吞声，过度压抑自己的情绪，负性情绪体验过多；

在行为上表现出与别人过分合作，生活和工作中没有主意和目标；尽量回避冲突，不表现负面情绪，屈从于权威等。这种性格是大多数癌症病人的一种人格特征。

D型性格的主要特点：常常比较忧伤而且孤独，同时对自己忧伤与孤独的心情一味地进行压抑，比较沉默寡言。

四、性格的形成和发展

性格是遗传和环境因素相互作用的结果，遗传是性格的自然前提，给性格的发展提供了可能性，社会环境因素在性格的形成中起决定作用。性格不是一朝一夕形成的，它是在家庭、学校和社会文化等因素的影响下，通过社会实践和自我教育、调节逐步形成和发展的。

1. 家庭因素的影响

家庭是儿童最早接触的社会环境。心理学研究表明，从出生到五六岁时是性格形成的最主要阶段。在这个阶段，儿童在家庭中生活的时间最长，在父母的爱抚、保护、教育和影响下成长，因此，整个家庭环境对儿童性格的形成起着极为重要的影响作用。在家庭各方面的因素中，父母的教养态度、家庭氛围和父母的榜样等因素，对儿童性格的形成有着深刻的影响。从教育顺序看，也首先是家庭，其次才是学校。

（1）父母的教养态度。

在家庭中，父母和子女的关系最为密切，也是子女最重要的教养者。研究表明，父母的教育方式、态度不同，儿童会形成不同的性格特征。在家庭的诸因素中，父母对子女的教养态度对儿童性格的形成和发展具有特别重要的作用。美国心理学家鲍德温等人研究了父母的教养态度与儿童性格之间的关系，结果如表5-1所示。

表5-1 父母的教养态度与儿童性格之间的关系

教养态度	儿童性格
支配型	消极、顺从、依赖、缺乏独立性
溺爱型	任性、骄傲、利己主义、缺乏精神独立、情绪不稳定
过于保护型	缺乏社会性、依赖、被动、胆怯、深思、沉默、亲切
过于严厉型	顽固、冷酷、残忍、独立；盲从、不诚实、缺乏自信心和自尊心
忽视型	妒忌、情绪不安、创造力差，甚至有厌世轻生情绪
父母意见分歧型	易生气、警惕性高；或有两面讨好、投机取巧、好说谎的作风
民主型	独立、直爽、协作、亲切、机灵、安全、快乐、坚持、大胆、有毅力和创造精神

（2）家庭氛围和父母的榜样。

研究表明，如果夫妻关系融洽，儿童在家里感到愉快、有安全感，容易形成开朗、活泼的性格特征；如果夫妻关系对立与不和谐，儿童在家里会缺乏安全感，情绪不稳定，容易形成紧张、焦虑和不安的性格特征。心理学许多研究表明，在宁静而愉快的家庭氛围中成长的儿童，与在冲突不断的家庭氛围中成长的儿童在性格上会有很大的差异。父母和邻里的关系融洽与否也会影响儿童的性格。

父母是儿童的第一任教师，是儿童最早学习的榜样。社会信仰、规范和价值观等首先通过父母的"过滤"而传给子女。父母的一言一行都在潜移默化地影响儿童性格的发展，儿童也随时模仿和学习父母的行为。因此，儿童与父母的性格往往十分相似。

（3）家庭结构。

家庭结构类型主要有：大家庭、核心家庭和破裂家庭。

大家庭常常几代同堂。大家庭中的儿童受家风、家规等影响，容易形成良好的性格特征。但可能有隔代溺爱和长辈在教育儿童问题上与父母看法不一致的情况，致使儿童无所适从，形成恐惧、焦虑等不良的性格特征。

核心家庭由一对夫妇和孩子组成。核心家庭中没有传统的隔代溺爱，但年轻父母由于缺乏教育孩子的经验和方法，对孩子可能有时放纵，有时管教过严。

破裂家庭的构成有两种情况：一为父母（或其中一人）死亡，一为父母离异。无论何种情况，对子女的影响均是不良的。有人认为父母离异对孩子性格的影响比父母死亡更大。据研究发现，父亲或母亲去世时间的早晚对子女的性格发展有不同程度的影响。婴幼儿时期丧母的情况比丧父对以后性格发展的影响要大，但在儿童期丧父比丧母的影响要大。父母离异可能影响儿童的智力、情感和性格发展，这种影响在父母离异一年以后达到峰值，在男孩和离异的母亲的家庭里表现得尤其明显。这些男孩不论是在学校还是在家里，都有较多的问题行为和互动冲突。作为成年人，经历过父母离异的人更难以进行身体调适，因此更可能酗酒、吸毒和犯罪。在家庭中，父母的作用是很难相互取代的。父亲为男孩提供模仿同化的榜样，为女孩提供与异性成人交往的机会。父亲对儿童的性别角色发展起重要作用。缺乏母爱的儿童则往往会形成不合群、孤僻、任性和情绪反应冷漠等不良习惯特征。当然，如果有良好的教育，破裂家庭的孩子也会形成良好的性格特征。

除此之外，一个儿童在家庭中的出生顺序、是否是独生子女等对儿童性格的形成和发展也有一定的影响。

2. 学校因素的影响

学校教育对学龄儿童的性格发展具有重要作用，学校是对学生进行有目的、有计划教育的场所。学校教育在学龄儿童的性格形成与发展中具有重要作用，学生在学校通过学习与潜移默化的影响，形成自己优良的性格特征，顺利地走向社会，适应社会生活，并为社会的发展做出自己的贡献。

（1）课堂教学。

学生通过课堂教学接收系统的科学知识、发展智力，同时形成理想、信念、科学的世界观。理想、信念、科学的世界观对发展学生良好性格特征具有重要意义。学习是艰苦的身心劳动，通过学习可以形成、发展学生的坚持性、自制性、纪律性、主动性和独立性等优良的性格特征。

（2）班集体。

学校中的班集体、少先队、共青团组织对学生的性格发展有重要的作用。良好的校风和班风能促使学生养成积极性、主动性、独立性和自觉遵守纪律等良好性格特征；不良的校风和班风可能会使学生养成懒散、无组织、无纪律等不良性格特征。学生集体中良好的风气和舆论是一种无形的、强大的教育力量，为培养学生优良的性格特点提供了较好的外部条件。个体在学校、班级集体中所处的"地位"，承担的角色等对儿童性格的发展也产生一定的影响。

（3）教师。

教师是学生学习的榜样，教师的言行对学生的性格同样会产生潜移默化的影响。学生的年龄越小，受教师的影响越大。德裔美国心理学家勒温等人把教师管教学生的方式分为三种类型，即民主型、专制型、放任型。研究表明，教师对学生不同的管教方式影响学生性格的发展（见表5-2）。

表5-2 教师的管教方式与学生性格特征的关系

管教方式	学生性格特征
民主型	情绪稳定、积极、态度友好、有领导能力
专制型	情绪紧张、冷漠或带有攻击性，教师在场时毕恭毕敬，不在场时秩序混乱缺乏自制性
放任型	无团体目标、无组织、无纪律、放任

3. 社会文化因素的影响

社会文化是个体性格形成和发展的宏观背景，包括一定的社会物质生活条件、文化背景、社会制度、社会传媒、价值观念、行为规范、风俗习惯等。经由宏观上的共同文化的熏陶，每一社会成员都具有某些共同的性格特征，形成了个体之间基本相似的性格，这就是社会性格、民族性格。每一个时代的学生都具有特定时代的特点。但是，文化决定的只是社会成员的基本性格类型，它不等同于每个成员的独有性格。个体的独有性格还要受微观的每个人具体生活情境的影响。个体生活情境层次是学生性格形成和发展的微观环境，学生在实际的社会生活中，会形成其独特的人际关系，经历不同的生活事件和某些特定小环境。这就形成了千差万别的学生性格。

4. 社会实践活动的影响

人的社会实践是指社会活动、生产劳动、科学实验、文化艺术等活动。社会实践是性格形成和发展的重要影响因素。学生走上工作岗位后，职业的要求对性格发展也有重要作用。人长期从事某种特定的职业，社会要求他反复扮演某种角色，进行和自己职业相应的活动，从而相应地形成不同的性格特征。一般说来，科学家具有实事求是、独立思考、一丝不苟的性格特征；文艺工作者具有活泼开朗、富于想象、感情丰富的性格特征，这些都与他们长期从事的特定社会实践有关。

5. 自我教育的影响

家庭、学校、社会环境因素等一切外来的影响，都必须通过个体的自身调节才起作用。因此，从这个意义上讲，每个人都在塑造自己的性格。随着中学生自我意识的发展，自我调控能力的增强，他们常常能主动地分析自己的性格特征，自觉地扬长避短，积极主动地形成良好的性格特征，克服不良的性格特征，从被控制者转变为自我控制者和自我教育者。

综上所述，遗传决定了性格发展的可能性，环境决定了性格发展的现实性，其中，学校教育起了关键的作用，自我调节是性格发展的内部因素。

五、性格差异的教育意义

1. 性格有好坏之分

性格之所以有好坏之分,是因为性格特征具有社会文化价值,它反映的是人格的社会属性。有的性格特征符合某种文化需要,而有的就不符合。如有责任感、助人为乐、友善等特征,符合我们的社会文化需要,但虚伪、狡诈等特征就不符合我们的社会文化需要。教育教学中教师要积极培养学生良好的、健康的性格特征。

2. 性格为因材施教提供了依据

由于每个人的经历不同,性格差异较大,同样的教学方法对不同性格的学生会有不同的效果,教育教学中要依据学生不同的性格采取不同的教育措施,因材施教,所以性格也是进行教育的依据。如对那些骄傲、自负、情绪控制力差的学生应该坚持耐心细致的说服教育,避其锋芒;对于性格软弱、自卑的学生,可以布置一些力所能及的事情,并在方法上加以指导,在取得一定成绩时及时表扬鼓励。

3. 性格可以影响学生的学习方式、学习速度和质量

性格还会影响学生对学习内容的选择,影响学生的社会性学习和个体社会化。

历年真题

【5.15】初中生小黄热爱班集体、学习认真、对自己要求严格,小黄的这种性格特征属于(   )。
A. 态度特征   B. 理解特征   C. 情绪特征   D. 意志特征

【5.16】中学生王晓楠极端争强好胜、性格急躁、富有竞争意识、外向、常常处于紧张状态,很难使自己放松,王晓楠的人格属于(   )。
A. A 型人格   B. B 型人格   C. C 型人格   D. D 型人格

【5.17】小林诚实、内向、谦虚、勤劳,且具有亲和力。这些描述的是(   )。
A. 性格特征   B. 能力特征   C. 气质特征   D. 认知特征

本章小结

1. 人格具有整体性、独特性、稳定性、社会性的特征。
2. 智力是使人能顺利地从事某种活动所必需的一般性认知能力,由注意力、观察力、记忆力、想象力和思维力等基本因素组成。
3. 能力是一种直接影响活动效率,使活动顺利完成所必须具备的个性心理特征。
4. 根据不同的划分标准,能力可分为:一般能力和特殊能力,认知能力、操作能力和社交能力,模仿能力和创造能力。
5. 创造力是指个体对已知信息进行加工产生出某种新颖、独特、有社会或个人价值的产品的能力,创造性思维是其核心和基础。
6. 气质是指人的心理活动比较稳定的动力特性。气质分为胆汁质、多血质、黏液质和抑郁质四种典型的类型。气质类型无好坏之分。

7. 性格是一个人对现实的比较稳定的态度和与之相应的习惯化的行为方式。性格有好坏之分。

本章要点回顾

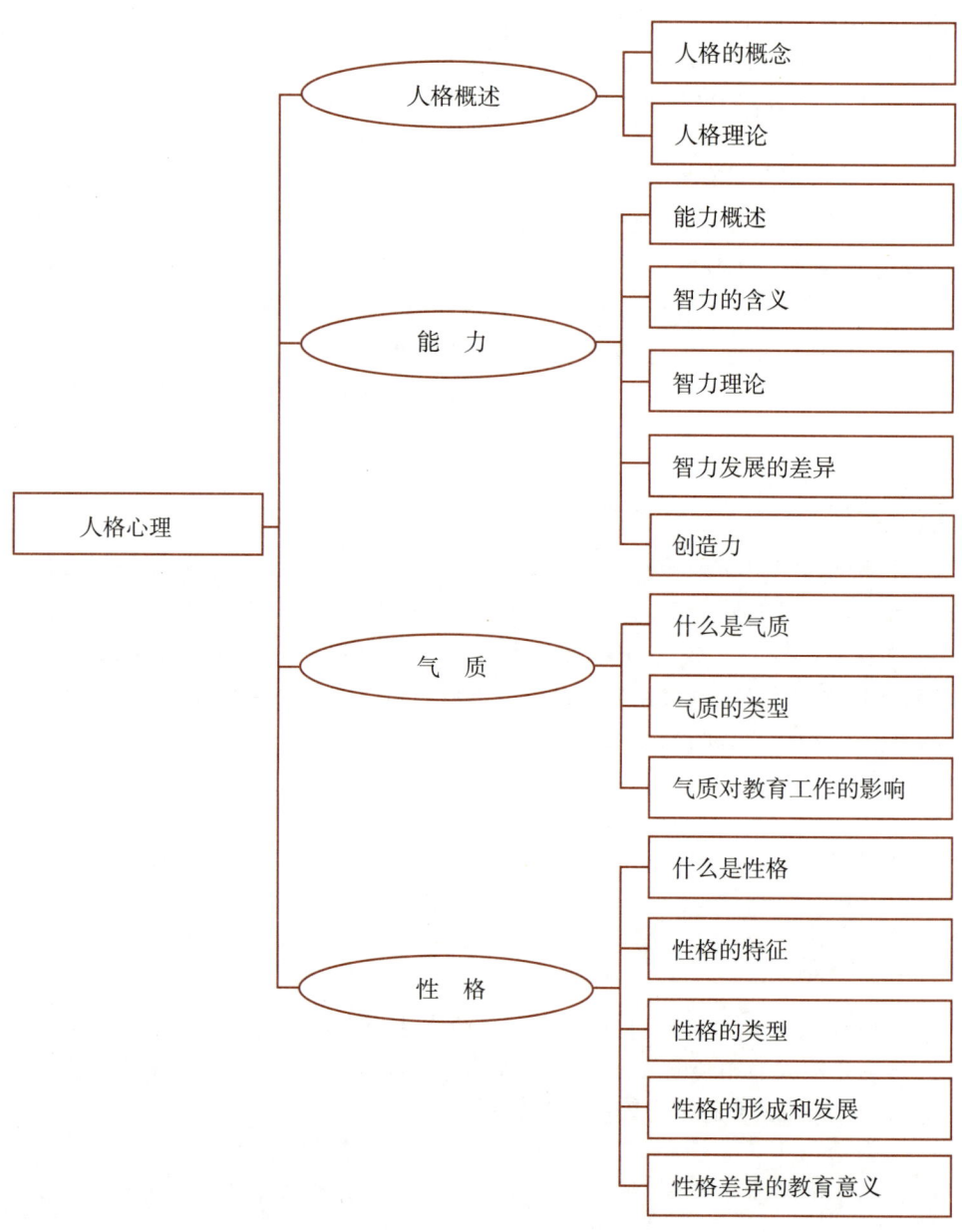

第六章

学习与学习理论

☞ **学习完本章，应该做到：**

◎ 了解学习的含义及分类。
◎ 了解行为主义、认知主义、建构主义、人本主义等学习理论。
◎ 会在实践中运用行为主义、认知主义、建构主义、人本主义等学习理论。

☞ **学习本章时，重点内容为：**

◎ 学习的含义。
◎ 认知主义学习理论、建构主义学习理论。

> 本章从学习的概念入手，介绍了加涅和奥苏贝尔关于学习的分类，阐述了行为主义、认知主义、建构主义、人本主义等学习理论。
> 在学习过程中，应掌握行为主义、认知主义、建构主义、人本主义等学习理论，掌握这些理论可以在宏观上指导和规划我们的学习活动。

【引子】

建构主义学习理论认为知识只是对现实的一种解释和假设，而且这种解释和假设不是问题的唯一正确的答案和最终答案，知识必将随着人类认识的深入而不断地变革、升华和改写，从而出现新的知识。知识并不能精确地概括世界的法则，它所提供的方法不可能对任何问题都适用。知识通过语言、文字等表现出来，但并不是任何学习者都能够理解或有同样的理解。真正对知识的理解是学习者根据自己的经验背景而建构起来的。

第一节　学 习 概 述

一、学习的概念

学习是个体在特定的情境下由于练习或反复经验而产生的行为或行为潜能的比较持久的改变。心理学上把学习分为广义学习和狭义学习两种。广义学习是指人和动物在生活过程中，凭借经验而产生的行为或行为潜能的相对持久变化。狭义学习是指人类的学习，即受教育者在教育者的指导下，有目的、有计划、有组织地获得知识，形成技能，培养才智的过程。

学习不仅指学习后所表现的结果，如会用筷子吃饭、会骑自行车等，而且还包括从不会用筷子到会用筷子、从不会骑自行车到会骑自行车的行为变化的过程；学习行为既包括可观察的外显行为，如读书、写字，也包括不能直接观察的内潜行为，如思想、观点的获得。学习的行为变化是由经验引起的，经验是个体在后天活动中获得的，因此，那些由遗传、成熟或机体损伤等导致的行为变化，如吞咽、身体发育、残疾行为等，不能称为学习。

学习的行为变化是比较持久的，由适应、疲劳、药物使用等也能引起行为变化，如运动员服用兴奋剂，成绩暂时提高，但这样的行为变化是比较短暂的，因此也不能称为学习。

历年真题

【6.1】辨析题：行为改变都是学习的结果。
【6.2】辨析题：学习所引起行为或行为潜能的变化是短暂的。

二、学习的分类

（一）加涅关于学习的划分

美国教育心理学家加涅根据学习情境由简单到复杂、学习水平由低到高，把学习分为八类。

（1）信号学习：学习对某种信号做出某种反应。其过程是：刺激-强化-反应。经典性条件作用就是一种信号学习。

（2）刺激-反应学习（S-R学习）：即操作性条件作用，与经典性条件作用不同，其过程是：情境-反应-强化，即先有情境，做出反应动作，然后得到强化。如，看见学过的单词，就会进行正确的朗读。

（3）连锁学习：是对一系列刺激-反应的组合的学习。如学蛙泳必须学会用手臂划水、蹬腿夹水、抬头呼吸，然后将这三个主要动作组成和谐的刺激-反应系列。

（4）言语联想学习：也是对一系列刺激-反应的组合的学习，但它是由语言单位所组合的连锁学习，如将单词组合为合乎语法的句子。

（5）辨别学习：即学会识别多种刺激的异同并对之做出不同的反应。

（6）概念学习：对刺激进行分类时，学会对一类刺激做出同样的反应，也就是对事物的抽象特征的反应，如会辨别什么样的图形是圆形。

（7）规则或原理的学习：规则或原理是指两个或两个以上概念的联合，规则或原理的学习即了解两个或两个以上概念之间的关系。

（8）解决问题的学习：即学习在各种情况下，使用所学规则去解决问题。

前三类学习都是简单反应，许多动物也能完成。而且事实上，这几类学习大多是从动物实验中概括出来的。1971年，加涅对这种分类做了修正，把前四类学习合并为一类，把概念学习扩展为具体概念学习和定义概念学习两类，具体分类如下：

（1）连锁学习；
（2）辨别学习；
（3）具体概念学习；
（4）定义概念学习；

(5) 规则或原理的学习；

(6) 解决问题的学习。

加涅按学习的结果，又把学习分为五类：

(1) 言语信息学习，即学生掌握的是以言语信息传递的内容或者学生的学习结果是以言语信息表达出来的。

(2) 智慧技能学习。智慧技能的学习要解决"怎么做"的问题，表现为处理外界的符号和信息的能力。在各种水平的学习中都包含着不同的智慧技能学习。

(3) 认知策略学习。认知策略是学习者用以支配自己内部注意、学习、记忆和思维活动的才能，这种才能使得学习过程的执行控制成为可能。因此，从学习过程来看，认知策略就是控制过程，它能激活和改变其他的学习过程。

(4) 态度的学习。态度是通过学习获得的内部状态，这种状态影响着个人对某种事物、人物及事件所采取的行动。学校的教育目标应该包括态度的培养，态度可以从各种学科的学习中得到，但更多的是从校内外活动中和家庭中得到。

(5) 运动技能的学习。运动技能又称动作技能，如体操技能、写字技能、作图技能、操作仪器技能等，它也是能力的组成部分。

（二）奥苏贝尔关于学习的划分

根据学习方式的不同，美国认知教育心理学家奥苏贝尔将学习分为接受学习和发现学习两种。接受学习是将学生要学习的概念、原理等内容以结论的方式呈现在学生面前，教师传授，学生接受。发现学习是指学生要学习的概念、原理等内容不直接呈现，需要学生通过独立思考、探索、发现而获得。根据学习内容与学习者原有知识的关系不同，奥苏贝尔还将学习分为机械学习和有意义学习两种。机械学习是指当前的学习没有与已有知识建立某种有意义的联系；有意义学习是指当前的学习与已有知识建立起实质性的、有意义的联系。

> **历年真题**
>
> 【6.3】简答题：加涅将学习分为哪几类？

第二节 学习理论

一、行为主义学习理论

美国心理学家华生在20世纪初创立了行为主义学习理论，在桑代克（美国心理学家）、斯金纳等的影响下，行为主义学习理论在美国占据主导地位长达半个世纪之久。斯金纳将行为主义学习理论推向了高峰，他提出了操作性条件作用原理，并对强化原理进行了系统的研究，使强化理论得到了完善和发展。他根据操作性条件作用原理设计的教学机器和程序教学法曾经风靡世界。

华生认为：人类的行为都是经过学习而获得的，也可以通过学习而更改、增加或消除；环境决定了一个人的行为模式，人类如果掌握了环境刺激与行为反应之间的规律性关系，就能根据刺激预知反应，或根据反应推断刺激，达到预测并控制人的行为的目的。他认为行为就是有机体用以适应环境刺激的各种躯体反应的组合，有的表现在外表，有的隐藏在内部，在他眼里，人和动物都遵循同样的规律。

行为主义学习理论强调可观察的行为，认为行为的多次愉快或痛苦的后果改变了个体的行为。桑代克的联结–试误学习理论可作为行为主义学习理论的代表学说。

（一）巴甫洛夫的经典性条件作用原理

俄国生理学家巴甫洛夫观察了狗进食时的唾液分泌。他发现狗吃到食物时会分泌唾液，这属于无条件反射，引起这种反应的刺激是食物，称为无条件刺激。如果在狗每次进食时摇响铃铛，狗就会逐渐"学会"在只有铃响但没有食物的情况下分泌唾液。一个中性的刺激与一个原来就能引起某种反应的刺激相结合，而使动物学会对中性刺激做出反应，这就是经典性条件作用。

经典性条件作用的主要规律如下：

（1）强化。

中性刺激与无条件刺激在时间上的结合称为强化，强化的次数越多，条件反射就越巩固。条件刺激并不限于听觉刺激，一切来自体内外的有效刺激只要跟无条件刺激在时间上结合（即强化），都可以成为条件刺激，形成条件反射。一种条件反射巩固后，再用另一个新刺激与条件反射相结合，还可以形成第二级条件反射。同样，还可以形成第三级条件反射。在人身上则可以建立多级的条件反射。

（2）泛化与分化。

泛化是指某种特定条件刺激反应形成后，与之类似的刺激也能激发相同的条件反应，如狗对铃声产生唾液分泌反应后，对近似铃声的声音也会产生反应。"一朝被蛇咬，十年怕井绳"便是获得与泛化的最好例证。分化是指通过选择性强化和消退，使有机体学会对条件刺激和与条件刺激相类似的刺激做出不同的反应，即辨别相似但不同的刺激并做出不同的反应。泛化和分化是一个互补的过程，泛化能使我们的学习从一种情境迁移到另一种情境，而分化能使我们对不同的情境做出不同的恰当反应，从而避免盲目行动。

（3）消退。

对条件刺激反应不再重复呈现无条件刺激，即不予强化，反复多次后，已习惯的反应就会逐渐消失，如学会对铃声产生唾液分泌的狗，在一段时间听到铃声而不喂食之后，可能对铃声不再产生唾液分泌反应。

（4）恢复。

消退了的条件反应，即使不再给予强化训练，也可能重新被激发，再次出现，这称为自然恢复作用。

> 历年真题

【6.4】 在心理学实验中，为了使小狗能够区分开圆形光圈和椭圆形光圈，研究者只在圆形光圈出现时才给予食物强化，而在呈现椭圆形光圈时不给予强化，那么小狗便可以学会只对圆形光圈做出反应而不理会椭圆形光圈。该过程称为（　　）。
A. 刺激分化　　B. 刺激泛化　　C. 刺激获得　　D. 刺激消退

（二）桑代克的联结-试误学习理论

桑代克是美国心理学家，也是现代教育心理学的奠基人。桑代克认为学习的实质在于形成情境与反应之间的联结，他认为情境（以 S 代表）有时也叫刺激，包括外界情境和思想、情感等大脑内部情境。反应（以 R 代表）包括"肌肉与腺体的活动"和"观念、意志、情感或态度"等内部反应。所谓联结就是结合和关系，即形成 S-R 联结，是指某种情境只能唤起某种反应，而不能唤起其他反应的倾向。情境与反应之间是直接的联系，不需要任何中介。

桑代克认为联结即本能的结合，是先天决定的本能趋向。他把联结的观点应用到人类的学习上，认为人类所有的思想、行为和活动，都能分解为基本的单位刺激和反应的联结。他强调联结是在尝试错误的过程中建立起来的，学习的进程是一种渐进的、盲目的、尝试错误的过程。在此过程中，随着错误反应的逐渐减少和正确反应的逐渐增加，而终于在刺激与反应之间形成牢固的联结。桑代克用不同的动物进行实验，结果相当一致，由此，他认为联结的形成是遵循着一定规律的，即准备律、练习律、效果律。1930 年以后，桑代克对练习律和效果律做了修改，认为练习并不能无条件地增强情境与反应之间的联结的力量，而只有伴随着满意感时，练习才有作用。对于效果律，他认为烦恼对联结并无直接的削弱，只承认满意能增强联结。

> 历年真题

【6.5】 学习过程就是"尝试错误的过程"这一观点属于哪种学习理论？（　　）
A. 行为主义　　B. 认知主义　　C. 人本主义　　D. 建构主义

（三）斯金纳的操作性条件作用原理

斯金纳以白鼠、鸽子作为研究对象进行了大量的实验研究。斯金纳认为学习实质上是一种反应概率上的变化，而强化是增强反应概率的手段。他认为，人和动物的行为有两种：应答性行为和操作性行为。应答性行为是由特定刺激所引起的，是经典条件作用的研究对象。而操作性行为则不与任何特定刺激相联系，是有机体自发做出的随意反应，是操作性条件作用的研究对象。操作性行为主要受强化规律的制约，如果一个操作发生后，接着给予一个强化刺激，那么其强度就增加。斯金纳的操作性条件作用所建立的原理，在许多动物和人类的学习中得到印证。例如，鸽子偶一抬高头，受到强化，此后会继续抬高它的头；婴儿偶尔叫一声"妈"，妈妈便报以微笑和爱抚，于是孩子学会了叫"妈妈"。操作性条件作用的形成依赖于有机体做出一定的动作反应。

操作性条件作用的基本规律如下：

(1) 强化。

强化有正强化（实施奖励）与负强化（撤销惩罚）之分。正强化是指给予一个愉快刺激，从而增强其行为出现的概率。例如，饥饿的白鼠按压杠杆得到食物，食物就是正强化。负强化是指摆脱一个厌恶刺激，从而增强其行为出现的概率。例如，白鼠处于轻微的电击中，一旦按压杠杆，电击即解除，停止电击就是负强化物。它同样增加动物的压杆反应。需要注意的是，无论是正强化还是负强化，其结果都是增加行为再次出现的概率，促进行为的发生。

(2) 逃避条件作用与回避条件作用。

逃避条件作用是指当厌恶刺激出现时，有机体做出某种反应，从而逃避了厌恶刺激，则该反应在以后的类似情境中发生的概率便增加。例如，经过某个巷子看到狗之后害怕，赶紧换一条道路。回避条件作用是指当预示厌恶刺激即将出现的刺激信号呈现时，有机体也可以自发地做出某种反应，从而避免了厌恶刺激的出现，则该反应在以后的类似情境中发生的概率便增加。逃避条件作用与回避条件作用都是负强化的条件作用类型。例如，昨天听同学说某个常走巷子有条狗，今天直接绕过去不走那条道路。

(3) 消退。

有机体做出以前曾被强化过的反应，如果在这一反应之后不再有强化物相伴，那么，此类反应在将来发生的概率便降低，称为消退。消退是一种无强化的过程，其作用在于降低某种反应在将来发生的概率，以达到消除某种行为的目的。因此，消退是减少不良行为、消除坏习惯的有效方法。例如，妈妈对于小明看到东西就吵闹着想买的行为不予理睬。

(4) 惩罚。

当有机体做出某种反应以后，呈现一个厌恶刺激（如体罚、谴责等），以消除或抑制此类反应的过程，称作惩罚。惩罚与负强化有所不同，负强化是通过厌恶刺激的排除来增加反应在将来发生的概率，而惩罚则是通过厌恶刺激的呈现来降低反应在将来发生的概率。惩罚的运用必须慎重，惩罚一种不良行为应与强化一种良好行为结合起来，方能取得预期的效果。需要注意的是，无论是消退还是惩罚，其结果都是降低行为再次出现的概率，减少行为的发生。例如，上课不认真听讲受到老师的批评。

> **历年真题**

【6.6】张老师在教学中经常用奖励来激发学生的学习动机，培养学生良好的学习习惯，张老师的这种做法符合（　　）。

　　A. 人本主义学习理论　　　　B. 行为主义学习理论
　　C. 认知主义学习理论　　　　D. 建构主义学习理论

【6.7】如果一个家长想用玩游戏来强化孩子认真完成作业的行为，最合理的安排

应该是让孩子（　　）。

A. 玩儿完游戏后做作业　　B. 自己规定游戏时间
C. 边玩游戏边做作业　　　D. 完成作业后玩游戏

（四）班杜拉的社会学习理论

班杜拉认为社会学习理论探讨的是个人的认知、行为与环境因素三者及其交互作用对人类行为的影响。由于人总是生活在一定的社会条件下的，所以班杜拉主张要在自然的社会情境中而不是在实验室里研究人的行为。

班杜拉认为学习的实质是观察学习。班杜拉认为行为习得有两种不同的过程：一种是通过直接经验获得行为反应模式的过程，另一种是通过观察示范者的行为而习得行为反应模式的过程。班杜拉认为观察学习是人的学习的最重要的形式。

观察学习的过程由以下四个子过程构成：

（1）注意过程是观察学习的起始环节，在注意过程中示范者行动本身的特征、观察者本人的认知特征以及观察者和示范者之间的关系等诸多因素影响着学习的效果。

（2）在观察学习的保持阶段，要使示范行为在记忆中保持，需要把示范行为以符号的形式表象化。通过符号这一媒介，短暂的榜样示范就能够被保持在长时记忆中。

（3）在复现过程中，观察者把记忆中的符号和表象转换成适当的行为，即再现以前所观察到的示范行为。

（4）在动机过程中，观察者因表现所观察的行为而受到激励。

二、认知主义学习理论

认知主义学习理论重视人在学习或记忆新信息、新技能时不能观察到的心理过程，注重理论在教学过程设计和教学生学会学习方面的实际应用。认知主义学习理论早期的代表有格式塔学派，其后有布鲁纳、奥苏贝尔、加涅等。

（一）格式塔学派的完形-顿悟学习理论

格式塔学派又称完形派，完形派认为学习是组织一种完形，完形指的是事物的式样和关系的认知。学习过程中问题的解决，是由于对情境中事物关系的理解而构成一种完形来实现的。完形派认为学习的成功完全是由于"顿悟"的结果，即突然地理解了，而不是"试误"。顿悟是对情境全局的知觉，是对问题情境中事物关系的理解，也就是完形的组织过程。

（二）布鲁纳的认知-发现学习理论

美国教育心理学家布鲁纳的认知-发现学习理论强调学习是认知结构的组织与重新组织。学习的实质在于主动地形成认知结构，认知结构是人的认识活动赖以形成的心理结构。认知结构是递进的、多层次的，由低级向高级水平发展。布鲁纳认为认知结构是人对外界物质世界进行感知和概括的一般方式，是在过去经验的基础上形成的，并在学习过程中不断变动。认知结构的形成是进一步学习和理解新知识的重要内部因素和基础。

布鲁纳非常重视人类学习的主动性，认为人类的学习是主动学习。其具体表现在：重视已有经验在学习中的作用，认为学习者总是在已有经验的基础上，对输入的新思想进行组织与重新组织；重视学生学习的内在动机与发展学生的思维，认为学习的最好动机是对所学材料本身的兴趣，不宜过分重视奖励、竞争之类的外在刺激。

布鲁纳认为学习一门学科包含三个差不多同时发生的过程，即新知识的获得、知识的转化、评价。新知识的获得是与已有知识经验、认知结构发生联系的过程，是主动认识理解的过程，通过"同化"或"顺应"使新知识纳入已有的知识结构。知识的转化是对新知识进一步分析和概括，使之转化为另一种形式，以适应新的任务。评价是对知识转化的一种检验，看对知识的分析、概括是否恰当，运算是否正确等。布鲁纳认为学生学习任何一门学科都会遇到一连串的新知识，每一新知识的学习都要经过获得、转化和评价三个过程。[①]

布鲁纳提倡发现学习，发现学习就是让学生独立思考，改组材料，自行发现知识，掌握原理、原则。布鲁纳强调发现不限于那种寻求人类尚未知晓的事物的行为，发现包括用自己的头脑亲自获得知识的一切形式或方法。他认为不论是在校学生凭自己的力量所做出的发现，还是科学家努力于日趋尖端的研究领域所做出的发现，按其实质来说，都不过是把现象重新组织或转换，使人能超越现象进行组合，从而获得新的领悟而已，即学生也要像科学家那样通过发现的方法进行学习。

布鲁纳强调发现学习，是基于他对教学目标的看法。他认为：教学不仅应当尽可能使学生牢固地掌握科学内容，还应当尽可能使学生成为自主且自动的思想家，这样的学生在正规的学校教育结束之后，将会独立地向前迈进。

（三）奥苏贝尔的有意义学习理论

奥苏贝尔从两个维度对学习做了区分：从学生学习的方式上将学习分为接受学习与发现学习，从学习内容与学习者认知结构的关系上又将学习分为有意义学习和机械学习。奥苏贝尔认为学生的学习主要是接受学习，而不是发现学习。接受学习是教师将学习内容以定论的形式直接呈现给学生，教师传授，学生接受。自实行班级授课制以来，接受学习一直是课堂学习的主要形式，但这种学习形式一直被误解为机械学习。奥苏贝尔认为接受学习和发现学习一样既可以是有意义的，也可以是机械的。那种只发现点滴的事实，而不理解其中的规律的发现学习实际上是机械的发现学习。奥苏贝尔认为学校中的学习应该是有意义的接受学习和有意义的发现学习，但他更强调有意义的接受学习，认为它可以在短时间内使学生获得大量的系统知识，这正是教学的首要目标。奥苏贝尔认为，有意义学习的实质就是以符号代表的新观念与学习者认知结构中原有的适当观念建立起非人为的和实质性联系的过程。

实现有意义学习需要具备以下条件：第一，有意义学习材料本身必须有逻辑意义，即学习材料可以和学习者认知结构中的适当观念建立起非人为的和实质性的联系；第

[①] 桑青松等. 学习策略的原理与实践. 合肥：安徽教育出版社，2006：202-203.

二，学习者必须具备有意义学习的倾向，即积极主动地把新知识与学习者认知结构中原有的适当知识联系起来的倾向性；第三，学习者认知结构中必须具有同化新知识的适当观念，学习者必须积极主动地使具有逻辑意义的新知识与其原有认知结构中的有关的旧知识发生相互作用，旧知识得到改造，新知识获得实际意义。

（四）加涅的信息加工学习理论

加涅认为学习过程是信息的接收和使用过程。学习是主体和环境相互作用的结果，学习者内部状况与外部条件是相互依存、不可分割的统一体。

加涅将学习过程看作是信息加工流程，来自环境的刺激作用于学习者的感受器，然后到达感觉记录器，信息在这里经过初步的选择处理，停留的时间还不到一秒钟，便进入短时记忆，信息在这里也只停留几秒钟，然后进入长时记忆。以后当需要回忆时，信息从长时记忆中提取而回到短时记忆中，然后到达反应发生器，信息在这里经过加工便转化为行为，作用于环境，这样就发生了学习。

加涅认为学习的外部条件和内部条件应加以区别，发生在学习者头脑里（中枢神经系统）的内部活动是学习过程，它是在外界影响下发生的。教学是有目的、有计划地发动、激发、维持和提高学习者学习的一整套外部条件。在此基础上，加涅提出了他的学习过程的八个阶段和相应心理过程的假设，即动机产生阶段、了解阶段、获得阶段、保持阶段、回忆阶段、概括阶段、作业阶段、反馈阶段。

三、建构主义学习理论

建构主义学习理论是认知主义学习理论的新发展，对当前的教学改革产生了深远的影响。建构主义学习理论认为：知识是个体对现实世界建构的结果；学习者对外部世界的理解是本人积极建构的结果，而不是被动地接受别的什么人呈现给他们的东西，而当学习者对现实世界的原有观念与新的观察之间出现不一致，原有观念失去平衡时，便产生了创造新的规则和假设的需要；学习是学习者运用自己的经验去积极地建构对自己富有意义的理解，而不是去理解那些用已经组织好的形式传递给他们的知识，学习活动是一个创造性的理解过程。

相对于一般的认识活动而言，学习主要是一个"顺应"的过程，即认知结构的不断变革或重组，而认知结构的变革或重组又正是新的学习活动与认知结构相互作用的直接结果。按照建构主义学习理论的观点，"顺应"正是主体主动的建构活动。建构主义学习理论强调学习者的积极主动性，强调新知识与学习者原有知识的联系，强调将知识应用于真实的情境中而获得理解。

建构主义学习理论认为，学生的学习是在学校这样一个特定的环境中，是在教师的直接指导下进行的，主要是一种文化继承的行为，即学习这一特殊的建构活动具有明显的社会性质，是一种高度化了的社会行为。学习并非一种孤立的个人行为，适当的环境不仅是学习的一个必要条件，而且也在很大程度上决定了智力的发展方向。

建构主义学习理论认为学生学习的结果是建构围绕着关键概念的网络结构知识，包括事实、概念、概括化以及有关的价值、意向、过程知识、条件知识等。其中关键概念是结构性知识，而网络的其他方面含有非结构性知识。因此，建构主义学习理论认为学习的结果既包括结构性知识，也包括非结构性知识，而且认为这是高级学习的结果。

美国伊利诺伊大学的斯皮罗等人认为学习可以分为初级学习和高级学习。初级学习是学习的低级阶段，在该阶段，学生知道一些重要的概念和事实，在测验中能将所学的东西按原样再生出来，这里所涉及的内容主要是结构良好的领域。高级学习要求学生把握概念的复杂性，并广泛而灵活地运用到具体情境中，这时所涉及的是大量结构不良领域的问题。概念的复杂性和概念实例间的差异性是结构不良领域的两个主要特点。斯皮罗认为结构不良领域是普遍存在的，只要将知识运用到具体情境中去，都有大量结构不良的特征。因此，在解决实际问题时，往往不能靠简单地提取出某一个概念原理，而是要通过多个概念原理以及大量的经验背景的共同作用来实现。美国心理学家维特罗克提出的学习的生成过程模式较好地说明了学习的这种建构过程。维特罗克认为，学习的生成过程是学习者原有的认知结构即已经储存在长时记忆中的事和脑的信息加工策略，与从环境中接受的感觉信息（新知识）相互作用，主动地选择信息和注意信息，以及主动地建构信息的意义的过程。

以建构主义学习理论为基础，建构主义学派提出了探究学习、支架式教学、情境教学、合作学习的思想。

（1）探究学习。

探究学习就是基于问题解决活动来建构知识的过程。在教学过程中，应该是通过有意义的问题情境，让学生通过不断地发现问题和解决问题，来学习与所探究的问题有关的知识，形成解决问题的技能以及自主学习的能力。换言之，探索学习是指学生积极主动地参与、主动地体验，通过这些活动形成自己的知识与理解的学习方式。

（2）支架式教学。

支架式教学是指教师或其他人与学习者共同完成学习活动，为学习者提供外部支持，帮助他们完成无法独立完成的任务。随着活动的进行，逐渐减少外部支持，让学生独立活动，直到最后完全撤去支架。

（3）情境教学。

建立在有感染力的真实事件或真实问题基础上的教学称为情境教学。知识、学习是与情境化的活动联系在一起的。学生应该在真实任务情境中，尝试着发现问题、分析问题、解决问题。

（4）合作学习。

合作学习是指通过讨论、交流、观点争论，相互补充和修改，共享集体思维成果，完成对所学知识的意义的建构过程。合作学习主要是以互动合作（师生之间、学生之间）为教学活动取向，以学习小组为基本组织形式，来共同达成教学目标的。

四、人本主义学习理论

20世纪五六十年代，人本主义心理学在美国兴起，马斯洛和罗杰斯为其主要代表人物。人本主义心理学家认为，人都有自我实现的需要，心理学研究要了解人的本性、尊重人的价值，并懂得发掘人的潜能，关注人的成长和发展过程。

人本主义学习理论是人本主义心理学在教育领域的探索成果，人本主义心理学家关注学生情感和认知，注重激发学生学习的自主性和积极性。它提出了以学生为中心的教学观、知情合一的教学目标观、有意义的自由学习观以及学生的自我评价机制等教育观点，促进了当代教育改革运动的发展。

（1）以学生为中心的教学观。

人本主义学习理论认为，学生是教学活动的中心，教师是学生学习的促进者。学习是学生个人自主发起的，学习对认知、行为态度和情感等多方面产生影响。

人本主义学习理论在教学中主张以学生为中心，放手让学生自由选择，自己发现。当学生意识到学习内容有意义并与自身需要息息相关时，最容易激发其自主性和积极性。

（2）知情合一的教学目标观。

人本主义学习理论认为，学习是学习者自我参与的过程，包括认知和情感，内在动力在学习中起主要作用。教育的目标是培养情感和认知相统一的人，强调特别关注学生情感因素对教学活动的影响。人本主义学习理论主张引导学习者结合自身认知和已有经验，挖掘潜在的创造力，通过对自我的肯定，实现自我价值。

（3）有意义的自由学习观

人本主义心理学家认为人类学习是学习者潜在学习能力的发挥过程。人的学习是对自身有意义的活动，而整个实施过程中最有价值的是学会怎样有效提升自己的学习能力和创造能力。教师以尊重学生个体自主发展实现自我价值为前提，在教学内容的安排上结合学生的兴趣爱好，作出调整和优化。教师要尽可能还给学生足够的学习自由，尽量去除不必要、不适合的事项。

（4）学生的自我评价机制。

人本主义学习理论认为，学习的结果由学习者自我评价，即他们知道自己想学什么和自己学到了什么。

学生从自身实际出发，对学习效果进行总结评价，查漏补缺，可以让整个学习过程更系统、更高效。当然，在尊重学生主观能动性的前提下，教师也可以适当采用奖惩措施，起到一定的鼓励和督促作用。

☞ 本章小结

1. 学习是个体在特定的情境下由于练习或反复经验而产生的行为或行为潜能的比较持久的改变。狭义学习是指人类的学习，即受教育者在教育者的指导下，有目的、有计划、有组织地获得知识，形成技能，培养才智的过程。

2. 加涅根据学习情境由简单到复杂、学习水平由低到高，把学习分为八类，即信号学习、刺激-反应学习、连锁学习、言语联想学习、辨别学习、概念学习、规则或原理的学习、解决问题的学习。按学习的结果，又把学习分为五类，即言语信息学习、智慧技能学习、认知策略学习、态度的学习、运动技能的学习。奥苏贝尔根据学习方式的不同,将学习分为接受学习和发现学习两种。

3. 行为主义学习理论强调可观察的行为,认为行为的多次愉快或痛苦的后果改变了个体的行为。行为主义学习理论的联结理论认为人类所有的思想、行为和活动,都能分解为基本的单位刺激和反应的联结。联结是在尝试错误的过程中建立起来的。学习的进程是一种渐进的、盲目的、尝试错误的过程。随着错误反应的逐渐减少和正确反应的逐渐增加,而终于在刺激与反应之间形成牢固的联结。

4. 认知主义学习理论强调整体观,注重学习过程中内部的心理结构、认知结构或图式的建构。

5. 建构主义学习理论认为学习者对外部世界的理解是本人积极建构的结果,而不是被动地接受别的什么人呈现给他们的东西,而当学习者对现实世界的原有观念与新的观察之间出现不一致,原有观念失去平衡时,便产生了创造新的规则和假设的需要。

6. 人本主义学习理论认为学习就是学习者获得知识、技能和发展智力,探究自己的情感,学会与教师、同学交往,阐明自己的价值观和态度,实现自己的潜能,达到最佳境界的过程。

☞ 本章要点回顾

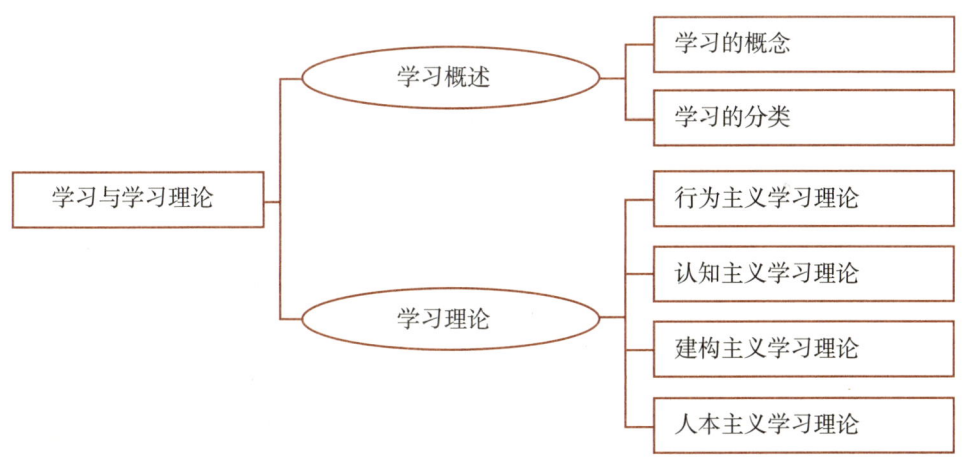

第七章

学习动机、学习迁移和学习策略

👉 学习完本章，应该做到：

◎ 了解学习动机、学习迁移和学习策略的概念、分类。
◎ 理解学习动机、学习迁移的基本理论。
◎ 掌握学习动机、学习迁移与教学的关系。
◎ 掌握学习策略在学习中的运用。

👉 学习本章时，重点内容为：

◎ 学习动机、学习迁移的概念、分类。
◎ 复述策略、精细加工策略、组织策略、时间管理策略。
◎ 学习迁移与教学的关系。

> 本章介绍了学习动机、学习迁移和学习策略的概念、分类，阐述了学习动机、学习迁移的基本理论，分析了如何激发与培养中学生的学习动机、如何有效地促进中学生学习迁移。
>
> 在学习过程中，应掌握如何培养和激发学生的学习动机以及如何充分运用学习迁移的规律为教学服务；掌握学习策略在学习中的运用。

【引子】

这是一个运用谐音法巧记圆周率的故事。山村私塾里的老先生上课时突然酒瘾发作，于是骗学生说自己有点事去去就来，布置学生背诵圆周率的前23位数字，即3.1415926535897932384626。一个调皮的学生说："先生有事去了，却让我们记这些枯燥的数字，我们出去玩吧。"大家一窝蜂跑出了教室，在学校边的山上奔跑、追逐、打闹，早已把背圆周率的事抛到了九霄云外。正玩在兴头上，忽然一个学生叫道"看！我们的先生在那边呢！"学生们顺着他手指的方向看过去，果然看到老先生正和一个和尚在山顶寺庙旁的凉亭中饮酒。"先生与和尚喝酒寻找快乐，却让我们背诵枯燥的数字，真恨不得酒能毒死他！"一个学生愤愤地说。另一个学生无奈地说："酒怎么会毒死他呢？我们还是玩自己的吧。"一个才思敏捷的学生见此情景，随口说道："山巅一寺一壶酒，尔乐苦煞吾，把酒吃，酒杀尔，杀不死，乐而乐。"有一个学生听了高兴地大叫："会背了！我会背诵圆周率了！"其他学生疑惑不解，问明原因后，纷纷称妙。你知道他们是怎么背诵圆周率的吗？

第一节 学习动机

一、学习动机

（一）学习动机的含义

学习动机是指激发与维持个体的学习行为，并使之朝向一定目标的内在过程或内部心理状态。[①] 学习动机的两个基本成分是学习需要和学习期待，两者相互作用形成学习的动机系统。学习动机并不直接卷入学习的认知过程，而是通过一些中介机制来影响认知过程。学习动机给学生以动力并对其学习进行调节，强烈的学习动机有助于唤醒学习的情绪状态，增强学习的准备状态，使学生集中注意力，以及提高学生的努力程度和意志力。

学习动机与学习行为是相互作用的。学习动机推动学习行为，反之学习行为又能产生或增强后续学习的动机。例如，学生为解决某一问题学习物理知识，而学习物理知识使他获得了求知乐趣、成功的体验以及自我提高，通过学习他也感到自身知识的薄弱，从而产生了进一步学习物理知识的动机。

历年真题

【7.1】辨析题：学习动机是学生进行学习活动的内部动力，学习动机越强，学习效率越高。

【7.2】简答题：学习动机的定义与功能是什么？

（二）学习动机的功能

学习动机的功能主要有以下几个方面：

1. 激活功能

学习动机能促使个体产生学习行为。就这一功能来说，学习动机是引起学习行为的原动力，对学习行为起着始动作用。例如，某学生知道自己的英语听力能力较差，产生了要训练听力的动机，他便在这一学习动机的驱动下，出现了相应的学习行为——观看英语原声电影。

2. 指向功能

学习动机能使学生的学习行为指向某一特定目标。就指向功能来说，学习动机是引导学生学习行为的指示器，对学习行为起着导向作用。上例中，那位学生在要训练听力这一动机的引导下，将所激发的观看美国原声电影这一学习行为明确指向训练听力这一目标，观看时把注意集中在电影中的人物对话上。

3. 强化功能

学习动机能维持和调节学生学习行为的强度、时间和方向。就这一功能而言，学

---

① 付建中. 教育心理学 [M]. 北京：清华大学出版社，2010.

习动机是学生学习行为的控制器，对学习行为起着调控作用。例如，那位学生观看英语原声电影时把注意集中于人物对话上，这一学习行为的强度和维持时间的长短都受到相应学习动机的影响和调控。

（三）学习动机的分类

根据不同的分类标准，学习动机有不同的分类。

1. 高尚动机与低级动机

根据动机的性质和社会价值，可以把动机分为高尚动机与低级动机。高尚动机的核心是利他主义，例如将学习同国家和社会的利益相联系。这种动机能持久地调动学生的学习积极性并具有顽强的学习精神。低级动机的核心是利己、以自我为中心，源于眼前利益。这种学习动机很容易因一些内外困难而被摧残。

2. 内部动机与外部动机

根据学习动机的来源，可以把动机分为内部动机和外部动机。内部动机是指由个体内在的需要引起的动机。例如，学生强烈的好奇心和求知欲、兴趣等内部因素会引起学生的学习积极性和主动性。外部动机是指个体由外部诱因所引起的动机。例如，学生为了得到父母或老师的赞赏而努力学习。相对而言，内部动机比较稳定，会随着目标的实现而不断增强；外部动机则不够稳定，常常会因目标的实现而减弱。在一定的条件下，外部动机也会转化为内部动机。事实上，个体的许多社会性动机都是通过外部动机转化而来的。

3. 远景的间接动机与近景的直接动机

根据动机的影响和持续作用的时间，可以将动机分为远景的间接动机和近景的直接动机。远景的间接动机一般与学习的社会意义和个人前途相关联，多来自对学习活动深刻意义的认识，比较稳定且影响范围广，持续作用的时间较长。近景的直接动机常常是由对活动本身的直接兴趣所引起的，这种动机持续时间短，影响范围小，不够稳定，常常受情绪影响。但是在一定时期内，这种动机对具体的学习活动有着直接的推动作用。

4. 主导动机与辅助动机

根据动机在活动中作用的大小，可以将动机分为主导动机和辅助动机。主导动机是指在个体的动机体系中对行为起调节和支配作用的动机，也叫优势动机。主导动机对行为具有决定性的作用，它有很强的激励功能。辅助动机是那些对个体行为没有决定意义的，仅起着辅助作用的动机。这些动机往往能对主导动机起着强化的作用，它可以坚定主导动机指向的行为目标的实现。

奥苏贝尔认为动机由"认知内驱力""自我提高内驱力"和"附属内驱力"三种成分组成。认知内驱力是指要求获得知识、了解周围世界、阐明问题和解决问题的欲望与动机，是一种内在动机，与好奇心、求知欲接近。自我提高内驱力是指儿童希望通过获得好成绩来提高自己在家庭和学校中地位的学习动机。自我提高内驱力强的学习者，所追求的不是知识本身，而是知识之外的地位和满足，所以这是一种外在学习动机。附属内驱力是指通过顺从、听话而从父母和老师那里得到认可，从而获得派生地位的一种动机，也是一种外在学习动机。

> 历年真题

【7.3】晓磊为了获得老师或家长的表扬而努力学习，根据奥苏贝尔的理论，晓磊的学习动机属于（　　）。
A. 认知内驱力　　　　　　　　B. 自我提高内驱力
C. 附属内驱力　　　　　　　　D. 生理性内驱力

【7.4】初一学生许明努力学习就是想获得亲朋好友的赞扬。根据奥苏贝尔的相关理论，驱动许明行为的是（　　）。
A. 认知内驱力　　　　　　　　B. 附属内驱力
C. 自我提高内驱力　　　　　　D. 成就内驱力

【7.5】晓东期中考试成绩不理想，其父母承诺如果期末考试成绩优异，就奖励一部华为手机。于是晓东学习更加努力。晓东的这种学习动机属于（　　）。
A. 近景的间接动机　　　　　　B. 近景的直接动机
C. 远景的间接动机　　　　　　D. 远景的直接动机

二、学习动机的理论

（一）强化理论

学习动机的强化理论是由斯金纳等人提出的，也称行为修正理论或行为矫正理论。斯金纳通过大量实验研究提出，学习的本质是刺激和反应间联结建立的过程，强化是学习的必要条件。斯金纳认为强化决定了有机体行为的形成和转化的过程。

行为主义心理学家不仅用强化来解释学习的发生，而且用它来解释动机的产生。在他们看来，人的学习行为倾向完全取决于先前这种学习行为与刺激因强化而建立起来的稳固联系，受到强化的行为比没受强化的行为更倾向于再次出现。依照这种观点，任何学习行为都是为了获得某种报偿。如果学生因学习而得到强化（如获得好成绩、教师和家长的赞扬），他就产生了学习动机；如果他的学习没有得到强化（如没有获得好分数或赞扬），他就没有学习的动机；如果他的学习受到了惩罚（如遭到同学或教师的嘲笑），他就会产生避免学习的动机。因此，在学习活动中，采取各种外部手段如奖赏、赞扬、评分、等级、竞赛等，可以激发学生的学习动机，引起其相应的学习行为。

一般来说，强化起着增进学习动机的作用，如适当的表扬与奖励、获得优秀成绩、取消频繁考试等便是强化的手段；惩罚则一般起着削弱学习动机的作用，但有时也可使一个人在失败中重新振作起来，如频繁的惩罚、考试不及格等便是惩罚的手段。在学生学习的过程中，如果能合理地运用强化，减少惩罚，将有助于提高学生的学习动机水平，改善他们的学习行为及其结果。

强化理论就其主要倾向来说，是行为主义学习理论。它把行为的原因归结为外部刺激与外部强化的作用，属于典型的外部动机理论。该理论过分强调引起学习行为的外部力量（外部强化），忽视甚至否定了人的内在因素和主观能动性对学习动机的作用，有较大的局限性。

> 历年真题

【7.6】辨析题：负强化就是惩罚。

(二) 需要层次理论

马斯洛对于学习与教学的看法，是人本主义学习动机理论的典型代表。他所提出的需要层次理论尽管并非主要用于解释学习动机，但其中蕴含着有关学习动机的理论观点。

马斯洛的需要层次理论指出人有七种需要，分别是：生理需要、安全需要、归属与爱的需要、尊重的需要、求知的需要、审美的需要和自我实现的需要。这些需要由低级到高级依次排列，如图7-1所示。

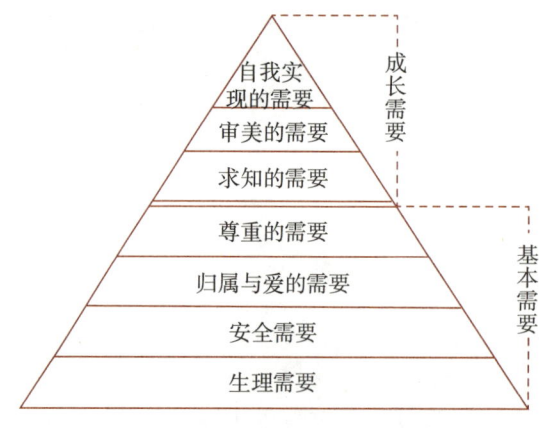

图7-1 马斯洛的需要层次结构图

马斯洛认为，这七种需要是与生俱来的，它们是激励和指引个体行为的力量。在人的需要层次中，最基本、最原始的需要是生理需要，即维持生存及延续种族发展的需要，包括饮食、睡眠、性欲等。它处于需要层次结构的最底层，是推动人类行为的强大力量。在需要层次结构中，处于生理需要上一层的是安全需要，即个体要求稳定、安全、受到保护、免除恐惧和焦虑、获得安全感的需要，例如，获得物质上的保障、免于疾病、避免焦虑等。安全需要往上便是归属与爱的需要，指被人或群体接纳、爱护、关注、鼓励、支持等的需要，是对亲情、友情、爱情的需要，反映了人的社会性，例如，结交朋友、追求爱情等。随后出现的是尊重的需要，是指获得并维护个人自尊心的需要，包括自尊和受到他人的尊重，例如，被他人认可、获得自信、独立等。马斯洛认为，上述四种需要是基本需要（或称缺失性需要），是人所共有的。

缺失性需要得到基本满足之后，便进入较高层次的成长需要，由低到高分别是求知的需要、审美的需要和自我实现的需要。求知的需要，是指个体对自己和周围世界进行探索、获取知识、解决问题的需要，例如探索、试验、阅读、询问等。求知的需要能够引发个体的学习动机。审美的需要是指追求、欣赏美好事物的需要，包括对秩序、完整结构和自身行为完美等的追求，例如，希望事物匀称、整齐等。最高层次的需要是自我实现的需要，是指个体渴望充分实现自我价值、自我潜能得以发挥的需要。

依照该理论的主要观点，需要按层次发展的原理同时也是个体内在潜能得到充分发挥和内在价值得到实现的必由之路。据此，在教学中，教师应该意识到，某种程度上学生缺乏学习动机可能是因为他们的一些低级需要未得到充分满足，这或许会成为学习和学生自我实现的主要障碍。例如，父母离异使学生归属与爱的需要得不到满足，这就可能会对学生的学习和自我实现产生影响。因此，教师不仅要关心学生的学习，而且也应该关心学生的生活，积极探索影响学生学习的主要因素。此外，教师还应重视学生的内在潜能和内在价值，要认识到学生具有发挥自己内在潜能和实现内在价值的高级需要，激发学生的学习动机。

马斯洛的需要层次理论强调人所特有的高级需要，将内部动机和外部动机结合起来，对学校教育教学具有重要的指导价值。但该理论也存在缺陷：它建立在描述现象的基础之上，许多观点带有假设的性质，尽管有些描述与现实吻合，但仍有待进一步验证；它提出的自我实现等需要的界定不够明确，认为高级需要是低级需要满足后自然出现的，带有遗传决定论的特点。①

（三）成就动机理论

最先研究成就动机的是美国心理学家默瑞，20 世纪 50 年代以后，美国心理学家麦克兰德和阿特金森等人在默瑞的基础上对成就动机进行了更为深入的研究，提出了系统的成就动机理论。

默瑞认为，人格的中心由一系列需要构成，其中之一就是成就需要，这一需要使人追求较高目标，完成困难任务，勇于竞争并超过别人。成就动机理论认为，成就动机是个体努力克服障碍、施展才能、力求又快又好地解决某一问题的愿望或趋势。它在成就需要的基础上产生，是激励人们乐于从事自己认为重要或有价值的工作，并力求获得成功的一种内在驱动力。成就动机是人类所独有的，是后天获得的具有社会意义的动机，是决定个体努力程度的动力因素。

阿特金森提出，人类所习得和表现的成就动机有两种：一是追求成功的意向，表现出趋向目标的行动，即人们倾向于追求成功及其带来的积极情感；二是害怕或回避失败的意向，表现出设法逃避成就活动或情景，避免预料到的失败结果，即人们倾向于避免失败及其带来的消极情感。根据这两类动机在个体动机系统中所占的强度，可将个体分为力求成功者和避免失败者。

力求成功者的目标是获取成就，所以他们会选择有成就感的任务，确定会成功或失败的任务对个体缺乏吸引力，而成功概率为 50% 的任务对个体的吸引力最大，因为这种任务能给他们提供最大的现实挑战。

---

① 付建中. 教育心理学 [M]. 北京：清华大学出版社，2010.

> **小贴士**
>
> 阿特金森的一项经典实验揭示了成功概率为 50% 的任务对学生最具吸引力这一现象。实验中，把 80 名大学生分成四组，每组 20 人，给他们一项相同的任务。对第一组学生说，只有成绩最好的人能得到奖励；对第二组学生说，成绩排在前 5 名的学生会得到奖励；对第三组学生说，成绩位于前 10 名的学生可以得到奖励；对第四组学生说，成绩排在前 15 名的学生都能得到奖励。实验结果发现，成功可能性适中的两个组，即第二组和第三组成绩最好。

在教育实践中，对于力求成功者，教育工作者应通过给予新颖且有一定难度的任务，安排竞争的情境，严格评定分数等方式来激发他们的学习动机；而对于避免失败者，则应安排竞争性不强的情境，当他们取得成功时，要及时表扬、给予强化，同时应尽量避免在公众场合指责其错误。

（四）成败归因理论

最早提出归因理论的是美国心理学家海德。他认为个体有情境归因和性格归因这两种归因倾向，人们在解释他人行为时倾向于性格归因，而在解释自己的行为时却倾向于情境归因。美国心理学家韦纳在海德理论的基础上提出了系统的成败归因理论，称为三维度归因理论。他认为个体的归因是复杂的、多维度的，归因结果对其以后的行为动机会产生不同程度的影响。同时，他提出能力、努力、任务难度、运气、身心状况和其他因素（包括他人帮助、环境影响等）是人们解释成败时知觉到的六种主要原因，并将这些原因分为稳定性，内、外源和可控性三个维度。稳定性是指个体所知觉到的原因是相对稳定的、不易改变的因素（如能力），还是不稳定的、易受外界环境影响的因素（如努力、任务难度、运气、身心状况等）；内外源是指所知觉到的原因是内在因素（即个人因素，如能力、努力、身心状况等），还是外在因素（即环境因素，如任务难度、运气等）；可控性是指所知觉到的原因是个体自身能控制的因素（如努力程度），还是不能控制的因素（如能力、运气等）。将此三维度和六因素结合起来，就可形成如表 7-1 所示的成败归因模式。

表 7-1 成败归因模式

归因因素	稳定性		内、外源		可控性	
	稳定	不稳定	内在	外在	可控	不可控
能力	+		+			+
努力		+	+		+	
任务难度	+			+		+
运气		+		+		+
身心状况		+	+			+
其他		+		+		+

注：+表示具备这个特征。

上述三个维度都具有特定的心理意义，分别与期望、情感相联系，成为个体后续行为的动力。第一，稳定性与期望有关。把成功归因于稳定因素将保持较高的成功期望，而归因于不稳定因素很少能增强成功期望；把失败归因于稳定因素将使个体继续保持较低的成功期望，归因于不稳定因素则能增强成功期望。第二，内外源、可控性与情感有关。内外源这一维度能够影响自豪与自尊的情感。例如，比起归因于外部因素，把成功归因于自己可引发更高的自尊和自豪感；把失败归因于自己比归因于外部更容易产生低自尊甚至自卑感。可控性则与内疚、惭愧等情绪体验相联系。例如，把失败归因于可控性因素（如努力）会令个体感到内疚，归因于不可控因素（如能力）则会使个体感到惭愧。

成败归因理论由结果来阐述行为动机，其理论价值与实际作用主要表现在以下三个方面：一是有助于了解心理活动发生的因果关系；二是有助于根据学习行为及其结果来推断个体的心理特征；三是有助于从特定的学习行为和学习结果来预测个体在某种情况下可能产生的学习行为。在实际教学过程中，运用成败归因理论了解学生的学习动机，有助于改善他们的学习行为，提高学习效果。

（五）自我效能感理论

自我效能感是指人们对自己能否成功进行某一成就行为的主观判断。自我效能感理论是由班杜拉提出的，他把自我效能感看作是人类动机过程的一种重要的中介认知因素，并用它解释复杂的动机行为。

班杜拉根据大量的研究结果提出，个体自我效能感主要受以下四个因素影响：

（1）成败经验。个体的亲身经历是个体自我效能感最基本的、最主要的影响因素，它为个体提供了最可靠的效能信息。一般情况下，成功经验会提高个体的自我效能感，而失败经验则会降低自我效能感。同时，班杜拉在研究中还发现，个体对行为成败的归因会直接影响其对自我效能的评价。

（2）替代经验。替代经验是指个体通过观察示范者的行为而获得的间接经验。当个体看到与自己能力相似的示范者取得成功时，会增强自我效能感；反之，若示范者几经努力却失败了，那么就会降低个体的自我效能感。当然，若示范者与个体的能力相差较大，示范者的行为及其结果就不会对个体的自我效能感产生过大的影响。替代经验可以增强或抵消个体直接经验的影响。一般情况下，替代经验的影响力弱于直接经验，但在某些特殊情况下，替代经验的影响力可能会压倒直接经验，例如，在示范者的行为反复多次成功时。

（3）言语说服。这是试图凭借说服性的鼓励、建议、劝告、告诫、解释、暗示和自我引导，来改变个体自我效能感的一种方法。它因简单有效而得到广泛应用，但它在自我效能感的形成中所起的作用是有限的，如果缺乏实际经验的支持，那么在言语说服基础上形成的自我效能感并不十分牢固。

（4）情绪唤起。班杜拉认为，生理和情绪状态也会影响自我效能感的形成。处于紧张状态下的个体很容易产生无效能感。班杜拉认为，情绪唤起的绝对强度并不重要，重要的是个体对情绪状态的知觉和解释。

在自我效能感形成的过程中，上述四个因素所起的作用是由个体来权衡和判断的。

在不同的活动、不同的情境中，个体会根据实际情况对不同类型的效能信息加以权衡，赋予其不同的权重。

班杜拉指出，人的行为受行为的结果因素与先行因素的影响。行为的结果因素就是通常所说的强化。强化分为三种：一是直接强化，即学习者通过外部因素对学习行为予以强化；二是替代强化，即学习者通过一定的榜样来强化相应的学习行为或学习行为倾向；三是自我强化，即学习者根据一定的评价标准进行自我评价和自我监督，由此来强化相应的学习行为。班杜拉认为，行为的出现不是由于随后的强化，而是由于个体认知了行为与强化之间的依赖关系后，形成了对下一步强化的期待。期待分为结果期待和效能期待两种。结果期待是指个体对自己的某种行为会导致某种结果的推测，如果个体预测到某一特定行为会导致某一良好的结果，那么这一行为就可能被激活。效能期待则是指个体对自己能否实施某种行为的能力判断，即人对自己行为能力的推测。当个体确信自己有能力进行某一活动时，这种行为就可能被激活。在人们获得了相应的知识技能、确立了目标后，自我效能感就成为行为的决定性因素。

自我效能感一旦形成，便会对人的行为产生直接影响，主要体现在以下几个方面：

（1）影响个体对行为的选择。一般来说，人们倾向于回避那些他们认为超过自己能力的任务，而承担并执行那些他们认为自己能够完成或完成得很好的事情。个体完成任务的结果也会反过来对其自我效能感产生影响。

（2）影响个体的情感过程。首先，自我效能感会导致注意偏向，影响个体对事件的认知和解释，由此产生积极情绪或消极情绪。其次，自我效能感较低的人在面临挑战性任务时容易焦虑，自我效能感高的人则不会。

（3）影响个体对情境的认知。自我效能感低的个体在与环境相互作用时，会过多地考虑个人的不足，夸大潜在的学习困难，将更多的注意转向可能的失败和不利的结果。自我效能感高的个体在认知情境时，倾向于选择情境中有利于成功的方面，还能通过想象成功给自己的行为提供积极指导。

（4）影响个体所投入的努力。如果个体认为失败是由于自己不努力所导致的，那么他以后有可能更加努力，遇到困难也更能坚持。但如果个体将失败归因于能力的不足，就算努力也无法取得成功，那么就很容易放弃。

历年真题

【7.7】晓斌认为自己学习成绩好全是刻苦努力的结果。根据韦纳的归因理论，晓斌的归因属于（　　）。

A. 稳定的内在归因　　　　　　B. 稳定的外在归因
C. 可控的内在归因　　　　　　D. 可控的内在归因

【7.8】材料分析题：下面是一位学生给老师的求助信。

许老师，您好！我在初中时学习成绩一直很好，可上高中以来学习成绩却不是很理想，尤其是近几次考试都没考好，这让我很沮丧，越来越不自信，现在一提到考试，我就浑身不自在，怀疑自己到底能不能把成绩提高。在平时学习中，我都能很好地理解知识点、完成作业，老师和同学们也认为我的能力较强，常常推荐我参加一些学习竞赛，但我都推辞了，觉得自己能力不够，不能胜任，有时候我会不由自主地想：我能行吗？我能考好吗？我是不是再也考不出好成绩了？

老师，我特别希望改变我目前的状态，在以后的考试中能取得好成绩，不辜负老师和同学们对我的信任，因此希望得到您的帮助。谢谢！

学生：海波
3月31日

问题：
(1) 请根据自我效能感理论分析这位学生存在的问题及产生的原因。
(2) 如果你是许老师，应该如何帮助这位学生？

三、如何激发与培养中学生的学习动机

（一）学习动机的激发

学习动机作为中学生学习的内在动力，贯穿于整个学习过程。学习动机能够激发中学生产生学习行为，同时对学习行为具有激活、指向、强化的功能。在教学中，教师的一项重要任务便是激发学生的学习动机，一旦学生产生强烈的学习愿望，他们就会努力自觉地学习。我们可以从以下几个方面入手，激发中学生的学习动机。

1. 创设问题情境，实施启发式教学

启发式教学与"填鸭式"教学相比，具有极大的优越性。要想实施启发式教学，关键在于创设问题情境。问题情境，是指具有一定难度，需要学生努力克服，而又是学生力所能及的学习情境。创设问题情境，就是指在教学过程中提出学生依靠已有知识和习惯方法解决不了的，有一定难度的问题，使其产生认知冲突，这时就能够激起学生思维的积极性和求知的需要。许多教师的实际教学经验说明，在讲授教学内容前，提出若干富有启发性的问题，使教学内容与学生的求知心理之间产生一种"不协调"，在学生的心理上造成一种悬念，把他们引入与问题有关的情境中，使学生产生矛盾、疑惑、惊讶，这最能引起他们的求知欲和学习兴趣，从而产生学习动机。

创设问题情境的原则是：问题要小而具体；问题要深而有趣；问题要有适当的难度（根据成就动机理论，问题的难度控制在50%左右时最有利于激发学生的学习动机）；问题要富有启发性。[①]

那么，教师应怎样创设难度适宜的问题情境呢？首先要求教师熟悉教材，掌握教材的结构，了解新旧知识之间的内在联系；其次要求教师充分了解学生已有的认知结构状态，使新的学习内容与学生已有水平构成一个适当的跨度。这样，才能创设难度适宜的问题情境。具体创设问题情境的方式多种多样，既可以用设问的方式提出，也可以用作业的方式提出；既可以从新旧教材的联系方面引进，也可以从学生的日常经验引进；等等。创设问题情境可以在教学的开始阶段，也可以在教学过程和教学结束

---

① 张承芬. 教育心理学 [M]. 济南：山东教育出版社，2000：547.

时进行。①

2. 根据作业难度，恰当控制动机水平

一般情况下，学习动机增强能够提高学习效果。但动机水平并不是越高越好，动机水平超过一定限度，学习效果反而更差。例如，有些学生想上大学的动机过强，注意和知觉的范围过分狭窄，记忆和思维也都会受到影响，一进考场便因情绪紧张而怯场，平时熟悉的问题也答不出来。美国心理学家耶克斯和多德森认为，中等程度的动机水平最有利于学习效果的提高。在具体的学习活动中，为了使学习有成效，应避免过高或过低的动机。同时，他们还发现，动机水平与作业难度密切相关：任务较容易，最佳动机水平较高；任务难度中等，最佳动机水平也适中；任务越困难，最佳动机水平越低。这便是耶克斯-多德森定律。教师在教学时，应根据学习任务的不同难度，适当控制学生的学习动机水平。

> **历年真题**

【7.9】辨析题：学习动机与学习效果成正比。

【7.10】根据耶克斯和多德森的观点，学生解决困难和复杂的任务时，哪种动机程度最有利？（　　）

　　A. 中等偏下程度　　B. 中等程度　　C. 中等偏上程度　　D. 高程度

3. 充分利用反馈信息，合理进行奖惩

研究表明，来自学习结果的种种反馈信息对学生的学习效果有明显影响。学生一方面可以根据反馈信息调整自身的学习活动，改进学习策略；另一方面他们为了取得更好的成绩或避免再犯错误而增强了学习动机，从而保持了学习的主动性和积极性。

利用反馈信息时，要注意的是反馈必须清楚、具体、及时。如果教师对某学生说他做得很好，而又不进行任何解释和说明，该学生就不知道自己哪些方面做得好，哪些方面做得不够好，今后的努力方向是什么，那么也就不可能做出最具动机效应的努力归因。及时是指反馈必须紧随着个体的学习结果，如果反馈与学习结果之间相隔的时间太长，就会失去其动机和信息价值。如果在清楚、具体、及时反馈的基础上，再提供适当的评价，效果将会更加明显，这就是奖励与惩罚的作用。

研究表明，表扬与奖励比批评与指责能更有效地激发学生的学习动机，受表扬组学生的成绩更高，如图7-2所示。因为前者能使学生获得成就感，增强自信心，而后者的作用恰恰相反。但表扬与奖励如果使用过多或使用不当也会产生消极影响。许多研究表明，如果滥用外部奖励，不仅不能促进学习，反而可能会破坏学生的内在动机。所以，应根据学生的具体情况进行奖励，把奖励看成某种隐含着成功的信息，其本身并无价值，只是用它来吸引学生的注意，促使学生由外部动机向内部动机转换，对信息任务本身产生兴趣。②

在实际教学过程中，对于那些缺乏内在学习兴趣的学生，教师可以通过外部强化

---

① 谭顶良. 高等教育心理学[M]. 南京：河海大学出版社，2006：64-65.
② 谭顶良. 高等教育心理学[M]. 南京：河海大学出版社，2006：66-67.

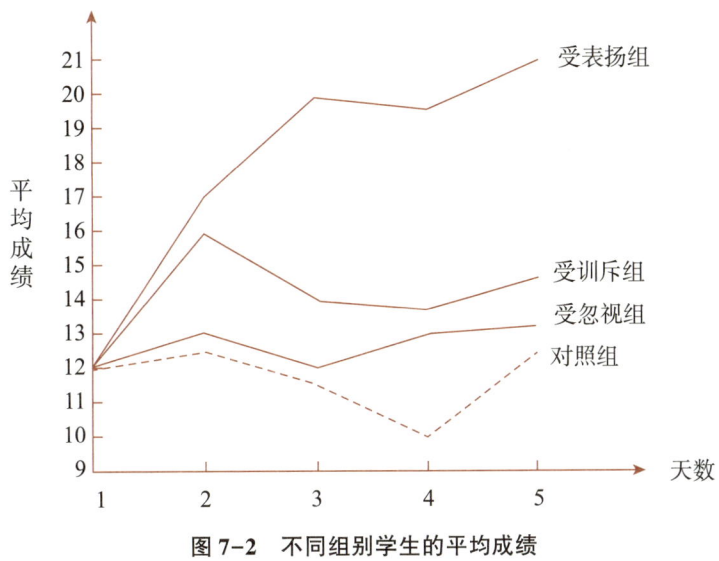

图 7-2 不同组别学生的平均成绩

来引发和巩固其内部动机。为了使外部动机有助于激发和增强学生的内部动机,教师在使用表扬、奖励等强化手段时应注意:①奖赏应主要针对学生不感兴趣但必须要完成的任务;②奖赏要针对真正的进步与成就;③尽可能采用社会性而非物质性的奖赏;④奖赏要符合学生的年龄特征。

4. 正确指导结果归因,促使学生继续努力

由成就归因理论可知,中学生对学习结果的归因对其以后的学习行为会产生影响。

就稳定性维度而言,如果学生把成功或失败归因于稳定因素,那么他们对未来的学习结果也会抱有成功或失败的预期,从而使其增强自豪感、自信心或产生羞耻感、自卑感;相反,如果学生把成功或失败归因于不稳定因素,则不会影响他们对未来成功或失败的期望,其成败体验对将来学习行为的影响力较小。

就内外源维度而言,如果学生将成功或失败归因于自身内在的因素,他们便会产生积极的自我价值感,进而对未来的学习活动更加投入,或形成消极的自我评价,从而更加避免参与成就性任务;相反,如果学生将成功或失败归因于机体外在因素,那么他们的学习结果对其自我评价、自我效能感的影响便很小。

就可控性维度而言,如果学生将成功或失败归因于可控因素,他们就会对自己充满信心或产生一种愧疚感;反之,如果学生把成功或失败归因于不可控因素,则会产生感激等积极情绪或仇视、报复等消极情绪。

既然不同的归因方式会影响学生今后的学习行为,那么也就可以通过改变学生的归因方式来改变学生今后的行为,这对于学校教育工作有实际的指导意义。一般而言,引导学生将学习结果归因于主观努力方面是有利的。归因于自身努力程度,这能使学习成绩较好的学生不过分自傲,能继续努力;也能使学习成绩较差的学生不至于过分自卑,能更加努力地学习,争取成功。

> **知识拓展**
>
> 在实际教学中，教师应帮助学生正确分析自身的学习状况，寻找正确原因，引导学生进行积极归因，客观认识其成果和失败中的积极因素，尤其是当学生面临失败时，教师应从以下几方面入手：第一，帮助学生从失败中总结经验教训；第二，给学生提供下一次成功的机会，让学生明白通过努力就有可能获得成功的道理；第三，为学生提供其他方面的成功机会，让学生感受到自己虽然在某方面不够好，但在其他方面能表现出色，从而树立学生的自信心。

5. 提高自我效能感，激发学生的成就动机

自我效能感对个体的认知、情绪和行为都会产生重要影响。自我效能感较高的学生更有可能选择困难的任务，并作出更大的努力，较少产生焦虑等消极情绪，会运用适当的策略解决问题；而自我效能感较低的学生往往采取拖延、试图回避的方式来应对困难任务，且容易产生消极情绪。

教师应帮助学生形成正确的自我概念，提高学生的自我效能感，激发其成就动机。在实际教学过程中，教师既要指导学生树立正确的学习目标，为学生创造成功的机会，让他们获得成功经验，还应为学生提供积极的榜样，从而提高其自我效能感。

历年真题

【7.11】简答题：简述激发与维持内在学习动机的措施。

（二）学习动机的培养

1. 利用学习动机与学习效果的互动关系培养学习动机

学习动机作为引起学习活动的动力机制，不仅是学习活动得以发动、维持、完成的重要条件，而且能影响学生的学习效果。有研究表明，学习动机可以影响学习效果，学习效果也可以反作用于学习动机。如果学习效果好，学生在学习中所付出的努力与所取得的收获成正比，学生的学习动机就会得到强化，从而巩固了新的学习需要，使学习更有成效。因此，学习动机与学习效果相互促进，从而形成学习上的良性循环。反之，不良的学习效果会削弱学习需要，降低学习积极性，导致更差的学习效果，从而形成学习上的恶性循环。

要想使学习上的恶性循环转变成良性循环，关键在于：①改变学生的成败体验，使其获得学习上的成就感；②改善学生的知识技能掌握情况，弥补其基础知识和基本技能方面的欠缺。学习效果虽然是客观的，对它的评定遵循一定的客观标准，但学生对它的感觉却具有主观性。因此，教师应掌握评价学习效果的艺术，使学生体验学习的成功感。为此，在实际教学中应注意：①学生的成败感与他们的自我标准有关，教师应注意个别差异；②课题难度要适当，应是学生经过努力可以完成的；③课题应由易到难呈现；④在某一课题失败时，可先完成有关的基础课题，使学生下一次在原来失败的课题上有可能获得成功。

另外，依据美国心理学家耶克斯和多德森的理论，中等程度的动机水平最有利于学习效果的提高，且动机水平与作业难度密切相关。因此，教师在培养学生学习动机时，首先应确认对学生来说学习任务的难度有多大，再根据难度确定应该将学生的学习动机提高至什么水平，不能一味地提高学习动机，过高的学习动机反而不利于学生的学习。

2. 利用直接发生途径和间接转化途径培养学习动机

教育心理学研究表明，新的学习需要可以通过两条途径形成：一是直接发生途径，即因原有学习需要不断得到满足而直接产生新的更稳定、更分化的学习需要；二是间接转化途径，即新的学习需要由原来满足某种需要的手段或工具转化而来。

利用直接发生途径培养学习动机时，主要应考虑的是如何使学生的原有学习需要得到满足。由于认知内驱力是最稳定、最重要的学习动机，因此，满足学生的认知需要有利于培养新的学习需要。为此，教师应耐心、有效地解答学生提出的问题，精心组织信息较多、有吸引力的课堂教学，以满足学生的求知欲。同时，教师要积极引导学生运用所学知识解决实际问题，使学生了解知识的价值，以形成掌握更多知识、探究更深层次问题的需要。

利用间接转化途径培养学习动机主要应通过各种活动来实现，给学生提供各类机会，满足学生的要求和爱好。就各种课外活动小组而言，参与学生最初可能并不是由于对某一学科的爱好，而很可能是追求活动中的娱乐和与同伴交流的快乐。例如，参加自然小组的学生，可能并不是出于对自然科学的兴趣，而是出于对外出郊游的向往，但在活动过程中，自然小组的学生可能发展出对地理、生物、化学等方面的兴趣。可见，随着活动的开展，学生原来对娱乐、游戏等的需求的满足，便能转化成新的学习需要。

另外，随着年级的提高，学生应逐渐将其学习的外部动机转变为内部动机，促进学生自身学习潜能的发挥，进一步提升学习效果。

第二节 学习迁移

一、学习迁移的概念

学习迁移是指一种学习对另一种学习的影响，或习得的经验对完成其他活动的影响。我们平常所说的"举一反三""触类旁通""闻一知十"等就是典型的学习迁移。学习迁移不仅表现为先前学习对后续学习的影响，还表现为后续学习对先前学习的影响。从效果上看，学习迁移对学习的影响可以是积极的，也可以是消极的。因此，研究学习迁移，促进积极迁移，消除或避免消极迁移，对于提高学生的学习效果具有重要意义。

学习迁移是学习过程中普遍存在的现象，它广泛存在于各种知识、技能的学习中，也存在于态度与品德的学习之中。例如，学习英语可能有助于学习德语、法语等另一门外语；学会骑自行车可能有助于学习驾驶摩托车；在学校形成爱护公物的规范行为会引起学生在其他场合爱护公物的表现。另外，学习迁移不仅存在于某种经验内部，也存在于不同经验之间。例如，英语学习中，丰富的词汇知识的掌握将促进英语阅读技能的提高，而阅读技能的提高又可以促进更多英语词汇知识的获得，知识和技能之间存在相互迁移。

> **历年真题**

【7.12】辨析题：学习迁移是学习过程中常见的现象，它对新知识、新技能的学习起促进作用。

二、学习迁移的分类

学习迁移可以从不同的角度进行分类。

（一）正迁移与负迁移

根据迁移的性质和结果，可将迁移分为正迁移和负迁移。带来积极影响的迁移称为正迁移，带来消极影响的迁移称为负迁移。

正迁移即一种学习对另一种学习的积极影响，包括一种学习使另一种学习具备了良好的心理准备状态，一种学习使另一种学习活动所需的时间或练习的次数减少，或使另一种学习的深度增加或单位时间内的学习量增加，或者已经具备的知识经验使学习者顺利地解决了面临的问题等情况。[①] 例如，学习素描会对之后学习油画产生积极影响。正迁移除了知识技能的迁移外，方法的掌握、态度的形成之间也会发生这种迁移。

负迁移一般是指一种学习对另一种学习的消极影响，多指一种学习所形成的心理状态（如反应定式等）对另一种学习的效率或准确性产生消极的影响，使另一种学习所需的学习时间或所需的练习次数增加或阻碍另一种学习的顺利进行、知识的正确掌握等。[②] 例如，学会汉语拼音后再学习英文国际音标时常常会受到干扰。在教育工作中，我们应该注意消除和克服负迁移。

（二）顺向迁移与逆向迁移

根据迁移发生的方向，可将迁移分为顺向迁移和逆向迁移。顺向迁移是指先前学习对后继学习的影响。例如，当个体面临新情境、新问题时，利用原有的知识经验去面对新情境，解决新问题，这就是顺向迁移。逆向迁移是指后续学习对先前学习的影响，主要表现为通过后续学习对已获得的知识技能予以补充、改组或修正，进一步理解、丰富个体已有的知识经验。

[①] 陈琦，刘儒德. 当代教育心理学 [M]. 北京：北京师范大学出版社，1997：107.
[②] 陈琦，刘儒德. 教育心理学 [M]. 2版. 北京：高等教育出版社，2011：268.

（三）纵向迁移与横向迁移

根据知识所处的不同层次，可将迁移分为纵向迁移和横向迁移。

纵向迁移又称垂直迁移，是指概括与抽象程度不同的学习之间的相互影响。纵向迁移主要表现为两个方面：一是自上而下的迁移，二是自下而上的迁移。前者指上位的较高层次的经验对下位的较低层次经验的学习产生了影响，例如，对三角形相关知识的掌握会影响对直角三角形、等腰三角形和等边三角形等有关知识的学习。后者指下位的较低层次的经验对上位的较高层次经验的学习产生了影响，例如，对猴子、猪、牛、马、大象等的认识会影响对"哺乳动物"这一概念的学习。

横向迁移又称水平迁移，是指处于同一层面（概括和抽象程度相同）的学习间的相互影响。在这种迁移中，学习内容之间的逻辑关系是并列的，抽象与概括水平相当。例如，化学中锂、钠、钾、镁等金属元素的学习，这些元素之间的关系是并列的，它们之间产生的迁移即是横向迁移。

（四）一般迁移与特殊迁移

根据迁移内容的不同，可将迁移分为一般迁移和特殊迁移。这种划分首先来自布鲁纳。

一般迁移又称普遍迁移、非特殊迁移，是指将一种学习中所习得的一般原理、原则、方法、策略和态度等迁移到另一种学习中去。例如，学生在数学学习中形成的认真审题的态度也将影响学生对其他学科的审题态度。布鲁纳非常强调普遍迁移，认为它是教育过程的核心。

特殊迁移又称具体迁移，是指学习迁移发生时，个体原有经验的组成要素及其结构没有变化，只是将一种学习中习得的具体的、特殊的经验直接迁移到另一种学习中去，或是经过要素的重新组合后移用于另一种学习中。例如，跳水运动的基本动作是相同的，包括弹跳、空翻、入水等，跳水运动员在某项目中将这些基本动作熟练掌握，那么他在学习新项目时，就可以把这些基本动作重新组合，新的学习内容就能更快、更好地掌握。

（五）近迁移与远迁移

根据迁移的程度，可将迁移分为近迁移和远迁移。

近迁移是指已习得的知识或技能在与原先学习情境相类似的情境中加以运用。例如，骑自行车的技能迁移到骑摩托车的学习情境中便是近迁移。

远迁移是指已习得的知识或技能在与原先学习情境不相似的情境中的运用。例如，将数学中学到的逻辑推理规则运用到物理、化学等学科中去解决问题，这便是远迁移。远迁移的形成过程和心理机制比近迁移复杂得多。

（六）低通路迁移与高通路迁移

根据迁移发生的自动化程度，可将迁移分为低通路迁移和高通路迁移。这种分类是由美国心理学家所罗门和帕金斯提出的。

低通路迁移是指经过反复练习而形成的技能自动化的迁移，产生这种迁移的主要条件是在各种情境和条件下过度练习。当一种很熟练的技能从一个情境迁移到另一个情境中时，往往不需要或很少需要个体意识的参与。例如，个体学会了驾驶某种汽车，当他驾驶其他类型的汽车时，也能很熟练地操作，这就是低通路迁移。越熟练的、越能够在多种情境下使用的技能，就越有可能发生低通路迁移。

高通路迁移是指个体有意识地将某一情境中习得的抽象知识运用到新情境中的迁移，这种迁移需要意识和思维的参与。高通路迁移要求个体从情境中抽象出规则、核心概念或程序，以用于新情境中。例如，运用做笔记的策略来阅读书籍，利用数学知识来设计校报的版式等。

（七）同化性迁移、顺应性迁移与重组性迁移

根据迁移过程中所需的内在心理机制的不同，可将迁移分为同化性迁移、顺应性迁移和重组性迁移。

同化性迁移，是指不改变个体的认知结构，而直接将原有的认知经验运用到本质特征相同的新情境中的迁移。原有的认知结构在迁移过程中不会发生实质性改变，只是得到了某种程度的充实。我们平常所说的举一反三、闻一知十等就是这种迁移的表现。

顺应性迁移，是指在将原有的认知经验运用到新情境中时，个体需调整原有的认知结构，或对新旧经验加以概括、整合，形成一种能够包容新旧经验的更高一级的认知结构，以适应新情境、新问题的迁移。例如，个体原有的认知结构里有一些概念，当这些概念不能解释所遇到的新事物时，就需要调整原有的认知结构或对新旧经验加以整合，建立一个概括水平更高的科学概念来解释这一新事物。

重组性迁移，是指重新组合原有认知结构中的某些构成要素或成分，调整各成分间的关系或建立新的联系，以运用到新情境中的迁移。重组过程中，个体原有认知结构中的基本经验成分保持不变，各成分间的结合关系发生变化。例如，对已经掌握的字母进行组合，形成新的单词；在排练舞蹈时，将多个已经掌握的动作重新组合、排列，形成一套新的舞蹈动作。这些都是重组性迁移，这种迁移能够扩大基本经验的适用范围。

历年真题

【7.13】辨析题：两种学习材料的相似度越高越容易产生正迁移。

【7.14】辨析题：逆向迁移都是负迁移。

【7.15】学习了三角形和长方形的面积公式之后，再学习梯形的面积公式就比较顺利。这种迁移属于（　　）。

A. 零迁移　　　　B. 逆向迁移　　　　C. 负迁移　　　　D. 正迁移

【7.16】辨析题：顺向迁移就是正迁移。

【7.17】辨析题：学习材料的难度越大，越难以产生迁移。

学习迁移的分类

学习迁移的分类如下表所示：

序号	分类依据	迁移种类	主要特征	例子
1	迁移的性质和结果	正迁移	带来积极影响	学习素描会对之后学习油画产生积极影响
		负迁移	带来消极影响	学会汉语拼音后再学习英文国际音标时常常会受到干扰
2	迁移发生的方向	顺向迁移	先前学习对后继学习的影响	当个体面临新情境、新问题时，利用原有的知识经验去面对新情境，解决新问题
		逆向迁移	后续学习对先前学习的影响	通过后续学习对已获得的知识技能予以补充、改组或修正
3	知识所处的不同层次	纵向迁移	概括与抽象程度不同的学习之间的相互影响	对三角形相关知识的掌握会影响对直角三角形、等腰三角形和等边三角形等有关知识的学习
		横向迁移	处于同一层面（概括和抽象程度相同）的学习间的相互影响	化学中锂、钠、钾、镁等金属元素的学习
4	迁移内容的不同	一般迁移	一般原理、原则、方法、策略和态度等迁移到另一种学习中去	学生在数学学习中形成的认真审题的态度也将影响其他学科的审题态度
		特殊迁移	只是将一种学习中习得的具体的、特殊的经验直接迁移到另一种学习中去	跳水运动的弹跳、空翻、入水等基本动作在不同跳水方式中迁移
5	迁移的程度	近迁移	已习得的知识或技能在与原先学习情境相类似的情境中加以运用	骑自行车的技能迁移到骑摩托车的学习情境中
		远迁移	已习得的知识或技能在与原先学习情境不相似的情境中的运用	将数学中学到的逻辑推理规则运用到物理、化学等学科中去解决问题
6	迁移发生的自动化程度	低通路迁移	经过反复练习而形成的技能自动化的迁移	个体学会了驾驶某种汽车，当他驾驶其他类型的汽车时，也能很熟练地操作
		高通路迁移	个体有意识地将某一情境中习得的抽象知识运用到新情境中	运用做笔记的策略来阅读书籍

(续表)

序号	分类依据	迁移种类	主要特征	例子
7	迁移过程中所需的内在心理机制的不同	同化性迁移	不改变个体的认知结构，而直接将原有的认知经验运用到本质特征相同的新情境中	举一反三、闻一知十
		顺应性迁移	需调整原有的认知结构以适应新情境、新问题	学习了正数之后学习负数
		重组性迁移	重新组合原有认知结构中的某些构成要素或成分以运用到新情境中	对已经掌握的字母进行组合，形成新的单词

三、影响学习迁移的因素

（一）学习对象之间的相似性

学习对象之间的相似性包括学习材料的相似性和学习情境的相似性。首先，两种学习材料间有无共同成分、相似成分，这是学习迁移发生的基本条件。心理学研究表明，相似程度的大小决定着迁移范围和效果的大小。这种相似性可分为本质特征的相似性和非本质特征的相似性。本质特征的相似性如在原理、规则和事件间关系等方面的相似性，非本质特征的相似性是指在表面特征方面的相似性，如某些具体事例的内容等存在的相似性。其次，前后两种学习的情境相似，如学习的场所、环境的布置、问题解决情境、比赛情境等方面，有利于用相关线索促进迁移的发生。所以，一般情况下，很多学生的平时练习成绩比考试和比赛成绩好，在本校考试或比赛的成绩比在外面的成绩好，这就是由于不同学习情境的影响所致。

（二）学生已有经验的概括程度

学生已有经验的概括水平对迁移的效果有很大的影响，一般来说，概括程度越高，迁移的可能性就越大，效果也越好。所以布鲁纳就强调学科基本知识的掌握以及原有知识的巩固的重要性。在学生的学习中，如果能重视基本概念、基本原理的理解，重视思想方法的掌握，就更容易实现广泛的、效果良好的迁移。

（三）学生学习的定势

定势又叫心向，是指从事某种活动时所具有的心理准备状态。在活动的进程中，先前的活动经验容易为后面的活动形成一种准备状态，使学生倾向于在学习时以一种特定的方式进行。定势对新的学习既可以产生积极的作用，即正迁移，也可能产生消极的作用，即负迁移。正迁移能增加人们解决相似问题的速度，提高学习的效率，但是思维一旦进入死角之后，反而不能摆脱先前学习定势的影响，不能迅速找到解决新问题的办法，反倒会犯经验主义的错误，定势变成阻碍问题解决的负迁移。

（四）学生个体的智力水平

智力对人的学习迁移的质量有重要的作用。有较高智力水平的人能够很容易发现两种学习之间的相同要素和相互关系，能够对两种学习材料进行高度的概括，所以能够更好地将原来学习中运用的策略、方法运用到新的学习中。美国教育心理学家桑代克在研究中也发现，学生的智力水平越高，迁移能力就越强。

四、学习迁移的理论

（一）形式训练说

最早的关于迁移的理论当属形式训练说，它来源于以德国心理学家沃尔夫为代表的官能心理学。形式训练说认为，人的心理主要由注意、记忆、推理、知觉、想象、意志等官能构成，它们是一个个独立的实体，分别用来完成不同的活动，如运用记忆官能完成记忆活动等。各种官能就像人的肌肉一样，可以通过训练得以增强。由于对各种官能进行的训练不同，各种官能及其组成的活动会有不同的强弱。

在官能心理学的基础上，形式训练说认为迁移是心理官能得到训练而发展的结果，要实现迁移就必须对官能进行"形式训练"。因此，它认为训练和改进心理的各种官能是教学的重要目标，教育的任务就是要改善学生的各种官能，并使改善后的官能能够自动迁移到其他的学习中去，一种官能的改进也能增强其他官能。[①]例如，学习数学有助于训练学生的推理官能，那么教育任务就是要不断地让学生接受数学的相关学习，使其推理官能得到改善，并使改善后的推理官能能够迁移到其他学习中，如对物理、化学等的学习。值得注意的是，该理论指出官能训练的重点不在于训练的内容，而在于训练的形式，由此，它认为学校开设学科和选择教材不必重视其实用价值，只需重视它们训练心理官能的形式，即强调的是学科和教材对官能的训练价值。形式训练说还认为，学习项目越困难，官能得到的训练就越多，那么，学习也就能收获越好的迁移效果。

> **知识拓展**
>
> 1890年，詹姆斯进行了一项记忆实验——关于《森林女神》记忆的研究，对形式训练说提出批评。该实验中，被试花若干时间记忆长诗《森林女神》的前半部分，记录被试成诵所需时间。接着让被试记忆相同长度的后半部分，同样记录成诵时间。结果表明，大多数被试后半部分的成诵时间并没有减少，被试确实表现出记忆的改善，但改善不在于官能的提高而在于记忆方法的改善。

（二）共同要素说

许多心理学家从实验的角度驳斥了形式训练说的谬误。其中，桑代克用实验证

---

① 莫雷. 教育心理学 [M]. 北京：教育科学出版社，2007：202-203.

明形式训练说所主张的形式训练对学生的智力并没有多大影响。同时，他以刺激-反应的联结理论为依据，在一系列实验的基础上提出了学习迁移的相同元素说。该理论认为，一种学习之所以能够对另一种学习产生影响，是因为二者有共同的元素。只有当两种学习之间具有相同元素时，迁移才会发生，且相同元素越多，迁移的量就越大。桑代克所指的相同元素必须是不折不扣的共同因素，强调学习任务本身的共同特点。例如，学会加法有助于学习乘法，但这种迁移仅限于乘法中能使用加法处理的内容。

后来，另一位美国心理学家伍德沃斯把相同元素说改为共同要素说，也就是说，在两种学习活动中有共同的成分才能发生迁移。[①] 这不仅包括内容或实质上的相同，还包括程序的相同，内容的相同如阅读和作文能产生迁移是因为使用了相同的文字，程序的相同如习惯、态度、策略等在不同的情境中通用。[②]

共同要素说否定了形式训练说的观点，在当时的教育界曾起到积极的作用，使学校教育脱离了那种只注重形式训练而不考虑实际生活的情况，开始走教学内容与实际应用相结合的教育路线。同时，共同要素说揭示了迁移现象的一些事实，对迁移理论的发展做出了重大贡献。但是，该理论仅仅将迁移归结为相同联结的转移，在某种程度上否认了迁移过程中的认知活动，未能充分考虑学生的内在训练过程，忽视了主体因素对学习迁移的影响。

知识拓展

> 桑代克曾以大学生为被试，进行了图形面积判断实验。实验程序为：先让被试估计多种图形的面积，测量其判断成绩，然后用90个平行四边形充分训练，最后的测验一是判断长方形的面积，二是判断与训练材料不相似的图形的面积（前测中出现过）。实验结果表明，长方形面积判断成绩得到提高，而其他图形的判断成绩并没有提升。由此，桑代克指出，迁移产生的原因是练习任务与迁移任务之间具有共同要素，练习任务与测验任务越接近，测验任务的成绩越好。

（三）概括化理论

概括化理论又称经验类化理论，是由美国心理学家贾德于1908年提出的。贾德并未考察刺激-反应之间的关系，而是用实验研究了概括化的原理、原则在迁移中的作用。他认为，迁移发生的主要原因是在经验中学到的原理、原则，迁移的发生不在于任务之间的表面相似性，而是在于个体是否获得了相关知识的概括化的理解。学生在A学习中获得的一般原理、原则可以全部或部分运用到B活动的学习中。概括化理论非常强调概括化的经验或原理在迁移中的作用。它指出，对原理、原则概括得越好，新情境中学习的迁移就越好。

---

① 陈琦，刘儒德. 当代教育心理学 [M]. 北京：北京师范大学出版社，1997：109.
② 陈琦，刘儒德. 教育心理学 [M]. 2版. 北京：高等教育出版社，2011：271.

知识拓展

贾德曾做过一个著名的"水下打靶"实验，这是概括化理论的经典实验。实验中，他以五、六年级的学生为被试，将他们分为两组，一组为实验组，一组为控制组。实验的任务是要求被试练习用镖枪击中水下的靶子。实验组被试练习前被安排学习"光的折射原理"，让他们对折射原理有深入的认识与了解，而对控制组被试不给予任何解释和说明，他们只能从尝试中获得一些经验。先将靶子置于水下约3厘米处，被试进行投掷练习，结果发现，实验组和控制组的成绩没有太大区别，这是因为所有的学生都必须学会运用镖枪，理论的学习不能代替练习。接着，当把靶子移至水下10厘米处，这时实验组和控制组的成绩出现了显著差异。实验组的学生很快适应了水下10厘米的条件，不论是在速度还是在准确率上，都超过了控制组；而控制组的学生表现出极大的混乱，先前的练习也未能帮助他们适应新的情境，错误持续发生。贾德认为，学过折射原理的学生已经把这种原理概括化并能够将其运用到不同情境中去，也就是产生了迁移，所以他们的成绩才会显著高于未学过折射原理的学生。

概括化理论强调概括化的原理、原则在迁移中的作用，强调对一般性原理、原则的理解与概括，为学习迁移的研究注入了新内容。但必须明确的是，概括化的原理、原则仅仅是影响迁移成功与否的条件之一，并不是迁移的全部。①

历年真题

【7.18】材料分析题：王老师是初中语文老师，根据教学进度安排，最近她开始讲古代诗歌单元。在教学时，她先是引导学生探索五言绝句的平仄规律，刚开始学生总结不准确，经过多次讲解和引导，学生掌握了五言绝句的平仄规律，随后王老师发现，当学生又学习五言律诗时，他们很快就能总结出五言律诗的平仄规律。再后来，当学生学习七言律诗时，也很快总结出了其平仄规律。

本单元结束后，王老师进行教学反思：学生之所以能很容易地总结出七言律诗的平仄规律，是因为学生已经掌握了五言绝句、五言律诗的平仄规律，他们利用已掌握的方法进行分析，很快就能总结出七言律诗的平仄规律。

问题：
(1) 请用迁移相关理论分析上述学习现象。
(2) 该迁移理论对教学有何启示？

（四）关系转换理论

关系转换理论又称关系理论、转换理论，是格式塔心理学家于1929年提出的。该理论认为，迁移是由于个体突然领悟两种学习之间存在关系的结果。对学习情境中原

---

① 付建中. 教育心理学 [M]. 北京：清华大学出版社，2010：146.

理、原则之间关系的顿悟，在迁移中有重要作用。换言之，迁移的产生并不取决于两种情境间是否存在某些共同要素，也不取决于对原理的孤立的掌握，而是取决于个体能否理解情境之间的关系，能否理解各要素之间形成的整体关系，能否理解原理与实际事物之间的关系。该理论强调理解在学习中的作用，认为是理解使学习发生了良好的迁移。关系转换理论是在对相同要素说的批判过程中提出的，但它与相同要素说以及其他迁移理论的关系并不是矛盾对立、毫不相容的，该理论只是从一个新的角度对迁移进行了研究与解释。

知识拓展

> 苛勒让小鸡在深浅不同的两种灰色纸下面寻找食物。通过条件反射学习，小鸡学会了只有在深灰色纸下才能获得食物奖赏。然后，变换实验情境，保留原来的深灰色纸，用黑色纸取代浅灰色纸。问题是：如果小鸡仍然到深灰色纸下寻找食物，那就证明迁移是由相同要素的作用导致的；如果小鸡是到两张纸中颜色更深的那张（即黑色纸）下面寻找食物，那就证明迁移是对关系做出的反应。实验表明：小鸡对新刺激（黑色纸）的反应为70%，对原来的阳性刺激（深灰色纸）的反应是30%；而幼儿在做同样的实验时始终对黑色纸的刺激做出反应。
>
> 苛勒认为这种结果证明是情景中的关系对迁移起了作用，而不是相同要素；被试选择的不是刺激的绝对性质，而是比较其相对关系（把在前一种情景中学会的关系即"食物总是在颜色较深的纸下面"迁移到后一种情景中，从而做出了正确的反应）。

（五）认知结构迁移理论

认知结构迁移理论是奥苏贝尔于1968年在有意义言语学习理论的基础上提出的。奥苏贝尔认为，任何有意义的学习都是在学生原有认知结构的基础上进行的，没有一定知识基础的有意义学习是不存在的。因此，有意义学习中必然存在原有认知结构对当前学习的影响，即必然存在迁移。

1. 认知结构的概念

所谓认知结构，简单地说就是学生头脑中的知识结构。从广义上讲，认知结构是指学生已有观念的全部内容及其组织；从狭义上讲，它是指学生在某一学科知识领域内的观念的全部内容及其组织。所以，认知结构主要由两个部分构成：一是人在以前学习和经验的过程中所形成的知识经验本身，它是以观念的形式存在于人脑当中的；二是对这些知识经验的组织，即在组织方面所具有的特点。①

该理论指出，学习不是刺激-反应之间的机械联结，不是简单的两种情境间的相互影响，而是一个利用认知结构中的适当观念来不断获取新知识的过程。因此，学生原本的认知结构就是产生学习迁移的最关键因素。

---

① 莫雷. 教育心理学［M］. 北京：教育科学出版社，2007：208.

2. 认知结构的特征与迁移

奥苏贝尔从认知结构的三个特征，即原有认知结构中已有观念的可利用性、认知结构中原有的观念和新知识的可辨别性、认知结构中原有知识的巩固性，对原有认知结构如何影响学习迁移进行了阐述。

（1）原有认知结构中已有观念的可利用性。

奥苏贝尔认为，原有认知结构中已有观念的可利用性是影响新知识学习和迁移的最重要的因素。原有认知结构中已有观念的可利用性是指面对新知识的学习时，学生原有的认知结构中是否具有能够同化新知识的适当观念。如果学生原有的认知结构中具有适当的可以用于同化新知识的原有观念（包括概念、命题或具体例子等），那么他就能够获得新知识，意味着原有知识具有可利用性，可以产生迁移。而且，学生原有认知结构中已有观念的概括程度、包容性越高，就越有利于新知识的获得和迁移的产生。

（2）认知结构中原有的观念和新知识的可辨别性。

可辨别性是指认知结构中原有观念和新学习任务间的可区别程度，或者说是新旧知识间的异同。当新知识与旧知识相似而不相同时，旧知识倾向于先入为主，新知识易被旧知识取代，那么，在同化初期获得的意义的分离强度就会遭到损害，容易遗忘，尤其是对长时记忆的影响较大，不利于掌握新知识。

在实际教学中，为了帮助学生更好地掌握新知识，教师可以利用设计比较性组织者这一教学策略，帮助学生认识新旧知识间的相同点和不同点。但需要注意的是，新旧知识的可辨别性是建立在原有知识的巩固性基础之上的，如果原有知识掌握得不牢固，可辨别性就可能引起负迁移。例如，小学生在学习汉语拼音的同时也学习英语字母，当汉语拼音还没掌握牢固时，英语字母的学习就常常会受到汉语拼音的干扰。

（3）认知结构中原有知识的巩固性。

认知结构中原有知识的巩固性也是影响学习迁移的重要变量。认知结构中原有知识越清晰、越稳定，就越有利于掌握新知识。在实际教学和学生自主学习的过程中，提升学生原有知识巩固性的方法很多，例如，复习、过度学习、利用反馈、及时纠正、测试等。

知识拓展

1961年，奥苏贝尔等人做过一个非常著名的实验，证实了原有知识的巩固性对学习迁移的影响作用。实验中，首先让所有被试学习基督教知识，通过测验将被试的成绩分成中上水平和中下水平，然后将这些被试分成三个等组。其中，第一组被试在学习佛教材料前，先学习一个比较性组织者（指出佛教和基督教的异同）的材料；第二组被试者在学习佛教材料前，先学习一个陈述性组织者（仅介绍一些佛教材料，其抽象水平与将要学习的材料相同）的材料；第三组在学习佛教材料前，先学习一个有关佛教历史和传记的材料。在实验后的第三天和第十天分别进行保持测验。结果表明，不论处于哪一组，凡是原先的基督教知识掌握较好的被试，在学习佛教知识后的第三天和第十天的保持成绩均较好。

3. 先行组织者

为了促进学习效果，发挥认知结构的三个特征在新知识学习中的积极作用，促进学习的有效迁移，奥苏贝尔提出了"先行组织者"的教学策略。先行组织者教学策略，是指在向学生传授新知识之前，先给学生呈现一个短暂的具有概括性和引导性的说明，用简单、清晰、概括的语言向学生介绍新知识的内容和特点，并说明它与哪些旧知识有关以及它们之间的关系。使用先行组织者的目的是：唤醒学生认知结构中与新知识有关的旧知识或旧观念，增强旧知识的可利用性和巩固性；说明新旧知识之间的本质区别，增强可辨别性。先行组织者作为一种引导性材料，比新的学习任务本身具有更高的概括、包容水平，并且与学生原有的认知结构相关联，因此，它能够有效地促进迁移的产生。

有研究者在奥苏贝尔理论的基础上发展了"组织者"这一概念。组织者一般在讲授新知识之前呈现，也可在学习新知识之后呈现。在抽象和概括水平上，组织者既可以高于新知识，也可以低于旧知识。根据作用的不同，组织者可分为两类：一是陈述性组织者，其作用在于为新知识的学习提供适当的起固定作用的旧知识，提高相关旧知识的可利用性；二是比较性组织者，其作用是比较新知识与认知结构中相关旧知识间的区别和联系，增强新旧知识间的可辨别性。当学生原有认知结构中缺乏可用于同化新知识的适当的上位观念时，可设计一个陈述性组织者；当学生分辨不清新旧任务时，可设计一个比较性组织者，既可促进新旧知识的可辨别性，又可以促进知识的巩固。

小贴士

			学习迁移主要理论的概要	
序号	理论名称	代表人物	重要观点	相关实验
1	形式训练说	沃尔夫	①迁移是心理官能得到训练而发展的结果，要实现迁移就必须对官能进行"形式训练"； ②训练和改进心理的各种官能是教学的重要目标，教育的任务就是要改善学生的各种官能，并使改善后的官能能够自动迁移到其他的学习中去； ③官能训练的重点不在于训练的内容，而在于训练的形式	詹姆斯的《森林女神》记忆实验
2	共同要素说	桑代克、伍德沃斯	①否定了形式训练说的观点； ②一种学习之所以能够对另一种学习产生影响，是因为二者有共同的成分； ③相同元素越多，迁移的量就越大； ④仅仅将迁移归结为相同联结的转移，在某种程度上否认了迁移过程中的认知活动，未能充分考虑学生的内在训练过程，忽视了主体因素对学习迁移的影响	桑代克的图形面积判断实验

(续表)

序号	理论名称	代表人物	重要观点	相关实验
3	概括化理论	贾德	①迁移发生的主要原因是在经验中学到的原理、原则；②强调概括化的原理、原则在迁移中的作用；③概括化的原理、原则仅仅是影响迁移成功与否的条件之一，并不是迁移的全部	贾德的"水下打靶"实验
4	关系转换理论	苛勒	①迁移是由于个体突然领悟两种学习之间存在关系的结果；②理解使学习发生了良好的迁移	苛勒的"小鸡觅食"实验
5	认知结构迁移理论	奥苏贝尔	①有意义学习中必然存在原有认知结构对当前学习的影响，即必然存在迁移；②学生原本的认知结构是产生学习迁移的最关键因素；③认知结构中原有知识的巩固性也是影响学习迁移的重要变量；④教师可利用设计比较性组织者这一教学策略，帮助学生认识新旧知识间的相同点和不同点；⑤先行组织者作为一种引导性材料，比新的学习任务本身具有更高的概括、包容水平，并与学生原有的认知结构相关联，因此它能够有效地促进迁移的产生	奥苏贝尔等证实原有知识巩固性对学习迁移影响作用的实验

五、如何有效地促进中学生学习迁移

学习迁移的能力是衡量学生学习效果的标准，也是评价教师教学质量的重要依据。学习迁移贯穿在人一生的各种学习中，"为迁移而教"已成为教育心理学家的共识。早在1988年，布鲁纳等人就指出，各科的教学就是为了尽可能地促进学习迁移的发生。教师应积极创设和利用有利于良好学习迁移的条件，努力把"为迁移而教"的思想渗透到每项教育活动中去。那么，如何通过教学有效地促进学习迁移呢？这已成为心理学家、教育学家和教师们共同关注的课题。这一课题所涵盖的范围十分广泛，促进学习迁移的教学方法多种多样，下面仅就几个主要方面进行阐释。

（一）确立明确、具体、现实的教学目标

确立明确、具体、现实的教学目标是促进学习迁移的有效教学的前提。应在每个新单元教学之前为学生确立明确具体的教学目标，如有可能可让学生一起参与教学目标的制定，并要学生了解某一阶段学习的目标。明确而具体的教学目标可使学生对与

学习目标有关的已有知识形成联想，即有一个先行组织者，这将有利于迁移的发生。①

（二）精选教学材料

确立了明确、具体、现实的教学目标之后，紧接着需要考虑的就是教学材料的选择。要想使学生在有限的时间内掌握大量有用的经验，教学材料必须精选。教师应选择那些具有广泛迁移价值的科学成果作为教材的基本内容。每一门学科中，基本知识（如基本概念、基本原理等）、技能及行为规范具有广泛的适应性，其迁移价值较大。布鲁纳认为所掌握的内容越基本、越概括、越稳固，对新情境、新问题的适应性就越好，也就越能促进学习迁移的产生。在教学中，他强调要掌握每门学科的基本结构（即基本原理、基本概念、基本方法、基本原则等），因为领会这些基本结构是通向有效学习迁移的康庄大道。

当然，教学材料中除包含学科的基本结构外，还必须包括一些基本的、典型的事实材料。如果脱离基本的事实材料而空谈基本概念、基本原理等，那么这些基本结构也会变得空洞，不利于学生理解和掌握这些知识，也就不利于迁移的产生。

（三）注意教学内容的编排

精选的教学材料只有通过合理的编排才能充分发挥其促进迁移的作用。合理编排教学内容的标准就是达到结构化、一体化、网络化。结构化是指教学内容的各个构成要素应具有科学、合理的逻辑联系，能够体现事物的各种内在关系，如上下、并列、交叉等关系。结构化的教学内容有助于学生对知识形成系统的认识与掌握，帮助学生在头脑里形成系统的认知结构，为迁移的产生提供支持。一体化是指教学内容的各个构成要素应能整合为具有内在联系的有机整体。在编排教学内容时，既要防止其中各个要素间的相互割裂，又要防止其相互干扰或机械重复。网络化是一体化的引申，是指教学内容各个要素之间上下、左右、纵横交叉的联系要明了，要突出各种基本经验的联结点，这既有助于了解原有学习中存在的断裂带、断裂点，也有助于预测以后学习的发展带、发展点，促进迁移的产生。

奥苏贝尔认为，"不断分化"和"综合贯通"是认知组织的基本原则，这同样适用于教学内容的编排。人们头脑中关于某学科的知识是按层次组织的一种网络结构。在这种网络结构中，最具包容性的观念处于顶端，下面依次是包容性较小的、越来越分化的观念。因此，教学内容的编排也应遵循由整体到细节的次序，从而使学生的知识在组织过程中纳入这一网络结构。此外，教学内容的编排还应考虑学生的知识经验水平、智力状况和年龄特征等，同时要兼顾教学时间和教法上的要求，力求为学生呈现最佳的教学内容结构。

（四）合理安排教学程序

教学程序是使教学内容发挥其功效的最直接的环节。无论是宏观上、整体上的教学计划还是微观上的每节课的具体教学活动，都应体现迁移规律，以使学生所获得的

---

① 陈琦，刘儒德. 当代教育心理学[M]. 北京：北京师范大学出版社，1997：118.

知识能够产生最大程度的迁移。教学中，教师应注意教学内容的次序（即先教给学生什么内容，后教给他们什么内容），处理好教学与学习的先后次序，并具体分析所教授的内容适合何种迁移，在教学的每一个环节中都尽量体现迁移规律，这是非常必要的。

（五）启发学生对所学知识进行概括总结

概括化理论指出，概括化的知识对学习迁移具有重要作用。在教学中，教师应注意启发学生对所学知识进行概括与总结。

在讲解具体的细节内容时，教师应注意引导学生总结出概括化的知识。要达到这一要求，教师在教学过程中要注意教学材料的呈现方式、教学方法的选用等。只有通过有效的呈现方式和教学方法，学生才能意识到对所学知识进行概括的重要性，并在教师的潜移默化下养成对知识进行概括总结的好习惯，从而促进广泛迁移的产生。

在讲解原理、原则时，教师要列举最大范围的例子，枚举各种变式，使学生正确把握其内涵和外延；同时应结合原理、原则的具体运用情境进行讲解，使学生能脱离学习原理、原则的背景把握其实质，并能在遇到该原理、原则适用的背景时，准确地运用原理、原则去学习新知识或解决新问题，即达到对原理、原则的去背景化，以防止学生对某一原理、原则的理解和运用仅局限于习得该原理、原则时的情境的情况。[①] 也就是，要将所学的知识与所用的情境联系起来。只有这样，迁移效果才能得到最大限度的发挥。

（六）有意识地教学生学会如何学习，灵活运用各种策略

授人以鱼，不如授之以渔。教师应教会学生如何学习，让学生掌握必要的认知策略和元认知策略是达到这一目标的有效手段。美国心理学家布朗等人在阅读理解方面的实验表明，使用了元认知策略的学生，不仅对当前任务正确反应的百分数明显提高，而且更多地把这种学到的策略迁移到了他们的常规课堂的其他学习中。[②] 可见，元认知策略具有广泛的迁移性。教师在教学中应有意识地使学生掌握并灵活运用一些认知策略和元认知策略，这不仅可以提高学生对所学知识的掌握程度，而且可以使学生学会学习，从而促进学习的迁移。

（七）通过反馈和归因控制等方式使学生对学习和学校形成积极的态度

除了增强学校对学生的吸引力外，教师还可以通过反馈和归因控制等方式使学生对学习和学校形成积极的态度。同时，在每次学习前，教师应帮助学生形成良好的心理准备状态，避免不良情绪、反应定式等消极心态所带来的消极迁移，从而更好地促进积极、有效的学习迁移的产生。

第三节 学 习 策 略

在现在的社会中，文盲已经不是那些没有知识的人，而是那些不会学习的人。在

---

① 陈琦，刘儒德. 当代教育心理学［M］. 北京：北京师范大学出版社，1997：119.
② 陈琦，刘儒德. 教育心理学［M］. 2版. 北京：高等教育出版社，2011：277.

学习过程中,最重要的不是你已经学会或将要学会多少知识,而是你是否掌握了适合自己的高效学习方法,是否会用最短的时间、最快的速度获取最丰富、最有用的信息,并体现在学习成绩的提高上。

一、学习策略的含义

关于学习策略的概念,学者们从不同的角度提出了各有侧重的定义。莫雷教授在《教育心理学》一书中将这些定义划分为三类:一是把学习策略看作是学习过程中信息加工的程序、方法或者规则,简而言之就是学习方法;二是把学习策略看作是对学习过程中的信息加工进行调节和控制的技能;三是把学习策略看作是学习过程中信息加工的方法与调控技能的结合。① 综上所述,所谓学习策略,一般是指学习者为了提高学习的效果和效率,有目的、有意识地制订有关学习过程的复杂方案。

学习策略与学习方法的区别

学习策略一般是指学习者为了提高学习的效果和效率,有目的、有意识地制订有关学习过程的复杂方案。学习方法则是指学习者用在编码、存储、提取、运用等认知过程中的认知方法或技能,是学习策略的知识和技能基础,是学习策略的一个基本组成部分。

两者的区别在于:

1. 学习方法有特定的程序和步骤,与具体学习任务相联系,有较强的情境性;而学习策略既与具体任务相联系,又与宏观学习过程相联系。

2. 学习方法一经熟练掌握,学习者往往凭习惯就可运用;而学习策略往往不是现成的,而是经由学习者深思熟虑、反复论证之后产生的。

3. 学习方法用于解决具体的问题,虽具有效率性,但无法追求最佳效益;而学习策略是以追求最佳效益为基本点的。

4. 如果把学习方法或技能比作战争中的具体战术的话,那么学习策略则是具有统摄和控制作用的战略。

二、学习策略的分类

美国心理学家迈克卡等人对学习策略的分类是目前被广为接受的一种观点。通过对学习策略构成成分的总结,他们把学习策略分为认知策略、元认知策略和资源管理策略三个方面。其中,认知策略是加工信息的一些方法和技术,有助于有效地从记忆中提取信息。一般而言,认知策略因所学知识的类型而有所不同,复述、精细加工和组织策略主要是针对陈述性知识的,针对程序性知识则有模式再认策略和动作系列学

---

① 莫雷. 教育心理学 [M]. 北京:教育科学出版社,2007.

习策略等。元认知策略是学习者对自己认知过程的认知策略，包括对自己认知过程的了解和控制策略，有助于学习者有效地安排和调节学习过程。资源管理策略是辅助学习者管理可用环境和资源的策略，有助于学习者适应环境并调节环境以适应自己的需要，对学习者的动机具有重要的作用。

三、认知策略

认知策略一般是指学习者在加工信息时所采用的方法和技术，它有助于有效地从记忆中提取信息。常见的认知策略主要有复述策略、精细加工策略和组织策略。

（一）复述策略

复述策略是在工作记忆中为了保持信息而对信息进行反复重复的过程，它是短时记忆的信息进入长时记忆的关键。下面是一些主要的复述策略。

1. 复述的时间安排技巧

（1）及时复习。根据艾宾浩斯遗忘曲线，遗忘速度开始时最快，学后的10个小时内复习10分钟，5～10天后复习1个小时，则记忆效果好得多。所以要及时复习，特别是对那些意义性不强的学习材料，更是需要及时复习。

（2）分散复习。分散复习是相对于集中复习来说的，由于各种干扰和消退的存在，学习材料会随时间的推移而出现不同程度的遗忘。此时采用分散复习，是保持记忆效果的有效方法。分散复习是化整为散，将整段的复习时间分散到各个时间段。例如，一天之内的复习可以分散成早、中、晚三个时间段进行。分散复习不仅是依据遗忘规律所提出的行之有效的方法，同时也可以减少学生复习的疲倦感，提高记忆效果。

（3）限时记忆。限时记忆主要应用于临时需要记住大量材料的场合。当个体对学习记忆的时间加以限制时，随着期限的来临，大脑的兴奋度会提高，个体技能会因此被调动起来，记忆效果就会提高。

2. 复述的次数安排——过度学习

过度学习是指在"记得""学会"的基础上，再增加一些学习时间，使得对学习材料的掌握达到更高的程度。一般来说，过度学习的次数保持在应有学习次数的50%～100%最好。超过的次数少，达不到效果；超过的次数多，费时费力，效果却不会因此而提高。所以，过度学习要适量。

3. 复述的方法选用

（1）注意克服记忆效应。

这里所说的记忆效应主要有两种：一种是复述过程中不同材料的干扰。这种干扰既有先前学习的材料对后面要复述的材料的干扰，也有后面复述的材料对先前学习的材料的干扰。这就要求复述过的材料在头脑中应该尽量保持清晰的记忆。另一种是首因效应和近因效应。最先复习的材料和最后复习的材料容易记得牢，这种记忆特点称为首因效应和近因效应。这就要求对复习中段材料特别注意或者将特别难记的内容放在复习开始或者结尾进行复述。

(2) 运用多种感官协同记忆。

运用多种感官协同记忆，可在大脑中留下多方面的回忆线索，从而提高记忆效果。心理学研究表明：人的学习83%通过视觉，11%通过听觉，3.5%通过嗅觉，1.5%通过触觉，1%通过味觉。而且，人一般可记住自己阅读的10%，自己听到的20%，自己看到的30%，自己看到和听到的50%，交谈时自己所说的70%。因此，在进行识记时，要学会运用多种感官协同记忆，如用眼睛看、用耳朵听、用嘴巴说以及用手写等。

(3) 采用多种复习形式。

采用多种复习形式会使复习更加持久专心，不单调，利于多角度地理解知识内容。例如，复习英语时，可采用朗读、抄写、默写、看中文回忆英文或看英文回忆中文、用单词造句、同学间互问互答等多种方式。

(4) 保持积极的心向、态度和兴趣。

心向、态度和兴趣也是影响记忆的一个重要因素。如果我们对某事感兴趣，或者对它持积极的态度，就会记得牢；反之，则容易忘。因此我们若想保持良好的记忆，最好对要记的材料持积极的态度。

> **历年真题**

【7.19】林琳在听课时，经常对学习要点画线，这种学习策略属于（　　）。
A. 复述策略　　　B. 调节策略　　　C. 监控策略　　　D. 计划策略

【7.20】李利今天新学习了20个英文单词，放学后，他就一遍一遍地背诵，直至背会全部单词。这种学习策略属于（　　）。
A. 监控策略　　　B. 组织策略　　　C. 计划策略　　　D. 复述策略

（二）精细加工策略

精细加工策略是通过把所学的新信息和已有的知识联系起来，以此来增加新信息的意义，也就是说我们应用已有的图式和知识使新信息合理化。精细加工策略是一种理解性比较强的记忆策略，和复述策略结合使用，可以显著提高记忆效果，下面就是一些常用的精细加工策略。

1. 记忆术

记忆术是一种有用的精细加工技术，它能在新材料和视觉想象或语义知识之间建立联系。它是学习者为了记住所学材料而采用的帮助记忆的技能与方法。古罗马时期人们就知道运用一些技巧来帮助记忆，比如他们喜欢用房间中的事物来协助记忆，因此这种方法也被称为罗马房间法，就是将要记忆的事物与房间摆放的物体联系起来记忆的一种方法。常用的记忆术如下。

(1) 位置记忆法。

位置记忆法是一种比较传统的记忆术。这种记忆术在古代不用讲稿的讲演中曾被广泛使用，而且沿用至今。使用位置记忆法，就是要学习者在头脑中创建一幅熟悉的场景，在这个场景中确定一条明确的路线，在这条路线上确定一些特定的点。然后将所要记的项目全都视觉化，并按顺序和这条路线上的各个点联系起来。回忆时，按这条路线上的各个点提取所记的项目。

(2) 缩简和编歌诀。

缩简就是将识记材料的每条内容简化成一个关键性的字，然后变成自己所熟悉的事物，从而将材料与过去的经验联系起来。如《二十四节气歌》：春雨惊春清谷天，夏满芒夏暑相连，秋处露秋寒霜降，冬雪雪冬小大寒。① 在缩简材料编成歌诀时，最好靠自己动脑筋，因为自己创造的东西印象深刻。歌诀力求精练准确，富有韵律。当然，也可以利用现成的歌诀，但也要仔细分析，弄清歌诀的真实含义，把它变成自己的东西。

(3) 谐音联想法。

学习一种新材料时运用联想，假借意义，对记忆亦很有帮助，这种方法称为谐音联想法。特别是在记忆历史年代和常数时，这种方法行之有效。例如，圆周率 3.1415926535 可以利用谐音"山巅一寺一壶酒（3.14159），尔乐苦煞吾（26535）"来记忆。

历年真题

【7.21】小丽在学习时为了记住数字、年代等枯燥无味的知识，常对其赋予意义，使记忆过程生动有趣，小丽使用的学习策略是（　　）。

A. 复述策略　　　B. 精细加工策略　　C. 组织策略　　　D. 计划策略

【7.22】晓春上课时把老师的讲解内容用自己的语言写在课本上，以促进对知识的理解。他采取的学习策略是（　　）。

A. 复述策略　　　B. 组织策略　　　C. 计划策略　　　D. 精细加工策略

(4) 关键词法。

关键词法就是将新词或概念与相似的声音线索词，通过视觉表象联系起来。例如，英文单词"Tiger"可以联想成"泰山上一只虎"。这种方法在教外语词汇时非常有用。现在有研究表明，这种记忆术也同样适用于其他信息的学习，如景点名、地理信息等。

(5) 视觉联想。

视觉联想就是要通过心理想象来帮助人们记忆。其核心就是通过人为联想，使无意义的、难记的材料与头脑中的、奇特的形象相结合来提高记忆效果。联想时，想象越奇特而又合理，记忆就越牢。例如，要记住"飞机、大树、桌子、电线"4个毫无联系，没有任何内在意义联系的词组时，可以进行这样的视觉想象：①天空飞着一架银色的飞机；②飞机突然停在一棵参天大树的树顶上；③大树的枝干上挂着一张来回摇摆的桌子；④桌子上缠着一圈又一圈的电线。联想的形象越鲜明、具体、夸张、奇特，加工就越深入细致，记忆效果就越好。

---

① 陈琦，刘儒德. 当代教育心理学 [M]. 2版. 北京：北京师范大学出版社，2007.

(6) 首字连词法。

首字连词法，就是将记忆材料每个词的第一个字提出来组成一个缩写词，以方便记忆。有时候则是用一系列词描述某个过程的每个步骤，然后将这一系列词提取首字作为记忆的枝干，此时就要按顺序记住材料。一般情况是根据记忆的内容和方便记忆来决定首字该如何组合才能够成为提取的有效线索。例如，记忆北美五大湖时，可以记成 HOMES。即 Lake Huron（休伦湖）、Lake Ontario（安大略湖）、Lake Michigan（密歇根湖）、Lake Erie（伊利湖）、Lake Superior（苏必利尔湖）。

2. 做笔记

做笔记是阅读和听讲时常用的一种精细加工策略。从信息加工的角度看，做笔记有助于对材料进行编码，同时还具有外部存储的功能。做笔记包括摘抄、评注、加标题、写段落概括语以及结构提纲等。做笔记既可以让学习者更好地理解学习材料的意义，又可以帮助学习者理清学习思路，促进更深层次的信息加工，同时训练其思维的逻辑性和条理性，提高分析问题和解决问题的能力。

3. 提问

提问策略分为两个方面：一是教师向学生提问；二是学生的自我提问。

教师向学生提问可以帮助学生从书面材料、讲课内容中掌握信息，要求学生在学习的过程中暂时停顿一段时间，回答老师的提问，用以评价自己是否理解了前面所学的知识。

在自我提问过程中，学生在给定类型的任务中寻找共同的成分，并就这些共同的成分进行自我提问[1]。例如，如果教会学生在阅读时反问自己何人、何事、何处以及如何等方面的问题，他们会理解得更好。

4. 利用背景知识，联系实际

精细加工策略强调在新学信息和已有知识之间建立联系，用头脑中已有背景知识使新信息合理化。库哈瓦等研究者于1991年在日本做过一个实验，教授大学生关于棒球和音乐的知识。那些具有很多棒球知识，但音乐知识很少的学生，他们学到了更多的棒球知识；而那些有很多音乐知识，但是棒球知识却很少的学生则学到了更多的音乐知识。因此可以得出一个结论，背景知识是个体学习知识的一个重要因素，当然并不是决定性的因素。有些学者解释，这是因为积累了较多该方面背景知识的学生，有更恰当的图式来整合新知识。

（三）组织策略

组织策略是指整合所学新知识之间、新旧知识之间的内在联系，形成新的知识结构的策略。当然，组织策略和精细加工策略是密不可分的，如做笔记和写提要等实际上是两者的结合。下面是一些常用的组织策略。

1. 列提纲

列提纲是以简要的词语写下主要的和次要的观点，也就是以金字塔的形式呈现材料的要点。所列出的提纲要具有概括性和条理性，但其效果取决于学习者如何使用它。

---

[1] 斯莱文. 教育心理学：理论与实践［M］. 姚梅林，等译. 北京：人民邮电出版社，2004.

一个有效的方法是让学习者每读完一段后用一句话做概括；另外一种方法是让学习者准备一个提要来帮助别人学习材料，其部分原因是这种活动使得学习者不得不认真考虑什么重要、什么不重要。在培养学习者列提纲技能时，教师应该循序渐进，先提供一个好的范例，让学习者清楚好提纲的标准与重要性，然后提供学习者不完整提纲要求补充，最后完全由学习者自行拟定材料纲要。

2. 概念图

概念图在学习、教学和测评中得到了广泛的利用。在画概念图时，学习者应先提取材料的主要观点，然后识别次要的观点或者支持主要观点的部分。接着标出这些部分，再将次要的观点和主要的观点联系起来。概念图的中心应该是主要观点，支持性的观点在主要观点的周围，起辅助说明的作用。画概念图可以用来替代做笔记和列提纲。

画概念图策略有助于学习者将学习内容条理化，从而培养学习者思维的条理性。同时，该策略还具有很好的个体适应性，不同的学习者，可以根据自己的学习需要及现有水平画出适合自己的概念图。例如，学习者可以把自己极为熟悉的分支内容画得比较简略，对于自己不熟悉、不太掌握的知识点，则尽可能细化地绘制记录下来，便于以后的复习。

3. 利用表格

表格也是一种形象而有条理地表述学习材料的策略之一。表格可以将信息组织和整合起来，成为一种可视的形式，促进理解、记忆和迁移。

常用表格形式有一览表和双向表：

（1）一览表。学习者首先对材料进行全面的综合分析，然后抽取主要信息，并从某一角度出发，将这些信息全部陈列出来，力求反映材料的整体面貌。例如，在学习中国历史时，学习者可以时间为轴，将朝代、主要历史人物、历史事件全部展现出来，制成一幅中国历史发展一览图。

（2）双向表。双向表从纵横两个维度罗列材料中的主要信息。层次结构图和流程图都可以转变成双向表。

历年真题

【7.23】在老师的指导下，学生采用画示意图的方式对知识进行归纳整理，以促进自己对所学知识的掌握，学生采用的这种学习策略是（　　）。

A. 复述策略　　　B. 精细加工策略　　C. 监控策略　　　D. 组织策略

四、元认知策略

学习时，学习者要学会使用一些策略去评估自己的理解、预计学习时间、选择有效的计划来学习或解决问题。例如，假如你读一本书，遇到一段读不懂的内容，你该怎么办呢？你或许会慢慢再读一遍；你或许会寻找其他线索，如图、表、索引等来帮助理解；你或许还会复习这一章更前面的部分。这意味着你要学会如何知道你什么地方不懂，以及如何去改正你自己。这些都属于元认知策略。元认知策略一般是指学习者对自己认知过程的认知策略,包括对自己认知过程的了解和控制策略。元认知策略分为计划策略、监控策略和调节策略。

(一)计划策略

计划策略是指学习者根据认知活动的特定目标,在一项认知活动之前计划各种活动,预计结果、选择策略,想出各种解决问题的方法,并预估其有效性的策略。元认知计划策略包括设置学习目标、浏览阅读材料、产生待回答的问题以及分析如何完成学习任务。合理的学习计划是提高学习效率的重要方法之一,因此在进行认知活动之前,学习者应分析学习情境中的变量,如自己的认知特点、学习能力、知识基础、学习环境以及这些变量之间的关系与它们的变化情况等;学习者还要对学习方法进行选择,要知道学习方法与学习变量的关系,自觉地选择、安排合适的学习方法。

(二)监控策略

监控策略是指在认知过程中,学习者根据认知目标及时评价、反馈认知活动的结果与不足,正确估计自己达到认知目标的程度、水平;并且根据有效性标准评价各种认知行动、策略的效果。它包括阅读时反思自己是否理解材料、考试时监视自己的做题速度和时间。下面主要介绍两种具体的监控策略——领会监控策略和集中注意策略。

(1) 领会监控策略。领会监控策略是一种具体的监控策略,主要应用在阅读学习材料的过程中。由于阅读中最重要的一个目标就是领会材料的内容,领会监控策略就是指学习者要以自己的阅读过程作为对象进行监控,如果在阅读时没有理解材料中的重要信息,或者忽略了部分关键信息,那么监控策略就会采取相应的措施来补救。例如重新阅读整篇材料,重新阅读不理解或者困难的部分,等等。

(2) 集中注意策略。集中注意策略是指个体要及时监控自身的认知目标完成情况,如果发现自己无法集中注意力,可以采取一些方法,加强注意力的集中。在实际学习中,有效地选择课本中的重要信息加以注意,是某些学习者常常使用的一种策略。而教师要做到的第一件事儿就是要帮助学生挑选重要的材料,鼓励他们对其加以注意,减少能分散注意力的事物,并且教给学生处理那些能分散注意力的事物的技巧。

(三)调节策略

调节策略是根据对认知活动结果的检查,如发现问题,则采取相应的补救措施;根据对认知策略的效果的检查,及时修正、调整认知策略。调节策略与监控策略有关。例如,当学习者意识到他不理解课本的某一部分,他们就会退回去重读困难的段落,在阅读困难或不熟的材料时放慢速度、复习他们不懂的课程材料;测验时跳过某个难题,先做简单的题目等。调节策略能帮助学生矫正学习行为,使他们补救理解上的不足。

元认知策略的计划策略、监控策略和调节策略是相互联系的。学习者一般先认识自己的当前任务，从而使用一些标准来评价自己的理解、预计学习时间、选择有效的计划来学习或解决问题，然后监视自己的进展情况，并根据监视的结果采取补救措施。对元认知策略的发展水平可以采取自我报告法、出声思考法、作业评定法等方法进行评定。同时，元认知策略总是和认知策略结合在一起而起到重要作用的。元认知策略对于帮助学习者估计学习的程度和决定如何学习是非常重要的；认知策略则帮助学习者将新的信息与已知信息整合在一起，并且储存在长时记忆中。因此，元认知策略和认知策略必须一起发生作用。

> **历年真题**

【7.24】丁力有意识地对自己的学习活动进行检查与监控。他所运用的学习策略属于（　　）。

A. 复述策略　　　　　　　　B. 精细加工策略
C. 组织策略　　　　　　　　D. 元认知策略

【7.25】简答题：简述元认知策略的种类。

【7.26】晓杰在阅读课文时，常常自我提问："我对课文表达的内容清楚了吗？我抓住该课文的重点了吗？"这种学习策略属于（　　）。

A. 复述策略　　　　　　　　B. 组织策略
C. 计划策略　　　　　　　　D. 监控策略

五、资源管理策略

资源管理策略是辅助学习者管理可用环境和资源的一种策略，包括时间管理策略、环境管理策略、努力管理策略和社会资源利用策略。

（一）时间管理策略

时间管理策略就是通过一定的方法合理安排时间，有效地利用资源。教师训练学生掌握时间管理策略，需要帮助他们意识到时间计划的重要性，并优先考虑时间的运用。

1. 时间排序

时间管理的方法因人而异，学习者可以给自己每个小时制订详细的计划，也可以仅就一天的事情排序。排序的依据一般为事情对学习者的重要程度和紧急程度，通过这两个维度可以把事情分为四种类型（见图7-3），进行合理的时间分配。高效管理时间，需要把精力放在第一象限，这能够使人掌握时间的主动权，保持生活的平衡，减少未来可能出现的危机。

2. 有效时间管理的使用

（1）统筹安排学习时间。

如何在有限的时间里，把学习安排得合理、有序，是时间管理的主要内容。学习者应当根据自己的总体目标，对时间做出总体安排，并通过阶段性的时间表来落实。

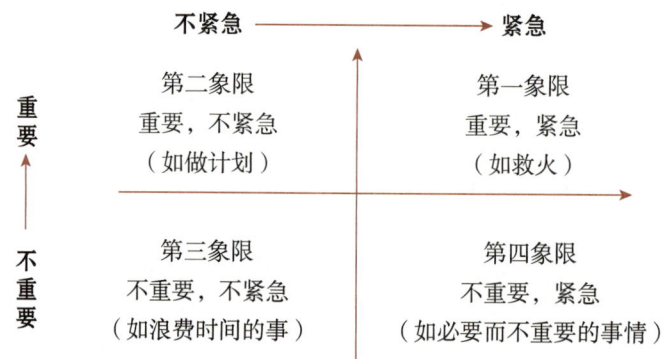

图 7-3 时间管理优先矩阵

对每一天的活动,都要列出一张活动优先顺序表来。在制订学习计划时,要注意将学习计划落实在学习成果上。而在执行时,要用坚定的意志来执行,防止拖拉。时间表的制定并不是一次就可以形成的,学习者要充分考虑到各种因素,先制定一个灵活的具有弹性的时间表,再根据每天的实际情况,适时地调整,直至形成一张具有可行性的、合理的时间表。

(2) 高效利用最佳时间。

在不同的时间里,人的体力、情绪和智力状态是不一样的,也就是说,学习时间的质可能是不一样的。有研究表明,最好的学习或工作时间是上午 10 点左右和下午 3 点左右两个时间段,当然也会存在个体差异,有的人早上学习效果好,有的人晚上学习效果好。因此,学习者在制订学习计划时要考虑到自己的生理特点。

(3) 灵活利用零碎时间。

在学习、生活过程中经常存在一些零碎时间,如果学习者能把每天的零碎时间积累起来用于学习,那么日久天长将是十分可观的。可以利用零碎时间处理学习上的杂事,读短篇文章或看报纸杂志,拓宽自己的知识面,或者背诵诗词和外文单词。此外,还可以进行讨论、交流,在轻松的气氛里与人讨论、交流,有助于启发创造性思维。

(二) 环境管理策略

学习环境会影响学习者在学习时的心境,从而影响学习的效率。因此,为学习创设适宜的环境很重要。首先,学习者要注意调节自然条件,如流通的空气、适宜的温度、明亮的光线以及和谐的色彩等;其次,要设计好学习的空间,如空间范围、室内布置、用具摆放等因素。

(三) 努力管理策略

为了使学习者维持自己的意志努力,需要学习者不断地进行自我激励。这包括:激发内在动机;树立为了掌握而学习的信念;选择有挑战性的任务;调节成败的标准;正确认识成败的原因;自我奖励。

(四) 社会资源利用策略

社会资源利用策略主要包括两个方面：一是学习工具的利用，指学习者要善于利用参考资料、工具书、图书馆、广播电视以及电脑与网络等。二是社会性人力资源的利用，指学习者要善于利用教师的帮助以及通过同学间的合作与讨论来加深对内容的理解。

> **历年真题**

【7.27】简答题：简述学习策略的类型。

☞ 本章小结

1. 学习动机是指激发与维持个体的学习行为，并使之朝向一定目标的内在过程或内部心理状态。学习动机的两个基本成分是学习需要和学习期待。

2. 学习动机的强化理论认为学习的本质是刺激和反应间联结建立的过程，强化是学习的必要条件；认为行为的发生是由于强化的作用，强化决定了有机体行为的形成和转化的过程。

3. 马斯洛的需要层次理论强调人所特有的高级需要，将内部动机和外部动机结合起来，对学校教育教学具有重要的指导价值。

4. 成就动机理论认为，成就动机是个体努力克服障碍、施展才能、力求又快又好地解决某一问题的愿望或趋势。它在成就需要的基础上产生，是激励人们乐于从事自己认为重要或有价值的工作，并力求获得成功的一种内在驱动力。

5. 成败归因理论提出能力、努力、任务难度、运气、身心状况和其他因素（包括他人帮助、环境影响等）是人们解释成败时知觉到的六种主要原因，并将这些原因分为稳定性、内外源和可控性三个维度。

6. 自我效能感指人们对自己能否成功进行某一成就行为的主观判断。个体自我效能感主要受成败经验、替代经验、言语说服、情绪唤起四个因素影响。

7. 学习迁移是指一种学习对另一种学习的影响，或习得的经验对完成其他活动的影响。

8. 先行组织者教学策略，是指在向学生传授新知识之前，先给学生呈现一个短暂的具有概括性和引导性的说明，用简单、清晰、概括的语言向学生介绍新知识的内容和特点，并说明它与哪些旧知识有关以及它们之间的关系。

9. 学习策略一般是指学习者为了提高学习的效果和效率，有目的、有意识地制订有关学习过程的复杂方案。学习策略包括认知策略、元认知策略、资源管理策略。

📖 本章要点回顾

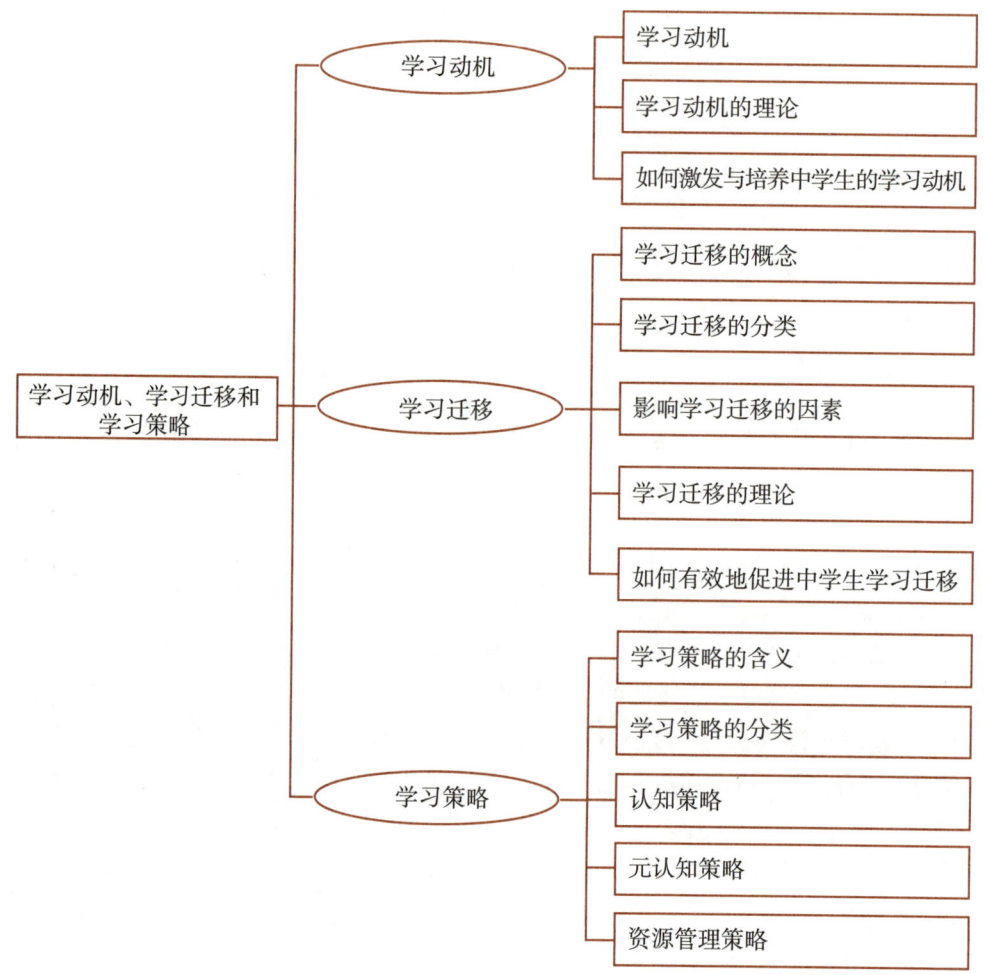

第八章

知识与技能的学习

☞ **学习完本章，应该做到：**

◎ 了解陈述性知识、程序性知识的概念，了解符号学习、概念学习、命题学习的概念。
◎ 理解知识的获得、知识的保持、知识的应用阶段的特点和要求。
◎ 了解动作技能、心智技能的概念，了解练习曲线、高原现象的概念。
◎ 了解动作技能、心智技能形成的特征和影响因素。
◎ 掌握动作技能、心智技能培养的要求。

☞ **学习本章时，重点内容为：**

◎ 陈述性知识、程序性知识、符号学习、概念学习、命题学习的概念。
◎ 知识学习的过程：知识的获得、知识的保持、知识的应用
◎ 动作技能、心智技能、练习曲线、高原现象的概念。
◎ 动作技能、心智技能形成的特征和影响因素。

本章从知识学习的概念入手，介绍了知识的概念、技能的种类，分析了知识学习的过程以及技能的形成过程。

在学习过程中，应了解陈述性知识、程序性知识的概念，了解符号学习、概念学习、命题学习的概念等内容，掌握动作技能、心智技能培养的要求等内容。

第一节 知识的学习

一、知识学习概述

（一）知识的概念、类型与表征

1. 知识的概念

知识是指个体通过与环境相互作用而获得的信息及其组织，是人类从各个途径获得的经过提升总结与凝练的系统的认识。知识的获取涉及感觉、交流、推理等许多复杂的过程。

2. 知识的类型

美国心理学家安德森根据知识的不同表征，把知识分为陈述性知识和程序性知识。

（1）陈述性知识。

陈述性知识是描述客观事物的特点及关系的知识，也称描述性知识，是能够用语

言直接陈述的知识。陈述性知识主要用来回答事物"是什么""为什么""怎么样"之类的问题，是用来区别和辨别事物，主要以概念、命题和命题网络形式存在。陈述性知识主要包括三种不同水平：符号表征、概念、命题。

符号表征是最简单的陈述性知识，所谓符号表征是指代表一定事物的符号。如学生所学习的英语单词的词形、数学中的数字、物理公式中的符号、化学元素的符号等都是符号表征。概念是对一类事物本质特征的反映，是较为复杂的陈述性知识。命题是对事物之间关系的陈述，是复杂的陈述性知识。命题分为两类：一类是非概括性命题，只表示两个以上的特殊事物之间关系。另一类是概括性命题，表示若干事物之间的关系。

（2）程序性知识。

程序性知识是一套关于办事的操作步骤的知识，也称操作性知识。这类知识主要用来解决"做什么"和"如何做"的问题，用来进行操作和实践。程序性知识主要以产生式和产生式系统进行表征。程序性知识难以用语言陈述清楚，只能借助于某种活动形式间接推测其存在的知识。主要回答"怎么做"之类的问题，主要以产生式及产生式系统存在。

历年真题

【8.1】小刚利用改变物体接触面大小或光滑程度的方法，来增强或减弱滑板的摩擦力。这主要说明小刚能够运用（　　）。

A. 元认知知识　　B. 描绘性知识　　C. 情境性知识　　D. 程序性知识

3. 知识的表征

（1）陈述性知识的主要表征形式。

①命题和命题网络。

一个命题就相当于一个观念，它是我们能够评价是非对错的最小的意义单元。两个或多个命题常常因为有某个共同的成分而相互联系在一起，从而构成了命题网络，或称语义网络。

②图式。

图式是认知结构的起点和核心，是将相互联系的概念、命题和表象组织起来而形成的有组织的认知单元。

（2）程序性知识的主要表征形式。

①产生式。

产生式是条件与动作的联结，即在某一条件下会产生某一动作的规则，它由条件项"如果"和动作项"那么"构成。即在满足某个条件的时候，做出某个行动。

②产生式系统。

众多的产生式联系在一起，就构成了复杂的产生式系统，表征复杂技能的完成过程。

知识拓展

产生式系统是由多个产生式相结合而成的，了解产生式的编码规则，能够更好地了解产生式系统。

在科学技术飞速发展的今天，根据程序性知识的获得的心理机制，利用产生式系统对其进行获得，具有现实作用。美国科学家、人工智能开创者之一的西蒙与美国心理学家、电脑科学家纽厄尔最先把产生式系统用于解释程序性知识的获得机制，他们认为人与计算机相同，都是物理信号系统，其功能都是操作符号。计算机之所以具有智能，能完成各种运算和解决问题，都是由于其存储了一系列"如果……那么……"形式的编码规则。人经过学习，头脑中也存储了一系列"如果……那么……"形式表示的规则，这种规则便称为产生式，这正是产生式系统的基础。

产生式是由行动和条件两部分组成。其基本原则为"如果条件为 X，那么实施行动 Y"，即当一个产生式的条件得以满足，则执行该产生式规定的某个行动。例如，识别哺乳动物和识别等边三角形的产生式表达如下：

产生式 1：如果一个动物是胎生的，且这个动物能够哺乳，那么这个动物就是哺乳动物。

产生式 2：如果已知一个图形有三条边，且这三条边相等，那么这个图形是等边三角形。

如上所示：解决简单问题，只需一个产生式，而解决难题需要多个产生式，而这些产生式的集合便是产生式系统。例如，解决 $\frac{1}{4}+\frac{1}{5}$ 这样的问题，它的产生式系统如下：

产生式 1：如果求两个分数的和，且分母不同，那么先求出两个分数的最小公分母。

产生式 2：如果求两个分数的和，且已知最小公分母的值，那么一公分母的值分别作为两个分数的分母，两个分数的分子扩大的倍数分别与其分母扩大的倍数相同。

产生式 3：如果求两个分数的和，已知两个分数的分母相同，那么直接将两个分数的分子相加，分母不变。

以上便是解决复杂问题的产生式系统。

（资料来源：张大均. 教育心理学. 北京：人民教育出版社，2011：205-206。）

美国心理学家梅耶提出了一种策略性知识，它是一种较为特殊的程序性知识。策略性知识是关于认识活动的方法和技巧的知识，例如，如何有效记忆，如何明确解决问题的思维方向等。

（二）知识学习的类型

知识学习是新符号代表的知识在学习者心里获得意义的过程。追求符号意义是知识学习区别于技能学习的标志。

1. 符号学习、概念学习和命题学习

根据知识本身的存在方式和复杂程度，知识学习可以分为符号学习、概念学习和命题学习。

（1）符号学习是指学习单个符号或一组符号的意义，或者说学习符号本身代表什么。符号学习的主要内容是词汇学习，即学习单个语言符号的意义。汉字和英语单词的学习，就属于符号学习。由于词汇所代表的事物和观念是约定俗成的，而个体最初对此一无所知，因此必须通过反复学习来建立符号与其代表的事物之间的等值关系。

例如，儿童通过学习，可以用"苹果"或"apple"来代表他所看到的具体的苹果。符号不限于语言符号（词），也包括非语言符号（如实物、图像、图表、图形等）。因此，对各种花草树木的认识，对几何图形的认识，也属于符号学习。符号学习还包括事实性知识的学习，即学习一组符号（语言或非语言）所表示的某一具体事实。

（2）概念学习是指掌握概念的一般意义，其实质是掌握一类事物的共同的本质属性和关键特征。概念学习的过程包括概念的获得和概念的运用两个环节。获得概念有两种形式，即概念的形成和概念的同化。

概念的形成指从大量的具体例证出发，通过归纳的方法抽取一类事物的共同本质属性，从而形成概念。概念的同化指将新概念纳入学生认知结构中原有的有关概念之中，从而使学生获得概念的方式。

（3）命题学习指获得由若干概念组成的句子的复合意义，即学习若干概念之间的关系。命题是在概念的基础上形成的，因此，学习命题，必须先了解组成命题的有关概念意义，才能获得命题的意义。命题学习以概念学习为前提，以符号学习为基础，反映事物之间的关系，是一种更加复杂的学习。

2. 下位学习、上位学习和并列结合学习

奥苏贝尔根据知识与原有认知结构的关系，将知识学习分为下位学习、上位学习和并列结合学习。

（1）下位学习又称类属学习，是指将概括程度或包含程度较低的新概念或命题归属到认知结构中已有的、概括程度或包含程度更高的适当概念或命题之下的学习，从而获得新概念或新命题的意义。下位学习包括派生类属学习和相关类属学习。新的学习内容仅仅是学生已有的、包摄面较广的命题的一个例证，或是能从原有命题中直接派生出来的。

在派生类属学习中，所要学习的新材料蕴含于原有的认知结构中，或者可直接从认知结构中原有的具有更高包摄性和概括性的观念中推衍出来。新学习的观念仅是原有观念的一个特例或派生物。通过派生性同化，新旧观念相互作用，新观念被纳入原有的相应的上位观念中去，获得意义，同时也支持或证实了原有观念，但原有观念的本质未发生变化。

例如，儿童已知道"猫爱吃鱼"，那么"邻居家的猫正在吃鱼"这一新命题就可类属于已有的命题。再如，学生在学习正方形、长方形、正三角形时已经形成了轴对称图形概念。在学习圆时，"圆也是轴对称图形"这一命题纳入或归属于原有轴对称图形概念，新的命题很快获得意义，学生立即能够发现圆具有轴对称图形的一切特征。

一般而言，这种学习比较简单，只是通过对事物的具体化便可习得。

当新内容扩展、修饰或限定学生已有的命题，并使其精确化时，表现出来的就是相关类属学习。在相关类属学习中，新学习的观念类属于原有的具有较高概括性的观念，但新观念并非完全蕴含于原有观念之中，也不能为原有观念所代表。因为新观念对原有观念的内涵进行了扩充、限定或深化。通过相关类属学习，即使新观念获得了意义性，又使原有观念的内容得以扩充或限定。

例如，已知"平行四边形"这一概念，那么就可以通过"菱形是四条边相等的平行四边形"这一命题来解说菱形。在这种情况下，通过对"平行四边形"的限定，产生了"菱形"这一概念。即在相关类属学习中，新知识虽然被看作是原有知识的下位观念，但前者的意义并非完全蕴含在后者之中，也不能为后者所充分代表。因此，相关类属学习比较复杂。

可见，派生类属学习是将新知识纳入旧知识中，原有的概念或命题只是得到证实或说明，本质未变；而相关类属学习是将新知识归属于原有的概念或命题，原有的概念或命题便得到了扩充、深化、限定或精确化。[①]

（2）上位学习也称总括学习，是指在认知结构中原有的几个观念的基础上学习一个包容性程度更高的命题，即原有的观念是从属观念，而新学习的观念是总括性观念。在这些原有观念的基础上学习一个概括和包容程度较高的概念或命题时，便产生上位学习。例如，化学课中"元素"概念建立后，可以启发学生分析铁、铝、氢、氧、钠、钙等物质有无共同之处，并最终让学生理解这些看起来各不相同的物质归纳起来都属于一个类别：化学元素；这就是说通过归纳、综合几个具体类概念，让学生掌握了更高一级的类概念，即上位概念。[②]

（3）并列结合学习是在新知识与认知结构中已有的知识既非下位关系，也非上位关系，而是一种并列关系时产生的。化学中的化合与分解，物理学中的聚变与裂变，生物学中的遗传与变异等，学习这类内容均属于并列结合学习。

二、知识学习的过程

现代信息加工心理学把知识学习分为习得阶段、巩固阶段以及应用阶段三个阶段。

（一）知识习得是知识学习的第一阶段

在这一阶段，新的知识信息进入短时记忆，与长时记忆中系统的原有知识建立一定的联系，并纳入原有的认知结构，从而获得对新信息意义的理解。要理解新信息的意义，必须获得充分的感性经验，并对感性经验进行思维加工，知识的获得包括对知识的感知和对知识的理解。

1. 知识的感知

知识的感知是指主体通过对直接感知到的教学材料的表层意义、表面特征进行加工，从而形成对有关事物的具体的、特殊的、感性的认识的加工过程。知识的感知是

[①] 梁宁建. 当代认知心理学 [M]. 上海：上海教育出版社，2014.

[②] 叶浩生. 心理学史 [M]. 上海：华东师范大学出版社，2009.

理解科学知识的起点，是学生由不知到知的开端，是知识获得的首要环节。

在实际教学中，知识的感知主要有三种直观方式，即实物直观、模象直观和言语直观。

（1）实物直观指在感知实际事物的基础上提供感性材料的直观教学方式。实物直观给人以真实感、亲切感，它有利于激发学生的学习兴趣、调动学习的积极性。但实物直观难以突出本质要素。

（2）模象直观是指观察与教材相关的模型与图像，形成感知表象的一种直观教学方式。模象直观在很大程度上可以克服实物直观的局限，扩大直观的范围，提高直观的效果。但由于模象只是事物的模拟形象，而非实际事物本身，因此模象与实际事物之间有一定的差距。

（3）言语直观是在形象化语言的作用下，通过学生对语言的物质形式（语音、字形）的感知及对语义的理解而进行的一种直观形式。言语直观不受时间、地点和设备条件的限制，可以广泛使用。教学中，教师可运用语调和生动形象的事例去激发学生的感情，唤起学生的想象。但言语直观所引起的表象，不如实物直观和模象直观鲜明、完整、稳定。

在教学中通常通过灵活选用实物直观和模象直观；加强词与形象的配合；运用感知规律，突出直观对象的特点；培养学生的观察能力；让学生充分参与直观过程五个方面提高知识感知的效果。

2. 知识的理解

对知识理解过程的认识，不同学派的心理学家持有不同的观点。巴甫洛夫学派认为人们是通过联想获得有关事物关系的知识的，理解就是利用旧联想形成新联想，即联想的联想；格式塔学派认为理解就是"顿悟"，是头脑中知觉"完形"的出现，理解就是对事物间的关系突然贯通与领悟；以皮亚杰为代表的日内瓦学派认为，个体对新事物的理解，就是新刺激被个体已有的知识结构同化式顺应的过程；认知心理学家奥苏贝尔则认为理解就是将新信息纳入原有认知结构，新旧知识发生意义同化的过程。以上种种观点都各自在一定程度上解释了理解的过程，对把握理解过程的实质有所裨益，而当代认知心理学家用以解释理解过程的图式理论则对理解的内部机制做了更清楚的说明。

图式是一个概念或一种见解的认知结构，是头脑中保存的过去经验的有组织的知识构架。图示理论告诉我们个体在认知过程中，原有的知识及其组织对理解具有极大的影响，学生在学校中所学各门学科中的绝大多数新知识，都与先前的知识背景有关系，新材料本身没有提供理解它的完整信息，新材料的输入只能是一种线索，要想理解这种新材料，就必须使新旧知识相互作用和结合，并从原有知识中推论出，理解当前新材料所需的信息。

我们可以把影响知识理解的主要因素概括为以下几个方面。

（1）理解知识的心向。影响学生对知识理解的重要因素之一是学生是否具有通过积极思维，以求弄懂新知识的心理准备。缺乏理解学习的心向的学生可能主要依靠机械记忆，以反复诵读的方式，记住这些文字的表述，而并不能真正理解知识的内容。

（2）学习材料的性质。奥苏贝尔特别强调，学习材料必须对学习者具有潜在意义，意义学习需要考虑学习材料的潜在意义，必然随着诸如学习者的年龄、智商、职业、社会层次等因素而变化。

（3）原有认知结构的水平。学校中一切有意义的学习，都是在原有的学习基础上产生的，不受原有认知结构影响的学习是不存在。因此，一切有意义的学习，必然包含着学习的迁移。

（4）原有的知识背景的结合程度，也是影响理解的重要因素。

对知识的理解过程就是思维的过程，包括感性概括和理性概括，在教学中为了促进对知识的理解需要提高对知识的概括水平。有效进行知识概括主要从以下几个方面着手：

（1）配合运用正例和反例。

概括的目的在于区分事物的本质和非本质，抽取事物的本质要素，抛弃事物的非本质要素。为此，必须配合使用概念的正例与反例。正例又称肯定例证，指包含着概念或规则的本质特征和内在联系的例证；反例又称否定例证，指不包含或只包含了一小部分概念或规则的主要属性和关键特征的例证。一般而言，概念或规则的正例传递了最有利于概括的信息，反例则传递了最有利于辨别的信息。在实际的教学过程中，为了便于学生概括出共同的规律或特征，最好同时呈现若干正例，以一个个的例子来说明。同时，如有可能教师最好能把正反两种例证同时加以说明。

（2）正确运用变式。

所谓变式，就是用不同形式的直观材料或事例说明事物的本质属性，即变换同类事物的非本质特征，以便突出本质特征。在运用变式时，如果变式不充分，学生在对教材进行概括时，往往会发生下列两类错误，必须注意预防。一类常见的错误是把一类或一些事物所共有的特征看作本质特征。另一类常见错误是在概括中人为地增加或减少事物的本质特征，不合理地扩大或缩小概念。

（3）科学地进行比较。

比较主要有同类比较和异类比较两种方式。同类比较即关于同类事物之间的比较。通过同类比较，便于区分对象的一般与特殊、本质与非本质，从而找出一类事物所共有的本质特征。异类比较即不同类但相似、相近、相关的事物之间的比较，通过异类比较，不仅能使相比客体的本质更清楚，而且有利于确切了解彼此间的联系与区别，防止知识间的混淆与割裂，有助于知识的系统化。

（4）启发学生进行自觉概括。

教师启发学生进行自觉概括的最常用方法是鼓励学生主动参与问题的讨论，在讨论的时候，不仅要鼓励学生主动提出问题，而且要鼓励他们主动解答问题。在概括过程中，教师应充分调动学生的思维，让他们自己去归纳和总结，从根本上改变"教师做结论，学生背结论"的被动方式。

（二）巩固阶段

在巩固阶段，新建构的意义储存于长时记忆中，如果没有复习或新的学习，这些意义会随时间的流逝而遗忘。

（三）应用阶段

在应用阶段，人们将所获得的知识运用于作业和解决有关问题的过程中，回答"是什么"或"为什么"的问题，使所学知识产生迁移。如应用物理化学的概念、定理、定律去解答有关具体问题；运用逻辑知识去写说明文和议论文；运用数学知识去做作业等。

第二节 技能的学习

一、技能及其种类

技能是指个体运用已有的知识经验，通过练习而形成的合乎法则的活动方式。技能不是一个人的本能行为，是通过后天学习得来的；但技能不同于知识，它表现为一种活动方式，是个体身上固定下来的复杂的动作系统，是对动作和动作方式的概括。技能也不同于能力，能力是对调节认识活动的心理活动过程的概括，是较高水平的概括。

按性质和特点的不同，技能可分为动作技能和心智技能。动作技能是指通过练习巩固下来的、自动化的、完善的动作活动方式。如日常生活方面的写字、行走、骑自行车；体育运动方面的游泳、体操、打球；生产劳动方面的锯、刨、车等活动方式，都属动作技能。心智技能主要表现为内潜的认知操作活动，如心算、写作构思、工程设计之类的技能。

二、动作技能的形成

（一）动作技能形成的阶段

动作技能的形成，是通过练习从而逐步地掌握某种动作方式的过程。一般来说，由初步学会到熟练掌握，需要经历相互联系的四个主要阶段[①]。

1. 认知阶段

这一阶段主要是理解学习任务，并形成目标意象和目标期望。目标意象主要指学习者对自己解决问题的目标模式反应和动作形式，在头脑中形成一个表象，即明确解决问题的目标模式。而目标期望则是对自己的作业水平的估价，即明确自己能做得如何。目标意象和目标期望对动作技能的学习起着定向作用。

学习者在技能学习的起始阶段，首先要通过对示范动作的观察，对刺激情境的知觉，来形成一个内部的动作意象，以作为实际执行动作时的参照。而要形成这样一个

---

① [美]伍尔福克. 教育心理学 [M]. 何先友译. 北京：中国轻工业出版社，2014.

意象，则需要对线索和有关信息进行适当的编码。线索和信息的编码，可以是形象的，也可以是抽象的；可以是视觉的，也可以是语词的；可以是有意义的，也可以是孤立的。为了形成有利于动作技能形成的目标意象，学习者通常用自己擅长的方式来对线索进行编码。

在认知阶段，学习者不仅形成目标意象，而且还依据自己以往成功和失败的经验，依据自己的能力和当前任务的难易，形成对自己作业水平的期望。有明确目标期望的学习，较之于目标期望模糊的学习更有效。认知阶段的主要特点是学习者忙于领会技能的基本要求，掌握技能的局部动作，因而注意范围比较狭窄，精神和全身肌肉紧张，动作忙乱，呆板而不协调，出现很多多余的动作，不能察觉自己动作的全部情况，难以发现错误和缺点。

2. 分解阶段

在这一阶段，传授者将整套动作分成若干分解动作，学习者则初步尝试，逐个学习。即把组成新动作技能的动作构成的整体逐一分解，并试图发现它们是如何构成的，最后尝试性地完成所学新技能中的各个动作。在这个时期，学习者的注意只能集中于个别动作上，不能统观全局和控制动作的细节。这是由于对被分解的动作生疏，动作程序之间还未形成有机联系，初看起来既不连贯又顾此失彼。

3. 联系定位阶段

在这一阶段，练习者已经逐步掌握了一系列局部动作，并开始将这些动作联系起来，但是各个动作还是结合得不紧密。在从一个环节过渡到另一个环节，即转换动作的时候，常出现短暂的停顿。练习者的协同动作，是交替进行的，即先集中注意一个动作，然后再注意做出另一个动作，反复地交替，进行不同的动作。这种交替慢慢加快，技能结构的层次不断提高，然后逐渐形成整体的协同动作。此阶段，必须排除过去经验中的习惯的干扰。此阶段的主要特点是技能的局部动作被综合成更大的单位，最后形成一个连贯的动作技能的整体。练习者视觉控制作用逐渐减弱，而肌肉感觉的自控作用逐步提高，动作间的相互干扰减少，紧张程度有所减弱，多余动作趋于消失。

4. 自动化阶段

动作技能形成的最后阶段是一长串的动作系列已联合成为一个有机的整体，并已巩固下来。各个动作相互协调，似乎是自动流出来的，无须特殊的注意和纠正。这时，练习者的多余动作和紧张状态已经消失，练习者能根据情况的变化，灵活、迅速而准确地完成动作，能够自动地完成一个接一个的动作，几乎不需要有意识控制。

总之，动作技能的形成需要从领会动作要点和掌握局部动作开始，然后建立动作连锁，最后达到自动化。

知识拓展

技能学习中的"高原现象"

学习者在学习进程中常常会遇到这样一个阶段，即学习成绩提高到一定程度时，继续提高的速度突然减慢或出现停滞不前甚至倒退的现象，这种现象在心理学中被称为"高原现象"。高原现象是技能学习中常见的现象。例如，钢琴练习者感觉到练习到一定的层次以后，想要再进一步地提高练习成绩变得非常困难，仿佛学习停滞不前了，即使继续努力也收效不大。并不是所有的技能学习中都必然存在高原现象。它并不具有普遍性和必然性。如果技能结构比较简单，学习者的身心状况又好，就不会出现高原现象。需要特别指出，高原现象并非技能水平达到生理极限的表现。由于人掌握技能的水平与其机体和神经系统的活动能量有密切关系，故练习的生理限度是不能否认的。但是，从人们掌握技能的实际情况看，一般并未达到生理极限，尤其是青少年学生，其技能提高的潜力很大。

（二）影响动作技能形成的因素

动作技能的形成受许多因素的影响，包括内部因素和外部因素。

1. 影响动作技能形成的内部因素

（1）学习动机。学习动作技能的动机是促使学生积极学习动作技能的内在驱动力量。

（2）生理成熟水平。生理成熟是学习动作技能的基础，学习者生理成熟水平越高，动作技能学习的效果越好。

（3）知识经验。知识并不等于技能，但技能的形成必须运用知识，知识经验越丰富，对克服技能学习的难点越有帮助。

（4）人格特征。良好的人格特征对动作技能的形成起着促进作用，外向或内向等人格类型也会对动作技能的学习产生不同的影响。与内向的人相比，外向的人动机水平较高、行动效率高，动作速度快。

（5）智力水平。当学习者的智力处于正常水平时，小肌肉动作技能的学习和智力之间有较低的正相关，智力水平越高，学习成绩越好；大肌肉动作技能的学习和智力之间几乎没有什么相关；当学习者的智力低于正常水平时，小肌肉与大肌肉的动作技能的学习和智力之间存在明显的正相关，智力越低，学习进步越慢，越难获得动作技能。

（6）生理唤醒水平。中等的生理唤醒水平是获得良好操作成绩的最理想水平。

2. 影响动作技能形成的外部因素

（1）准确的示范与讲解。

示范、讲解是技能训练的第一步，准确的示范与讲解有利于学习者在头脑中形成准确的定向映象，进而在实际操作活动中调节动作的执行。一般来说，教师的示范要注意整体示范与分解示范的结合，并且注意示范时速度的控制。

（2）必要而适当的练习。

练习是形成各种操作技能所不可缺少的关键环节，是动作技能形成的基本条件和途径，对技能进步有促进作用。一般来说，随着练习次数的增多，动作的精确性、速度、协调性、灵活性都会逐步提高。

（3）充分而有效的反馈。

反馈，是指在学习者知道自己的学习结果后，据此对其学习方法、计划和目标做出相应的调整。

（4）建立稳定清晰的动觉。

动觉是由运动感觉和运动知觉构成的，是复杂的内部运动知觉，它反映的主要是身体运动时的各种肌肉活动的特性，如紧张、放松等，而不是外界事物的特性。动觉是运动知识获得的前提，是运动技能形成的心理基础。

> **历年真题**
>
> 【8.2】简答题：简述动作技能培养的途径。

三、心智技能的形成

（一）心智技能形成的阶段

心智技能的形成包括原型定向、原型操作、原型内化三个阶段。

1. 原型定向

心智活动的原型是对一些最典型的智力活动样例的设想。原型定向就是了解原型的活动结构（包括动作构成要素、动作执行次序和动作的执行要求），从而使主体明确活动的方向，知道该做哪些动作和怎样去完成这些动作。在教学过程中，教师常常利用实物操作或者替代物演示的方法使学生了解到个人行为操作上的过程，并积极动手实践，以达到理解过程、熟悉动作结构的目的。

2. 原型操作

所谓原型操作，就是依据心智技能的实践模式，把主体在头脑中建立起来的活动程序计划以外显的操作方式付诸实施。在这一阶段，活动的执行是在物质与物质化水平上进行的，因而在苏联心理学家加里培林及其学派的著作中称之为"物质或物质化活动阶段"。

3. 原型内化

所谓原型内化，即心智活动的实践模式向头脑内部转化，它是由物质的、外显的、展开的形式变成观念的、内潜的、简缩的形式的过程。这一过程又可划分成三个小的阶段，即出声的外部言语阶段、不出声的外部言语阶段和内部言语阶段。

依据心智活动是实践活动的反映这一观点，任何新的心智技能的形成，在原则上都必须经过上述三个基本阶段才能实现。

（二）心智技能形成的特征

1. 观念性

心智技能是一种观念活动，具有观念性。心智技能形成以后，心智技能的对象就脱离了支持物，不再需要借助于直观的实物、模型或图示了，如法则、规则的自如运用。

2. 内潜性

心智技能是借助内部言语在头脑里默默地进行，具有内潜性。心智技能形成以后，其内部言语表现为概括化和简约化，其操作活动会高度压缩、合理简化。

3. 简缩性

心智技能一旦形成，针对特定问题"如何做"的一套规则程序就已经压缩、简化，直至内化于学习者的头脑中，有利于学习者快速高效地解决类似问题。

（三）心智技能的培养要求

在教学中应重视心智技能的培养，心智技能培养应注意以下几点。

1. 建立合理的心智活动模型

心智模型是一种代表外在现实事物的、内化的心理模型表征，是一种隐含在我们内心深处的思维方式和思想观念，能够直接或者间接影响我们的行为。心智模型之所以对我们的所作所为具有巨大影响力，是因为它影响我们如何认知周遭世界，并影响我们如何采取行动。模拟建立模型的过程实际上就是把专家头脑里的观念的、内潜的、固定的经验"外化"为物质的、展开的、活动的模式的过程。

2. 正确讲解和科学练习

教师通过讲解指导学生学会审题和确定解决各种问题的步骤和方法，正确的讲解就是要突出重点、难点、关键点；科学的练习就是通过变式增加学生灵活运用知识的机会，练习形式多样化，举一反三，适量适度，循序渐进。

3. 培养学生认真思考的习惯和独立思考的能力

认真思考的习惯和独立思考的能力是思维技能形成的重要条件。实践证明，创设问题情境，进行启发式教学，不仅能激发学生的学习动机和兴趣，而且能使他们养成善于思考和主动分析解决问题的习惯，促进他们心智技能的形成和提高。相反，如果教师单纯向学生灌输知识，忽视培养他们的思维能力和创造能力，学生就会死记硬背，影响心智技能的形成与提高。

☞ 本章小结

1. 知识是指个体通过与环境相互作用而获得的信息及其组织，是人类从各个途径获得的经过提升总结与凝练的系统的认识。

2. 知识学习是新符号代表的知识在学习者心里获得意义的过程。根据知识本身的存在方式和复杂程度，知识学习可以分为符号学习、概念学习和命题学习。奥苏贝尔根据知识与原有认知结构的关系，将知识学习分为下位学习、上位学习和并列结合学习。

3. 现代信息加工心理学把知识学习分为三个阶段，即为习得阶段、巩固阶段以及应用阶段。

4. 技能是个体运用已有的知识经验，通过练习而形成的合乎法则的活动方式。

5. 动作技能形成经历认知、分解、联系定位和自动化等四个主要阶段。

6. 心智技能的形成包括原型定向、原型操作、原型内化三个阶段。

☞ 本章要点回顾

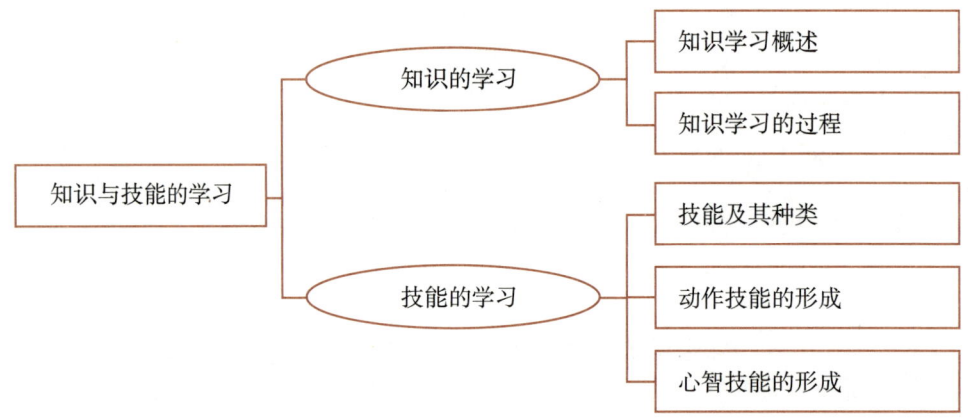

第九章

中学生心理辅导

☞ **学习完本章，应该做到：**

◎ 了解心理健康的概念、心理健康的标准。
◎ 了解中学生常见的心理问题。
◎ 初步掌握中学生常见心理问题的辅导方法。

☞ **学习本章时，重点内容为：**

◎ 心理健康的概念、心理健康的标准。
◎ 中学生常见的心理问题。
◎ 中学生常见心理问题的辅导方法。

本章介绍了心理健康的概念及其标准，阐述了抑郁症、恐惧症、焦虑症、强迫症、网络成瘾等常见的中学生心理健康问题的特征及其治疗方法。

在学习过程中，应了解心理健康的概念、心理健康的标准，初步识别中学生常见的心理问题，并理解中学生常见心理问题的辅导方法。

【引子】

一个抑郁症患者的内心独白

四年前，我开始有身体不适感，后脑就如同终日压着一块大石，昏昏沉沉瞌睡不止。相伴而来的是理解力、记忆力和注意力开始明显下滑，这对刚换了一份新工作的我来说着实艰难。

直到有一日清晨我终于头痛难耐到无法上班，于是，我去了医院。

医生的诊断是脑供血不足，开的一堆药有些许的疗效，缓解了我的头痛，但并未卸下我脑中的大石。在那之后的两年间，如那天早上的严重症状陆续出现过几次，我自己也开始尝试以各种手段看是否能缓解自己的症状。我每天早睡早起，吃很多的豆制品，每天吃三根香蕉，每个工作日的晚上都要跑步，每个周末都去游泳……但没有一丁点的起色。

在开始的两年，我无论睡多少个小时，都还是睡不饱，脑袋始终昏昏沉沉就如同熬夜到三四点时的模样，哈欠连天，随时随地都能睡着。但即便如此，当真要我睡觉的时候，我又要辗转反侧许久方能入睡，且睡眠很浅，一点点风吹草动就会把我惊醒，而在这之前我是一个沾上枕头十秒钟内就能睡着的人。

2013年开始，睡眠越来越差，身体也日益乏力，脑中的大石突然开始疯狂生长，变得越来越重。

每天早上，我都需要与压着我的那块大石全力对抗才能艰难起床，从不迟到的我开始迟到；我无法再维持上班路上读书的习惯，而转为靠着窗户昏睡；下班时我经常需要在上海南站下车歇息一会，因为我开始晕地铁，坐时间一长就头晕恶心；我变得没有办法工作，整个大脑的回路就如同被堵塞住了一样，那块疯狂生长的大石也压得我有一半的时间只能趴在桌上；每天一进家门，我就只能躺在床上动弹不得；我不想见人，不想接电话，不想与人说话，不想出门，这等简单的事情于我简直苦不堪言，我开始进入如深渊般的社交困境，我的手脚也如同长出了绳索把我彻底捆缚住了。

我开始觉得我的人生彻底无望了。

在昏惨惨的房间里，慢慢地，所有痛苦的前尘往事都从心底里翻涌出来，关于家庭的，关于情感的，关于身体的，关于事业的，凡是所有经历过的苦痛都从角角落落里跳出来，在我的脑海中翻腾。我回顾了自己没什么价值的过往，看着我无比痛苦的现在，又想了想未知的未来，好像看不到任何光亮，我的人生就此被困住了，身体坍塌，没有幸福，就如同张爱玲所写的，一级一级，走进没有光的所在。

我脑中曾闪过一个念头，要不死了算了，反正活着也一无是处。

（资料来源：节选自朱熠关于抑郁症的文章。）

第一节　心理健康及其标准

一、心理健康的概念

1946年"第三届国际心理卫生大会"就曾对"心理健康"下过定义："心理健康是指在身体、智能以及情感上，能保持同他人的心理健康不相矛盾，并将个人心境发展成为最佳的状态。"

英国《简明不列颠百科全书》（1985）将心理健康定义为："心理健康是指个体心理在本身及环境条件许可范围内所能达到的最佳功能状态，但不是十全十美的绝对状态。"

心理健康的概念包含以下四点：

第一，心理健康是一种心理状态；第二，心理健康是一种内外协调统一的良好状态；第三，适应（尤其是社会适应）良好是心理健康的重要特征；第四，心理健康是具有一种积极向上发展的心理状态。从广义上说，心理健康是指一种高效率、满意的、持续的心理状态。狭义上，心理健康是指人的基本心理活动过程的协调一致、内容与现实的协调一致，即认识、情感、意志、行为以及人格的完整与稳定，能够顺应社会，与社会保持同步。

二、心理健康的标准

"第三届国际心理卫生大会"认为心理健康的标准是：

（1）身体、智能以及情感的协调统一；

（2）适应环境，能够正确处理人际关系；

（3）在日常生活和工作中，能有效发挥自己的实力；

（4）能够体验到幸福。

美国著名的心理学家马斯洛和密特尔曼也曾提出心理健康的10条标准：

（1）是否有充分的安全感；
（2）是否对自己有较充分的了解，并能恰当地评价自己的行为；
（3）自己的生活理想和目标能否切合实际；
（4）能否与周围环境保持良好的接触；
（5）能否保持自我人格的完整与和谐；
（6）能否具备从经验中学习的能力；
（7）能否保持适当和良好的人际关系；
（8）能否适度地表达和控制自己的情绪；
（9）能否在集体允许的前提下，有限地发挥自己的个性；
（10）能否在社会规范的范围内，适当地满足个人的基本要求。

我国学者姚本先提出了青少年（中学生）心理健康的9条标准：
（1）智力水平正常；
（2）自我意识正确；
（3）人际关系和谐；
（4）生活积极平衡；
（5）社会适应良好；
（6）情绪乐观向上；
（7）意志行为健全；
（8）人格完整统一；
（9）心身特征一致。

值得注意的是，中学生正处于发展中，容易出现一些比较突出的问题，有些问题具有阶段性和暂时性，是个体心理发展过程中的现象，有些甚至是在学生心理发展过程中必然出现的具有一定年龄特点的心理行为特征。这种问题随着学生心理的成长与发展，通过正确的教育和引导，自然就可以得到解决。因此教师在考查学生的心理健康状况时，标准只是作为一种必要的参照，而要以整体的、发展的眼光来看待学生的问题，不要轻易地给学生下"异常"的判定。

历年真题

【9.1】辨析题：心理健康的标准是相对的。

第二节 中学生常见的心理健康问题

中学生是人生成长的重要阶段，是心理发展的关键时期。然而，随着社会经济的快速发展，面对社会竞争的日趋激烈，以及家长望子成龙，望女成凤的愿望，不少中学生产生各种心理困扰和障碍，主要表现为：生活消极，自我失控，心理承受能力低，意志薄弱，缺乏自信，难以应对挫折，并出现打架、说谎、骂人、厌学、逃学等行为，严重的甚至出现自伤或伤人现象。这些问题日益凸显出来，影响着中学生心理健康的发展。

一、中学生发展性心理健康问题

（一）自我概念的问题

中学生会反复思考"我是谁？""我是怎样的人？""别人是不是喜欢我？"等问题。这种自我意识的高涨，会使中学生的言行举止出现一些问题，如强烈的主观偏执，不能听取别人建议，认为自己是正确的，觉得别人总是关注自己，别人总是用批评的眼光看自己，担心自己在他人心中的形象，等等。

（二）人际关系的问题

1. 亲子关系问题

中学生的身心发展逐渐成熟，从而产生强烈的"成人感"，使中学生想摆脱父母的束缚，想和父母建立一种平等的关系。如果父母过多管束孩子，可能会使他们产生逆反情绪，甚至导致更严重的冲突以及对立等。中学生和父母之间缺乏沟通和理解，会导致亲子关系变得疏远，也有可能导致中学生离家出走，甚至走上违法犯罪的道路等。

2. 师生关系问题

随着认知能力逐渐增强，中学生不再盲目接受老师和崇拜老师，而是开始对老师评头论足。他们对喜欢的老师的科目努力学习，而对不喜欢的老师的科目就会相当排斥。

3. 同伴关系问题

中学生交朋友基本上仅限于"志同道合"的同伴，同伴关系范围狭窄，易形成小团体。随着中学生身心的迅速发展，性心理的发展也逐渐成熟，异性同伴之间关系表现出先疏远、后接近的现象。正常的异性交往有利于中学生的身心健康发展，但在异性交往中难免有部分中学生因缺乏经验，不能掌握与异性交往的技巧，会出现把握不好交往尺度或频率的情况。

（三）学习问题

中学生存在的学习问题有：厌学，对学习没有兴趣，没有学习计划，缺乏有效的时间管理策略等。中学生学习问题产生的原因有：缺乏学习动力，没有体会到学习乐趣或成就感，缺少合理的学习方法等。

二、中学生障碍性心理健康问题

（一）抑郁症

1. 概念

抑郁症是一种以持久的心境低落为主要特征的神经症。通常病前有一定的心理社会因素作诱因，慢性起病，肯定而不太严重的抑郁伴有神经症症状，工作、交际、生活能力受影响较轻，有求治欲望，人格完整，病程持续2年以上。

2. 临床表现

抑郁症临床表现的基本特征是自觉情绪低落、压抑、郁闷、沮丧，主要包括以下几个方面：

（1）对生活的兴趣明显减退，甚至丧失了业余爱好，不愿意参加娱乐消遣；

（2）感到身心疲惫，精力不足，思维迟钝，反应缓慢，对学习、生活缺少信心；

（3）自我评价降低，夸大自己的缺点，自卑、内疚，常回忆不愉快的往事，或遇事好往坏处想，但仍有自知力，愿主动求治；

（4）社会退缩倾向，不愿与他人过多交往，交往时缺乏自信；

（5）伴头痛、背痛、肢体不适等多种躯体症状和睡眠障碍；

（6）觉得生活无意义，对个人前途悲观失望，严重者甚至以为活着还不如死去，有自杀意念。

一般来说，中学生患有抑郁症，可能表现为以下几种症状：

（1）经常失眠。这是抑郁症患者早期的明显症状。主要表现为入睡时翻来覆去、头脑中反复出现白天的事情，对明天即将来临的考试、默写、背诵等事情过分紧张，总是感觉尿频、尿急。在初期，无明显原因，也无痛苦体验，使很多患者不愿意求医，但随着时间的推移，病情会明显暴露。

（2）疑虑重重。很多中学生担心自己考试成绩低、课文背不下来、默写写不出来而被众人投来鄙夷的目光，或者总是疑惑别人是否在谈论和嘲笑自己的不足与短处。严重者甚至会认为自己的同学、邻居以及父母兄弟有害他的想法，怀疑自己被别人用先进仪器控制或怀疑自己得了某种不可觉察的重病。

（3）情绪异常。平时成绩较平稳的人，忽然之间成绩波动幅度大。异常浮躁，慌里慌张，注意力无法集中，感觉肌肉疼痛，坐立不安。甚至悲观厌世，觉得"度日如年""破罐子破摔"。没有食欲，体重下降，容易疲劳，稍有事情发生就觉得明显的倦怠和烦躁。经常和老师、同学发生口角，觉得老师偏心，妒忌上进心强的学生。变得终日忧心忡忡，长吁短叹，没有信心，愁眉不展。

（4）性格变态。个性突发改变，以前热情合群的人也变得孤僻少语，对人冷淡，对周围的事物没有兴趣，时常发呆。喜欢独处，对人不爱搭理，甚至故意躲避亲朋好友。生活懒散，衣物乱穿，学习拖拉。对人讥讽无礼，甚至原本文静木讷的人也会变得口出脏话，乱发脾气。

（5）行为反常。这一阶段患者的病情逐渐由思维上的异常转变为行为上的异常，出现怪异行为，动作增多或迟缓，上课时呆站呆坐，时常发愣，男孩子通过抽烟来解乏，女孩特别爱干净、经常洗手、害怕生病。严重者不能正常学习，也不能充分发挥自己的能力水平。

（6）类似神经衰弱。这是最严重的阶段，出现头痛，用脑时精神容易兴奋。时常对不需要思考和无用的事情不断回忆和联想，无法控制，对急需解决的问题没有思路。经常感到痛苦和不快。严重者还会伴有四肢乏力、易烦躁、进食障碍、月经不调、注意紊乱、情绪起伏波动大、记忆减退、学习生活能力降低等，并对声音和光偶尔也会产生敏感和厌烦。

3. 矫正方法

对中学生抑郁症患者进行矫正应注意以下几个事项：

（1）给当事人以情感支持和鼓励；

（2）以坚定而温和的态度激励学生做一些力所能及的事情；

（3）鼓励学生积极行动起来，从活动中体验到成功与人交往的乐趣；

（4）采用认知行为疗法，改变学生习惯的自贬性的思维方式和不适当的成败归因模式，发展对自己、对未来的更为积极的看法；

（5）也可给当事人服用抗抑郁药物来缓解症状。

（二）恐惧症

1. 概念

恐惧症是一种以过分和不合理地惧怕外界客体或处境为主的神经症。通常分为场所恐惧症、社交恐惧症、特定的恐惧症三种类型。场所恐惧症是以某些特定环境为惧怕对象的恐惧症；社交恐惧症是以社交场合和人际接触为惧怕对象的恐惧症；特定的恐惧症是以场所恐惧和社交恐惧未包括的特定物体或情境为惧怕对象的恐惧症。

2. 临床表现

恐惧症临床表现的中心症状是恐惧。通常，健康人对某些事物（如毒蛇、猛兽、暴力场面、致命疾病等）会产生惧怕心理，这种与特定情境相吻合的惧怕心理是正常的。而恐惧症的恐惧反应是极其强烈的，并同时伴有心慌、脸红、出汗、颤抖等植物性神经系统紊乱症状，有时还会出现晕厥现象。由于担忧恐怖刺激或情境的出现，常有期待性紧张不安和焦虑，能避则避，而恐怖刺激或情境一旦出现，则极力逃避。患者在理性上搞不清楚自己惧怕的原因，往往给人留下恐惧过分、不合情理的印象。

一般来说，中学生患有恐惧症，主要表现在以下几个方面：

（1）社交恐惧症。害怕在社交场合讲话（在会场上讲演、在公共场合进餐时交谈），担心自己会因双手发抖、脸红、声音发颤、口吃而暴露自己的焦虑，觉得自己说话不自然，因而不敢抬头，不敢正视对方的眼睛。

（2）学校恐惧症。害怕上学，有的孩子甚至完全拒绝上学，一旦父母强迫孩子上学，孩子就会产生焦虑、抑郁、躁狂等情绪，同时还会出现呕吐、发烧、肚子疼等症状，家长带着孩子去求医却检查不出症结所在，但此情况会在孩子不去上学后自愈。

（3）特定对象恐惧症。看到某些特定的物体或情境（如狗、宠物、蛇、广场等），会出现神情紧张、心跳过速、目光呆滞、面颊发红、口干舌燥、额头和手心冒汗、语无伦次，甚至晕厥等。

> **案例 9-1**
>
> 小张，女，17 岁，高三学生，被老师责骂后紧张、焦虑，不愿上学。
>
> 三个多月前，小张在一次上课时发呆，被老师点名回答问题，没有听清老师的问题是什么，就根据当堂所讲的内容猜测回答问题，同学们听到后哄堂大笑，小张被老师严厉批评，当时恨不能找个地缝钻进去，双手发抖。第二天上学时走到校门口就感觉紧张害怕、心发慌，不敢进校门，遂到学校旁边的书店看书。老师发现她没有上学，也没有请假，请家长到学校说明情况。小张回家后，父母批评了她，并要求她正常上学。次日上课时，小张忽然觉得头晕眼眩、心慌胸闷、呼吸急促、全身发抖、大汗淋漓，送到医院后很快缓解，父母不放心而让其住院一周，各项检查未发现器质性病变。出院后只要听到别人提起与上学有关的事情，小张就会觉得不舒服，情绪低落，惊慌，感觉气不够用，发抖。如果不去想上学的事，就一切如常。三个多月来小张一直在家里学习，她在家里心情不好时，常常为一些小事跟父母发脾气，控制不住自己，学习效率也低；经常看电视，上网，学习成绩下降。小张渴望能够像其他同学一样正常地在学校学习，希望能够克服上学的恐惧心理。

该案例中，小张同学的恐惧发生时间还未超过两年，处于学校恐惧症的初始阶段。

3. 矫正方法

关于恐惧发生的原因，不同的学派有不同的看法。精神分析学派认为，恐惧是焦虑的移置，即个人将焦虑移到不太危险的事物之上，从而避免了对焦虑来源的忧虑。行为主义学派认为，恐惧可能是：由学习得来的、由直接经验中学习得来的、由观察学习得来或由信号学习得来。而认知学派心理学家则认为，恐惧症源于个人对某些事物或情境的危险做了不现实的评估。因此，对中学生存在恐惧症进行矫正时，系统脱敏法是最经常使用的方法。在矫正时应注意以下几个方面：

（1）父母要有毅力和耐心，要坚决而友善地鼓励孩子和要求孩子；
（2）学校要改善班级中人际关系，营造宽松、自由的学校氛围；
（3）教师要适当减轻学习压力，使学生获得成功体验；
（4）教师要采用逐步脱敏法，让学生顺利渡过恐惧状态。

（三）焦虑症

1. 概念

焦虑症是以持续性紧张、担心、恐惧或发作性惊恐为特征的情绪障碍，伴有植物性神经系统紊乱症状和运动不安等行为特征。焦虑时全身肌肉高度紧张、呼吸加快、血压升高、出汗、头晕、胸闷、心悸、震颤、尿急、尿频、呕吐、腹胀、腹泻等；心理上兴奋不已，思想专注集中于某事，烦躁不安及情绪、思维方式改变；行为上警觉水平过高，处理事务不容易集中精力，对日常生活中的事物失去兴趣等。其发作并非由实际威胁或危险所引起，或其紧张不安、惊恐程度与现实事件很不相称。此类患者在心理、社会调节上存在严重的问题，社会功能损害严重，生活质量和生活满意度低。

焦虑症主要分为惊恐障碍和广泛性焦虑两种亚型。惊恐障碍是一种以反复惊恐发作为主要原发症状的焦虑症,这种发作并不局限于任何特定的情境,具有不可预测性。广泛性焦虑障碍是一种以缺乏明确对象和具体内容的提心吊胆及紧张不安为主的焦虑症,并伴有显著的植物性神经系统紊乱症状、肌肉紧张和运动不安。

2. 临床表现

焦虑症的主要临床表现为焦虑,可归结为三个方面:

(1) 与环境不相称的痛苦情绪体验。典型形式为没有确定的客体对象和具体而固定的观念内容的提心吊胆和恐惧,常被称作无名焦虑。

(2) 运动不安。坐卧不宁来回走动,甚至奔跑喊叫,也可表现为不自主地震颤或发抖。

(3) 伴有身体不适感和植物性神经系统紊乱症状,如出汗、口干舌燥、胸闷气短、心悸、脸面发红发白、尿频尿急、双腿无力等。

只有焦虑的情绪体验而没有植物性神经紊乱和运动不安的任何表现,不能被视为病理症状。反之,没有不安和恐惧的内心体验,单纯身体表现也不能被视为焦虑,也就是说焦虑必须是两者兼备。在临床上焦虑症有两种常见形式。

(1) 惊恐障碍。

焦虑急性发作时常有明显的植物性神经系统紊乱症状,躯体症状明显,去医院就诊时,医学检查一切正常。患者觉得行将死亡,或奔走、惊叫、四处呼救、胸闷、心跳过速、心跳不规则、呼吸困难或出现过度换气、头疼、头昏、眩晕、四肢麻木和感觉异常、出汗、心惊肉跳、全身发抖或全身无力等植物性神经系统紊乱症状。发作起病急,终止也快,一般历时5~20分钟,可反复发作。

(2) 广泛性焦虑。

持续的焦虑状态,时常担忧、不安、害怕,虽明知是主观上的过虑,但仍无法控制;易激惹,神经过敏,注意力不集中,记忆力和思维能力下降;有口干、恶心、心悸、尿频、多汗等自主神经功能紊乱症状;另外还有不宁、易乏、失眠或梦魇等运动性症状和睡眠障碍;起病缓慢,常无明显诱因,病程一般在数年之久。

一般来说,中学生中常见的焦虑反应是考试焦虑。主要表现为:随着考试临近,心情极度紧张;考试时不能集中注意,知觉范围变窄,思维刻板,出现慌乱,无法发挥正常水平;考试后又持久地不能松弛下来。

案例 9-2

王某,女,15岁,某校初中三年级学生。

因临近中考,王某出现紧张、不安、注意不集中、学习效率差的情况。王某出生于教师家庭,自幼受到父母严格的教育,倘若考试偶尔失误,就要受到严厉惩罚。从小学起,王某学习成绩一直名列前茅,特别是进入初中以后,综合成绩排名居全年级前列,学校、家长都对她寄予很大的希望。但近一个多月以来,她开始出现紧张、不安、心烦意乱、失眠等情况,看书复习效率也每况愈下,模拟考试成绩一次不如一次,老师和家长由关心到埋怨使她痛苦不已,最近经常啼哭或发脾气,并拒绝上学,拒绝参加中考。

> 李某，男，17 岁，某校高中一年级学生。
>
> 李某上初中（非重点中学）时，学习成绩很好，又是班长。在学校的各种竞赛中经常获奖。初中毕业后李某考入重点高中，他非常兴奋和高兴，并对自己充满了信心。他想通过自己的勤奋和努力，取得比初中时更优异的成绩，但刚入学的摸底考试让他大失所望。在极度的痛苦之后，他又振作起来，更加勤奋和刻苦，但期中考试的成绩仍不理想。于是他开始怀疑自己，考试期间常常认为别人比自己强得多。他怀疑自己并不像原来想象的那样聪明。考试之前，他常常缺乏信心，精神紧张，并伴有呕吐、恶心、小便频繁和睡不好觉等症状。

上述两个案例都属于中学生中存在的典型的考试焦虑。这两位学生都有共同的特点：

（1）有着强烈的自尊心，一心期望在考试中取得好成绩；

（2）在考试遇到挫折后，都陷入极度的苦恼之中，并伴有不良的躯体反应。一般来说，学习成绩较好、心理素质较差的学生常会出现这种情况。

3. 形成原因与矫正方法

中学生焦虑症产生的原因主要有以下几个方面：

（1）学校的统考、升学带来的持久的、过度的压力；

（2）家长对子女过高的期望；

（3）学生个人过分地争强好胜；

（4）学业上多次失败的体验等。

因此，对中学生的焦虑情况进行矫正时，主要采用肌肉放松、系统脱敏方法，运用自助性认知矫正程序，指导学生在考试中使用正向的自我对话。

（四）强迫症

1. 概念

强迫症是以反复出现强迫观念和强迫动作为基本特征的一类神经功能性障碍，患者明知强迫症状的持续存在毫无意义且不合理，但又无法摆脱而愈感到紧张和痛苦。若不及时治疗，患者多呈慢性或反复被动病程，常伴有焦虑和抑郁症状，严重者甚至会影响其社会功能。强迫症患者最大的特点是无意识的自我强迫与有意识的自我反强迫同时并存，患者对自己反复出现的强迫观念、强迫行为非常痛苦，自己无力摆脱，求治欲非常强烈。

2. 临床表现

在临床上根据其表现，大体可以将强迫症分为强迫观念和强迫行为两类。强迫观念指当事人身不由己地思考他不想考虑的事情；强迫行为指当事人反复去做他不希望执行的动作。如果不这样想、不这样做，就会感到极端焦虑。患者可能仅有强迫观念或强迫动作，可能既有强迫观念又有强迫动作。患者能充分地认识到这种强迫观念和强迫动作是不必要的，但却不能以主观意志加以控制。由于强迫症状的出现，患者可伴有明显的不安和烦恼，但有强烈的求治欲望，自知力保持完整。

(1) 强迫观念的临床表现。

①强迫性穷思竭虑。长时间固定思考某一件事或某一个问题，不能自拔。例如，患者整天反复思考人为什么活着，人活着究竟是为了自己还是为了他人等，明知这种思考意义不大或根本没有意义，有时也是无法考证的，但是不能自已，为此痛苦不堪。

②强迫性怀疑。对自己刚说过的话或做过的事加以怀疑。例如，有些学生常常怀疑自己没有完成作业或做错了作业，怀疑自己没有将上课需要的书带齐。再如，有些成人常常怀疑出门时门窗没有关好，虽然检查了一遍又一遍，还是不放心。患者怀疑的同时往往伴有焦虑和不安，因而促使他产生反复核查的行为。患者明知没有必要，但无法摆脱。

③强迫性对立观念。患者每出现一种观念，立刻又出现跟它完全对立的另一个观念。例如，想起"和平"，立即联想到"战争"；一看到"拥护"，立即想到"打倒"等。对立观念的内容多为不好的，因此，若涉及父母、老人、伟人患者则感到非常恐惧。

④强迫性意向。在头脑中反复出现一种要做出某种违背自己意愿的行为的意向，患者明知这种强烈冲动的意向是荒谬的和不可能的，可是却无法摆脱，实际上也并不会付诸行动。例如，患者站在高处就会有一种向下跳的冲动；见到了刀子就会产生伤人的冲动等。

(2) 强迫行为的临床表现。

①强迫性仪式动作。比如每天早上穿衣服，要按照一定的次序，稍稍感到不合适，就要脱下来重新再穿，甚至重复多次。

②强迫性洗涤。比如由害怕被传染疾病或被污染的强迫观念引起的反复洗涤行为等。患者理智上认为没有洗涤的必要，但行为上又无法自控，因此内心产生痛苦和焦虑。

③强迫性询问。患者常对自己所说话的正确性表示怀疑，反复询问别人自己有没有说错话，有没有做错事等。对自己反复的询问感到痛苦，可是如果不问，就会焦虑不安。

④强迫性计数。患者不可克制地计数，与强迫性联想有关。如每天上班总要点计沿途电线杆的数目，点数楼梯的级数等。有学者认为这种计数意在控制某些焦虑情绪。

总之，强迫症状有时严重，有时较轻。当患者心情不好、疲劳体弱时，强迫症状比较突出；当患者心情愉快、精力充沛时，强迫症状明显减轻。女性患者在月经期间，强迫症状有可能加重。

案例 9-3

杨某，男，15岁，某校初中学生。

起初，一句话、一件事会反复出现在头脑中，不停地想，摆脱不了，影响了杨某的生活。杨某进行了自我调节，努力去想一些感兴趣的事情，或是有意识地加入朋友们的讨论和游戏中。这样坚持了一段时间，杨某的状况渐渐好转，直至基本消失。可后来上了初中，为方便学习就住校了。但不知从什么时候起，杨某发现，他对宿舍楼里的一个水龙头特别关注，总是担心没关好，也不知去确认了多少回。经常半夜醒来，就开始担心水龙头没关好，不得不爬起来，到水房去看，因为夜晚行动不方便，每每这时，他总是小心翼翼，更怕被同学知道这件事，所以他很紧张。知道这样不好，他就尽力控制自己，少回宿舍。但是即使是在教学楼，一想到水龙头就控制不了，会找些理由回宿舍查看水龙头是否关好。这让杨某十分自卑，甚至怀疑自己的能力，"也许我是比正常人差，所以我非常想治好它。"

杨某的问题表现为反复强迫自己去关水龙头，自己能够清楚地意识到问题，并感觉到痛苦，有着强烈的求治欲望，对自己的症状有清楚的认识，属于心理问题，是典型的强迫症。

3. 形成原因与矫正方法

强迫症之所以产生，主要有以下三个方面的原因：

（1）与人的人格特点有关，有些强迫症患者人格上有这样一些特征：主观任意性；过分爱干净，过分谨慎，注意琐事；拘泥于细节，生活习惯刻板，往往有强烈的道德观念。

（2）成人禁止孩子表达负面的情感。

（3）强迫观念与强迫动作是我们无意识地防止具有威胁性的冲动进入意识的一种替代方式。

因此，对强迫症进行矫正时，经常采用以下两种方法。

（1）日本的森田疗法。森田疗法强调"接纳客观、为之当为"的治疗原则。"接纳客观"是将症状看作是外界刺激作用于特定人格、特定机遇的一种客观反应，如果淡漠视之、和平共处，就会像一生淡漠视之的许多现象、许多感觉一样，因为缺乏强化而逐渐消失。"为所当为"比前者更重要，是在强调目的、强调现实、强调行为的过程中矫枉过正地变化了强迫症患者强调排除意外、强调虚构的"万一"、强调思考解决问题的认知行为模式。森田疗法治疗强迫症从打破精神交互作用着手，最终达到治愈的目的。

（2）"暴露与阻止反应"法。这种方法要求当事人主动暴露在令其产生不良情绪的场景并维持足够长的时间，使当事人体验到不良情绪的自行缓解，从而认识到令其产生不良情绪的场景并不产生实际的威胁，接着进行坚决阻止，让不良情绪自发下降，从而使当事人认识到强迫行为其实是不必要的。

（五）网络成瘾

1. 概念

网络成瘾也叫网络成瘾综合征，是指由于过度地使用网络而导致的一种慢性或周期性的着迷状态，并产生难以抗拒的再度使用的欲望，同时会产生想要增加使用时间、耐受性提高、出现戒断反应等现象，对于上网所带来的快感会一直存在心理与生理上的依赖。

我国学者陶然于2005年首次从医学角度对网络成瘾现象进行了探索和诠释，提出网络成瘾是指由于反复使用网络不断刺激中枢神经系统，引起神经内分泌紊乱，以精神症状、躯体症状、心理障碍为主要临床表现，从而导致社会功能活动受损的一组症候群，并产生耐受性和戒断反应。

在临床领域，网络成瘾也被称为病理性网络使用，通常是指以虚拟信息为成瘾媒介，在网络使用中失去自控能力，从而引发生理、心理、社会功能受损的一种过度行为。

2. 临床表现

网络成瘾者的临床表现主要有：

（1）上网行为在个人生活中占据统治地位，持久（至少已1年）和频繁反复发作的上网行为对社会、职业及家庭的价值观念和义务都已造成损害。网络成瘾者会置学习、工作于不顾，为得到上网所需资金而撒谎、违法。

（2）对上网有一种难以控制的强烈渴望，脑子里总不断浮现上网的想法、行为以及网上的场面。在生活处于应激（压力）状态时，这种欲望和对网络的专注会加剧。如果得不到满足就会产生极度的不适感，表现为情绪低落、睡眠减少、烦躁不安、焦虑等。

（3）网络成瘾者由于长时间的上网行为，导致其出现昼夜颠倒、睡眠过少、疲乏、头晕、食欲缺乏等症状。严重者会出现把自己封闭起来，与社会隔离、孤独、懒散、思维迟缓、精力下降、社会性退缩等，表现出明显的社会功能、学习功能和职业功能的受损。

案例 9-4

> 小王，男，13岁，某校初一学生，上网成瘾6个月。
>
> 小王从小身体健康，未得过什么大病，上小学时学习很好，成绩优秀，后来考上了一所重点中学。小学期间也间断上网，时间很短。后因考上了重点中学，小王要求买一台电脑作为奖励，所以父母给他买了一台电脑。当时正在暑假期间，小王上网时间逐渐增加，甚至忘了吃饭，而且上网主要是为了玩游戏。开学以后，这种情况并没有改善，已经严重影响学习。父母加以阻止，并要求他减少上网时间。刚开始一周还能坚持，以后又故态重演，甚至不能完成作业。在小王上网时间过长时，父亲强硬制止，小王表现出异常不满，以摔东西、绝食来抗议，最终以父母妥协而告终。后来，小王的上网时间更长，父母的阻止丝毫不起作用。而且小王脾气暴躁、不与父母沟通。父母异常痛苦，急切地想要得到帮助。

上述案例中小王的状态是中学生网络成瘾问题的具体表现。一般来说，造成中学生网络成瘾的原因是复杂的，但一般都有以下共同的特点：

（1）父母溺爱，家庭教养方式不当；

（2）处于青春期，自制能力差。

3. 形成原因及矫正方法

中学生网络成瘾的原因很复杂，是成瘾个体、网络环境和外部环境多方面相互作用的结果。网络成瘾既取决于青少年自身成瘾的易感性特征，又取决于网络自身能够提供什么和现实社会生活环境的影响。前者是成瘾的内部原因，后者是成瘾的外部原因。

因此，对网络成瘾的具体情况进行矫正时，应注意以下几个方面：

（1）当事人可采用行为疗法，通过控制上网时间和次数，形成良好的上网习惯；

（2）教师可以采用认知疗法，针对网络成瘾问题本身及背后的原因，如学业不良、自卑心理、人际交往障碍等，与当事人进行谈话沟通，探讨如何正确使用互联网，深刻认识到网络成瘾的危害；

（3）对于家庭功能失调造成的网络成瘾，还可以通过调整家庭成员间的关系，营造良好的家庭氛围，为矫正网络成瘾提供条件。

三、中学生的压力与挫折

（一）中学生的压力

1. 压力的概念

压力是指个体因刺激事件或情境而形成的，伴有躯体机能及心理活动改变的紧张状态。

2. 中学生压力源的种类

压力源就是压力的来源。压力源按事件的性质可分为生物性压力源、精神性压力源、社会环境性压力源。生物性压力源是直接影响或破坏个体生存的事件，包括身体创伤、疾病、饥饿、睡眠剥夺等。精神性压力源是直接影响个体精神需求的内在或外在的事件，包括错误的认知方式、负性情绪体验、道德冲突以及不良的个性特点等。社会环境性压力源是影响个体社会需求的事件，包括纯社会性的事件，如重大的社会变革、人际关系破裂等，以及由自身状况所引起的人际关系问题等。

3. 中学生压力的调节方法

使用冥想放松法等缓解压力；适当进行各种体育锻炼；生活要有规律，保证充足的睡眠；劳逸结合，培养多种兴趣爱好；建立正确合理的信念，积极面对人生；了解自己，做力所能及的事；扩大自己的社交范围，建立良好的社会支持系统等。

（二）中学生的挫折

1. 挫折的概念

挫折是指个体有意识、有目的地进行活动时遇到无法克服的困难或阻碍时，而产生的紧张状态或情绪体验。挫折包含挫折情境、挫折认知和挫折反应三种成分，挫折认知是产生挫折的关键。挫折情境是指人们在进行活动时遇到的困难或阻碍，挫折认知是指人们对挫折情境的认知、看法或评价，挫折反应是指伴随挫折认知而产生的紧张状态或情绪体验。

2. 挫折的应对方式

挫折教育是心理健康教育中不可忽视的内容。教师应帮助学生掌握应对挫折的方式，常见的挫折应对方式有：压抑、投射、替代、否认、升华、补偿、宣泄、认同和认知改变等。压抑是指个体在无意识的条件下将不合理的想法或被禁止的欲望埋藏在内心深处，以免唤醒不好的记忆。投射是指个体把压抑的情感和体验归因于他人，减少痛苦。替代是指个体无意识地将自己的负面情绪发泄到无辜的事物上。否认是指个体从内心中否定使自己痛苦的事实的存在。升华是指个体将不被社会称赞的想法转变为被社会称赞的想法。补偿是指个体所追求的目标受到挫折不能达到时，用另一种相近的目标来弥补内心的不适感。宣泄是指个体将遇到挫折时的不满情绪或想法释放出来。认同是指个体将自己羡慕的品质加到自己身上，提高自信。认知改变是指个体改变对挫折情境的认知、看法或评价。

> **历年真题**

【9.2】反复出现自己不能控制的动作，此表现属于（　　）。
A. 恐惧症　　　　B. 焦虑症　　　　C. 抑郁症　　　　D. 强迫症

【9.3】小燕近期非常苦闷，一提到学习就心烦意乱，焦躁不安，对老师有抵触情绪，成绩也明显下降，小燕存在的心理问题是（　　）。
A. 焦虑症　　　　B. 神经衰弱症　　C. 强迫症　　　　D. 抑郁症

【9.4】张博近期经常失眠，食欲缺乏；不愿与同学和老师交往，对什么事情都不感兴趣，消极悲观；认为自己一无是处，未来没有希望。他存在的心理问题是（　　）。
A. 强迫症　　　　B. 焦虑症　　　　C. 抑郁症　　　　D. 恐惧症

【9.5】郭阳同学最近总是不由自主地反复洗手，即便是洗了几遍仍然认为没洗干净。明知没有必要，却不能控制自己。这说明他可能患了（　　）。
A. 抑郁症　　　　B. 焦虑症　　　　C. 强迫症　　　　D. 恐惧症

【9.6】刚进入高一，赵峰就总想"我考不上大学该怎么办"。他明知离高考还远着呢，这么早想这个事根本没必要，但就是控制不住，以至于影响了正常学习，他的主要心理问题是（　　）。
A. 强迫观念　　　B. 强迫行为　　　C. 恐惧观念　　　D. 恐惧行为

第三节　心理辅导的主要方法

一、心理辅导概述

（一）心理辅导的概念

心理辅导是指心理咨询师与来访者之间建立一种融洽的咨询关系，帮助来访者正确认识自己、接纳自己，改变原有错误的自我认知，建立正确的认知，充分发挥个人潜能，以达到自我实现的过程。

（二）中学生心理辅导的目标

中学生心理辅导的目标主要有两个：第一，基本目标：引导学生学会调适。包括调节和适应，即引导学生学会调节自己与周围人和事物之间的关系，学会接受周围人和事物的变化。第二，高级目标：寻求发展。寻求发展就是引导学生树立正确的人生观、价值观和世界观，建立良好的人际关系，承担相应的责任，发挥个人潜能，达到自我价值的实现。

（三）中学生心理辅导的主要途径

中学生心理辅导的主要途径包括：开设心理辅导课程以及心理辅导相关课程；开展个体或团体心理辅导；结合班级和学校进行心理辅导；将心理辅导知识渗透到其他学科当中。

（四）中学生心理辅导的原则

1. 全体性原则

心理辅导不仅仅是心理治疗，还包括培养学生良好的心理素质，发掘个人的心理潜能，使学生达到自我实现。因此心理辅导必须坚持面向全体学生，为全体学生服务。

2. 针对性原则

每个学生都是一个独立的个体，个体之间存在差异。因此心理辅导必须根据学生的心理发展特点和规律，有针对性地进行。

3. 尊重性原则

学生是一个独立的个体，具有独立的人格。因此心理辅导必须尊重学生独立的人格，平等对待学生，不能歧视，对待所有人要一视同仁。

4. 发展性原则

学生正处在发展时期，是一个发展的个体。因此心理辅导必须用发展性的眼光看待学生，要相信学生具有成长和发展的潜力。

5. 主体性原则

心理辅导的目的是能够让学生得到发展。因此心理辅导必须坚持以学生为主体，充分发挥学生的主观能动性。

6. 全面性原则

学生的心理是一个有机整体，知、情、意、行紧密联系在一起，因此心理辅导必须考虑学生心理发展的各个方面。

二、心理辅导方法

（一）强化法

1. 基本原理

强化法是行为治疗中经常使用的策略，是指系统地使用强化手段去增加某些适应性行为，以达到减弱或消除某些不适应行为的心理治疗方法。强化法是以操作学习理论为基础的，即个体活动的结果直接影响其行为在以后发生的概率，如果行为的结果是积极的，就会形成条件反射，这种行为在以后还会发生；如果行为的结果是消极的，就会产生消退作用，这种行为在以后就不会再出现。所谓强化，就是指通过呈现或施加某一特定的刺激来加强对某种行为的刺激。因此，辅导者可以通过增加或减少某一刺激，通过"操作"这种刺激-反应关系，来改变来访者的不良行为。

使用强化法治疗可以起到三个作用：
(1) 增加适应性行为；
(2) 提高期望行为发生的可能性；
(3) 降低过剩行为。

2. 强化的类别与强化物

(1) 强化的类别。

根据强化过程中刺激的呈现或减少，可以将强化分为两种类型：正强化和负强化。

不管是正强化，还是负强化，都是行为加强的过程，即它们均会增加这种行为在将来出现的可能性。二者的区别仅仅在于：在正强化中，行为反应后伴随的是喜欢的刺激；而在负强化中，行为反应后伴随的是厌恶刺激的移去或消除。

(2) 强化物。

强化物是指在强化实施的过程中，行为反应所伴随的刺激。在中学生的强化物中包括正强化物和负强化物。前者是指各种令人喜爱的事物，后者是指各种令人讨厌的事物。

强化物还可划分为一级强化物和二级强化物两类。一级强化物满足人和动物的基本生理需要，如食物、水、安全、温暖、性等。二级强化物是指与一级强化反复联合，就能获得自身的强化性质的任何一个中性刺激。其内容包括社会性强化物：鼓励、赞扬的语言、表情和动作（如夸奖、笑容、亲吻）；活动性强化物：中断一下学习，玩喜欢的游戏等；象征性强化物：分数、红花、代币等；内在性强化物：自豪感、完成一个任务后的成就感等。

随着年龄的增长，中学生的强化物可以被一些社会性强化物所代替，如赞美、微笑、拥抱、否定的语言等。

辅导者在选择强化物时要注意以下几个方面：
(1) 对不同的人，同样的强化物所起到的强化效果可能不一样；
(2) 对同一个人，同样的强化物在不同的情况下所起的强化价值可能不一样；
(3) 社会性强化物同情感因素联系密切，和其他类型强化物结合使用意义更大。

3. 影响强化效果的因素

影响强化效果的因素主要有三个方面：

(1) 行为反应同后果产生的时间间隔。要想使一个后果起到强化的作用，就要在反应后立即发生，时间间隔越长，强化的效果越差。

(2) 行为反应同后果之间的一致性。只有行为反应与后果之间的一致性越强，这种后果才更有可能发生强化反应。

(3) 强化物与行为人的关系。反应的后果取决于强化物的作用，因此在使用强化程序时，要选择适合中学生所需的强化物类型。

> **历年真题**

【9.7】小红是韩老师班上的学生，她孤僻、羞涩、当她主动与同学交谈或向教师请教问题时，韩老师会给予肯定，这种心理辅导方法是（　　）。

A. 强化法　　B. 系统脱敏法　　C. 理性-情绪疗法　　D. 来访者中心疗法

知识拓展

惩罚与强化的区别

强化是行为改变和塑造的主要技术，分为正强化和负强化两种类型。

惩罚是行为矫正的一种技术，和人们日常对处罚的理解有所不同，可分为正惩罚和负惩罚。正惩罚是指一个行为反应后呈现一个厌恶刺激，使该行为反应在日后出现的概率降低。而负惩罚是指一个行为反应后撤销一个喜欢的刺激，使该行为在日后出现的概率降低。

强化与惩罚的共同特点是：（1）行为反应后要呈现一个刺激或后果；（2）这个刺激或后果对该行为反应日后发生的频率将产生影响。不同点是：强化带来的是日后行为反应的频率提高，而惩罚带来的是日后行为反应的频率降低（如下表所示）。

惩罚与强化的区别

日后的行为结果	行为反应后的尾随刺激			
	刺激呈现		刺激去除	
行为加强（增加）	正强化	正性刺激（喜欢）	负强化	负性刺激（厌恶）
行为减弱（减少）	正惩罚	负性刺激（厌恶）	负惩罚	正性刺激（喜欢）

4. 具体治疗技术

（1）行为塑造法。

行为塑造法是通过强化手段来矫正人的行为，使之逐步接近某种适应性行为模式的强化治疗技术。在行为塑造过程中，多采用正强化的手段，即一旦所需的行为出现，就立即给予强化。这是行为疗法中最常用的技术之一。

行为塑造法一般采用逐步晋级的作业，并在完成作业时按情况给予奖励（即强化），以促使增加所期望的良好行为出现的次数。值得注意的是，行为塑造既可以产生积极正向的行为，也有可能产生负向问题的行为。因此，在行为塑造过程中，必须选择好相应的行为目标，具体的操作步骤为：

①确定目标行为与初始行为，并明确要塑造什么样的行为以及从哪个环节开始训练等；

②选择行为塑造的最合适的方法，例如，逐级强化、讲解示范、说明提示、榜样模范等；

③选择合适的步骤，通常采用小步子法，步步靠近目标行为；

④选择有效的强化刺激，每当所需的行为出现，就给予适当的强化，并且每一个过程都强化，以确保所制定的目标行为的出现；

⑤整合各环节的行为，巩固和进一步强化目标行为。

行为塑造法可用于许多行为领域，例如，学生学习社交行为和运动行为，尤其在用于单一行为方式的建立时，则更为有效。

在使用行为塑造法的过程中，要注意以下几个方面：

①所制定的目标行为要清晰；
②要改变的行为必须细化；
③确定完成每一行为的契约，要选择适当的强化物；
④要确定好从初始行为到目标行为要经过几个阶段；
⑤要把握好塑造的进度；
⑥要充分利用反馈信息，给予恰当的评定。

案例 9-5

> 小王，初一学生，每天做作业总是拖拖拉拉，导致他每天晚上睡觉都很晚。结果第二天上课经常走神，注意力不集中，并且时常睡觉。老师把相关的问题反馈给家长，并希望同家长合作，共同改进孩子的做作业习惯。
> 目标行为：吃完晚饭后 10 分钟即开始学习。
> 初始行为习惯：吃完晚饭后平均 40 分钟开始学习。
> 第一步，吃完饭后不超过 40 分钟开始学习，则给予小王所期望的奖励；
> 第二步，吃完饭后不超过 30 分钟开始学习，则给予小王所期望的奖励；
> 第三步，吃完饭后不超过 20 分钟开始学习，则给予小王所期望的奖励；
> 第四步，吃完饭后不超过 10 分钟开始学习，则给予小王所期望的奖励。

以上案例就是通过行为塑造法，训练学生养成吃完饭后不久就投入学习的良好习惯。

（2）代币奖励法。

代币奖励法是在条件强化原理的基础上形成并完善起来的一种行为疗法，它通过某种奖励系统，在学生做出预期的良好行为表现时，马上就能获得奖励，即可得到强化，从而使学生所表现的良好行为得以形成和巩固，同时使其不良行为得以消退。代币作为正强化物，可以用不同的形式表示，如用记分卡、筹码等象征性的方式。持有代币的当事人可在规定的时间和地点按特定的兑换规则，去换取某种物品、活动或优惠待遇。

施行代币奖励法的一般做法如下：
①确定目标行为；
②选定所使用的代币；
③确定支持代币的强化物；
④制定行为评分标准和等级；
⑤建立代币兑换规则、时间及地点。

代币奖励法的实施存在一些局限：建立代币制度和指导实施需要花费大量的财力、物力；不一定能强化出所期望的行为，有可能因代币奖励法的实施使目标对象出现不关注目标行为的情况，或只关注如何获得代币，甚至有可能使用不正当手段获取代币的情况。因此，使用代币奖励法时，必须仔细设计好代币奖励法的实施制度和实施程度，严谨有序地实施。

案例 9-6

王刚，初一学生，由于喜欢上网玩游戏，导致其无法完成作业，生活习惯很差。心理辅导老师和家长联合使用代币奖励法帮他杜绝网络游戏。他们告诉王刚，每当他上网的时间减少，并完成相应的任务，就可以获得一定的点数。他们共同商定了一份代币奖励法的说明表（如下表所示），并把它贴在墙壁上。说明表列出了所期待的行为、这些行为的价值以及每天可以购买的初级强化物。王刚只要完成一项任务就可以在说明表上做上记号，并告诉家长他想要拿多少点数交换何种强化物。家长每天负责检查说明表的内容和已经完成的任务。

王刚可以每天兑换初级强化物，也可以把点数累积起来交换更大的初级强化物。

一般而言，王刚喜欢每天用三点交换晚上玩电脑 20 分钟，有时也会累积很多点换周日的自由活动。一段时间后，王刚和家长会增加初级强化物的价值，如用 200 点换周末的旅行。不久后，王刚不再长时间沉迷于网络游戏，知道自己该做什么。

王刚的代币制说明表

项目	内容	点数
获得点数的行为	饭后 20 分钟开始学习	2
	完成当天的作业	2
	整理好相应的房间卫生	1
	每晚 10 点 30 分上床睡觉	2
	每次上网的时间在 20 分钟内	3
点数可交换的内容	玩电脑 20 分钟	3
	周末自由活动	20
	买新的衣服	35
	选择喜欢的食物	25
	周五晚上和朋友一起玩	50
	去喜欢的餐厅吃饭	40

家长和我同意我的日常工作表和我的报酬表

签字：×××　　×××

以上案例就是通过代币奖励法，训练学生减少上网时间。

（3）渐隐技术。

渐隐技术就是通过利用明显刺激（线索）改变非适应性行为，建立新的适应性行为的一种技术。渐隐技术的实施过程为：

①利用明显线索，帮助形成正确的反应；

②逐渐消退这些刺激，使刺激的数量达到与自然环境相同的水平；

③让行为者利用这些自然数量的刺激做出正确的反应。

例如，一个初学钢琴的人在琴键上写上 1、2、3、4 等阿拉伯数字，以帮助他正确击键。在练习过程中，由于手指不断敲击琴键，键上的数字便会慢慢褪去。尽管线索已隐去，但由于学习者在练习中熟悉了琴键的位置，也就不再需要数字了，即线索隐去了，但行为却仍保留着。

（4）行为消退法。

行为消退法就是通过停止对某种行为的强化从而使该行为逐渐消失的一种行为矫正方法。

实施行为消退法的具体步骤是：
①收集相关资料，识别不良行为的特定强化物；
②减少不良行为的频次，并增加良好的替代行为；
③促进替代行为的泛化和维持。

（二）系统脱敏疗法

1. 基本原理

系统脱敏疗法又称交互抑制法，由美国精神病学家沃尔普于20世纪50年代首创，是应用最广和研究最多的行为治疗方法之一。它主要用于治疗各种莫名的焦虑症和恐惧症，如害怕某些动物、考试焦虑、社交恐惧、广场恐惧等。这种方法主要是诱导患者缓慢地暴露出导致神经症焦虑的情境，并通过心理的放松状态来对抗这种焦虑情绪，从而达到消除神经症焦虑的目的。

其基本原理为：人和动物的肌肉放松状态与焦虑情绪状态是一种对抗过程，一种状态的出现会对另一种状态起抑制作用。例如，人的肌体在全身肌肉都放松的状态下，呼吸、心率、血压、肌电、皮电等生理反应指标都会表现出同焦虑状态下完全相反的变化，这就是交互抑制作用。根据这一原理，从引起个体较低程度的焦虑或恐惧反应的刺激开始进行治疗，当某个刺激不会再引起患者焦虑和恐惧反应时，辅导者便可向处于放松状态的来访者呈现另一个比前一刺激略强一点的刺激。如果一个刺激所引起的焦虑或恐惧状态在患者所能忍受的范围之内，经过多次反复的呈现，他便不再对该刺激感到焦虑和恐惧，治疗目标也就达到了。这就是系统脱敏疗法的治疗原理。

2. 实施步骤

一般而言，系统脱敏疗法包括放松训练，焦虑（恐惧）等级排序，系统脱敏的具体实施三个基本步骤。

（1）放松训练。

辅导者选择一处环境幽雅、光线柔和、气温适宜、隔音较好的场所，让患者坐在舒适的椅子上，双手自然下垂，两腿自然分开，身体保持舒适、自然的姿势。辅导者接着用一种轻柔、愉快的声调来使患者肌肉松弛，并引导他想象自己处于轻松的环境中。患者先放松手指和胳膊上的肌肉，然后放松头部肌肉，接着是颈部和肩膀、腹部、胸部和背部，最后是大腿和小腿。一般的治疗过程都会向患者播放已经录好的音频，音频中指导语的速度与实际训练的速度一致，声音温柔而坚定，并配有恬静优雅的背景音乐。总之，放松训练是通过放松和紧张交替进行，按照一定的部位和顺序进行训练。一般而言，在经过紧张和放松的反复交替训练后，来访者之后就能轻而易举地充分放松自己的身体，达到运用自如的境界，为下一步的治疗做好准备。

(2) 焦虑（恐惧）等级排序。

焦虑等级量表是系统脱敏疗法进行的依据，它直接影响脱敏的成败。一般来说，焦虑等级量表是将引发来访者某一方面病症（如考试焦虑、怕坐电梯等）的一连串刺激，按照其引发焦虑的强弱程度，排列成等级或层次的一种表示方式。在排列强弱刺激的等级方面，一般将引发最小焦虑程度的刺激排在等级量表的最上端，然后依照个体所感觉到的焦虑程度由弱到强依次往下排列，将最强的刺激排在最下端。

辅导者要与来访者共同制定和排列焦虑等级，排列的顺序不能是辅导者想当然的结果，必须是在直接访谈和问卷调查的基础上，由来访者来完成或得到来访者认可的。一般的操作方法是：由辅导者给来访者一些卡片，要求在每张卡片上描述产生各种不同程度焦虑的有关情境，再把这些焦虑情境按从低到高的顺序进行排序。通常以5分制、10分制或100分制来评定。以5分制为例，引发高度恐惧的情境评5分，不会引发恐惧的情境评0分，两者之间各种不同程度恐惧情境可以评为4分、3分、2分、1分。

焦虑等级量表的制定关系着系统脱敏疗法的成败，其中的关键是：最低层次的刺激情境所引起的焦虑感，应小到足以被全身松弛所抑制的程度；而且各层次之间的级差要均匀适当。级差过小会拖延治疗过程，事倍功半；级差过大，欲速则不达，会导致治疗失败。

(3) 系统脱敏的具体实施。

在来访者学会放松、进行多次练习并完全放松后，辅导者才会指导来访者制定焦虑等级量表，进行具体的系统脱敏治疗。首先，辅导者指导来访者想象引发最小焦虑的事件，每次想象重复3～4次，如果来访者每次对这一事件都不会引发焦虑，便要求他们放松，接着可要求他们想象焦虑等级量表中下一个焦虑等级的事件。依此类推，直到来访者想象最高焦虑等级的事件也不会产生焦虑为止。如果来访者想象某一焦虑等级的事件时连续两次不能通过，即他们还会产生焦虑，则让来访者停止想象，等他们再次完全放松时，再让他们想象这一事件，如果这次没有产生焦虑，则继续进入下一焦虑等级事件的想象。就这样，放松→想象情境→停止想象→放松……使来访者逐渐经历从最小焦虑到最大焦虑的各个等级。在来访者通过全部焦虑等级的事件后，他们基本上就不再会对实际的焦虑情境感到焦虑或恐惧了。最后，把系统脱敏过程中的效果泛化到实际生活中，使来访者不再对实际情境感到焦虑或恐惧。

案例9-7

> 系统脱敏疗法经典案例
>
> C小姐，艺术系学生，24岁，由于考试失败导致极度的焦虑。进一步访谈表明她不仅对考试焦虑，对被别人观察或批评以及与别人争论也很害怕。
>
> 辅导者沃尔普采取的治疗方法分为三个主要过程：放松、焦虑等级建构、脱敏。

1. 放松

辅导者沃尔普用这样的方式教 C：我要请你用腕子抵抗我拉你的力量，以便绷紧你的二头肌。我要你仔细注意肌肉里的感觉。然后，我会减少拉你的力量，让你逐渐松弛下来。注意，当你的前臂下降时，你会感觉到二头肌放松的感觉。你将前臂放在扶手上休息，你想着自己尽可能舒适，完全放松。放松肌肉纤维可以带来我们需要的情绪的放松，你试试看。用先绷紧再放松的方法，可以放松身体的不同部位。在治疗过程中也要继续进行放松练习。

辅导者沃尔普在 5～6 次的会面时间里教 C 放松，请她每天用 10～15 分钟时间进行练习。

2. 焦虑等级建构

在辅导者沃尔普的帮助下，C 建立了关于考试焦虑和争论吵架的几个不同的焦虑等级表。其中关于看到别人争论吵架的焦虑等级表如下：

1	她母亲对佣人喊叫	50 分
2	她的妹妹抱怨她姐姐	40 分
3	她姐姐和父亲争辩	30 分
4	她母亲对她姐姐喊叫	20 分
5	她看到两个陌生人吵架	10 分

建立了这样的一个等级表后，沃尔普就准备开始脱敏过程。

3. 系统脱敏的具体实施

辅导者沃尔普为了考察 C 小姐的视觉表象能力，首先让她想象一个中性的情境，然后让她想象等级表中最轻的恐惧情境，即第 5 个情境。

辅导者：现在我要求你想象一些场面。你要想象得清晰，它们也许会干扰你的放松，如果你感到焦虑，想让我知道，你随时可以告诉我。如果你已经清楚地想象出了一个情境，举起左手让我知道。首先，你想象自己在一个熟悉的街角站着，这是一个愉快的清晨，你在看着车来人往。你看到汽车、摩托车、卡车、自行车、行人和交通灯，并听到相应的声音。（过了几秒钟，C 小姐举起了手，辅导者停顿了 5 秒）

辅导者：停止想象那个场面。在你想象的时候，你的焦虑增加了多少？

C 小姐：一点也没有。

辅导者：现在注意力再回到放松上。（停止 20～30 秒，重复放松指示）

辅导者：现在想象你看到街道对面有两个陌生人在吵架。（15 秒后，C 小姐举起她的手，等待 5 秒）

辅导者：停止那个场面。焦虑增加了多少？

C 小姐：大约 5 分。

辅导者：现在继续想象那个情境。

……

（在第二次想象中焦虑分数仅增加 5 分，第三次是 0 分。处理完等级表的第一项，可以进入第二项）

> 经过系统脱敏治疗后，C小姐对"看到别人争论吵架的焦虑等级表"中列出的所有项目均能够做到放松地想象，在实际情境中也可以放松了。之后，辅导者沃尔普用同样的方法解决了她的其他焦虑问题。

3. 注意事项

系统脱敏疗法实施时的注意事项包括以下四个方面：

（1）引发来访者焦虑或恐惧的情境不止一种时，应该针对不同的情境建立不同的焦虑等级表，并逐步进行脱敏训练；

（2）实施系统脱敏治疗时，来访者想象次数的多少，因个体和情境的差异而不同；

（3）在进行系统脱敏治疗过程中，焦虑等级的划分应尽可能细一些，跨度不要太大；

（4）降低焦虑水平的方法主要有想象和放松，如果行不通还可以运用其他方法。

（三）认知疗法

1. 基本原理

认知疗法是20世纪六七十年代在美国发展起来的一种心理治疗技术。它是根据认知心理学提出的认知过程影响情感和行为的理论假设，通过认知和行为技术改变不良认知，达到消除不良情绪和行为的短程的心理治疗方法。它的基本观点是：认知过程及其导致的错误观点是行为和情感的中介；适应不良行为和情感与适应不良认知有关。辅导者的任务就是与来访者一起找出这些适应不良性认知，并提供"学习"或训练方法矫正这些认知，使来访者的认知更接近现实和实际，随着不良认知的矫正，来访者的心理障碍亦逐步好转。

一般来说，认知疗法的基本原理包括以下两个方面：

（1）认知影响行为。

由于文化、知识水平及周围环境的差异，人们对同一个问题往往有不同的理解和认知。例如，同样的一所医院，有人会依自己的认识和经验，把它看成是一个"可怕的场所"，不小心就会被打针；有人会看成是"救死扶伤"之地，可帮其"减轻痛苦"；而有些人则可能把医院看成是"进入坟墓之门"。所以，关键不在于"医院"客观上是什么，而是被不同的人认知或看成是什么。不同的认知就会产生不同的情绪，从而影响人的行为反应。

认知理论认为人的情绪来自人对所遭遇的事情的信念、评价、解释或哲学观点，而非来自事情本身。情绪和行为受制于认知，认知是人心理活动的决定因素，认知疗法就是通过改变人的认知过程和由这一过程中所产生的观念来纠正来访者的适应不良的情绪或行为。治疗的目标不仅是针对行为、情绪这些外在表现，而且要分析来访者的思维活动和应付现实的策略，找出错误的认知并加以纠正。例如，一个人一直"认为"自己表现得不够好，连自己的父母也不喜欢他，因此做什么事都没有信心，很自卑，心情也很不好。认知疗法的策略是帮助他重新构建认知结构，重新评价自己，重建对自己的信心，更改认为自己"不好"的认知。

(2) 认知疗法的关键在于重构认知。

认知疗法的关键在于来访者非功能性的认知问题，试图通过改变来访者对自己、对人或对事的看法与态度来改变其所呈现的心理问题。认知疗法常采用认知重建、心理应付、问题解决等技术进行心理辅导和治疗，其中认知重建最为关键。美国心理学家阿尔波特·埃利斯认为，经历某一事件的个体对此事件的解释与评价、认知与信念，是其产生情绪和行为的根源，不合理的认知和信念会引起不良的情绪和行为反应，只有通过疏导谈论来帮其改变和重建不合理的认知与信念，才能达到治疗目的。同样地，美国心理学家阿伦·贝克也指出，心理困难和障碍的根源来自异常或歪曲的思维方式，通过发现、挖掘这些思维方式，加以分析、批判，再代之以合理的、现实的思维方式，就可以解除患者的痛苦，使之更好地适应环境。

2. 实施步骤

认知疗法的基本目标是纠正思维的偏差和歪曲，从而让个体的心理功能更有效。它把注意放在个体的信息加工过程上，认为是信息加工过程使当事人的情绪和行为出现偏差。通过对来访者的认知偏差和歪曲进行挑战、检验和讨论，从而带来积极的感觉、行为和思维。

认知疗法认为，人们的心理问题是由其不合理或扭曲的认知造成的，所以辅导的重点就是要以合理的认知代替不合理的认知，从而减少不合理认知给心理带来的不良影响。在整个认知疗法治疗过程中，辅导者不仅要帮助来访者修正功能障碍性思维、信念及行为，以减少他们的症状，还要指导和激发来访者在治疗结束后继续进行修正。认知疗法的具体实施一般分为以下几个步骤。

(1) 建立求助动机。

在这个过程中，主要是认识适应不良的认知、情感、行为的类型。辅导者和来访者对其问题达成认知解释上意见的统一；对不良表现给予解释并且估计矫正所能达到的预期结果。比如，可以让来访者自我监测思维、情感和行为，辅导者给予指导、说明和认知示范等。

(2) 适应不良性认知的矫正。

在这个过程中，要使来访者发展新的认知和行为以替代适应不良的认知和行为。比如，辅导者指导来访者广泛应用新的认知和行为。

(3) 实际处理日常生活问题。

在辅导一段时间后，应培养观念的竞争，使来访者用新的认知对抗原有的认知。在这个过程中，要让来访者练习将新的认知模式用到社会情境中，取代原有的认知模式。比如，让来访者通过想象的方式练习处理问题或模拟一定的情境，或在一定条件下让来访者以实际经历进行训练。

(4) 改变有关自我的认知。

在这个过程中，作为新认知和训练的结果，要求来访者重新评价自我效能以及自我在处理认识和情境中的作用。比如，在练习过程中，让来访者对自己的行为和认知进行检查。

案例 9-8

> 王某是一名初二女生，近来由于情绪痛苦，前来咨询。
>
> 王某自述，"我已经很努力地学习了，成绩还是很差。而且学习中遇到问题时，我既不敢问同学，更不敢问老师。除了一名留级生外，班上就数我成绩最差，我真笨。我不想上学，曾经出走过两次，但害怕爸妈责怪奶奶，就又悄悄地回来了。我每天都担惊受怕，害怕测验，害怕公布成绩，害怕别人因此更瞧不起我。现在我更担心的是升不上初三怎么办。如果留级，我宁可死去，这真是太丢脸了。人们都不喜欢我，连我爸对我都很冷淡。像我这样的人活着还有什么意思呢？还不如跟着爷爷去呢。"
>
> 通过辅导者与来访者的交谈，发现王某属于典型的自卑心理。她的心理问题主要表现为焦虑情绪和抑郁情绪。因此，辅导者采用认知疗法对其进行辅导，整个辅导过程包括以下三个阶段。
>
> 第一阶段，双方通过交谈，让来访者明白为什么会出现这种焦虑和抑郁情绪。认真思考同辅导者的交谈，并思考相应的问题原因。
>
> 第二阶段，向王某说明认知疗法的原理，对她的不良认知进行分析，并结合认知疗法的原理，协助她分析成长过程中由于多次失败体验而形成的错误认知。双方共同探讨学习问题，改正其不良的认知模式。
>
> 第三阶段，帮助王某学会合理地对待学习，对于焦虑和抑郁的情绪进行自我管理；学会继续识别日常生活中的负性自动思维，引入合理的观念，重新树立自我形象；学习社交技巧，加强与同学和家长的沟通。

以上案例就是使用认知疗法来转变初中生关于学习所产生的自卑心理。

3. 认知疗法的基本方法

认知疗法的基本方法主要有认知方法、行为方法和情绪方法。

（1）认知方法。

①去灾难法。

去灾难法，亦称为"如果……怎么办"技巧。有的来访者会很害怕一种实际上不大可能出现的后果。这种方法是专门针对那些对后果反应过度的来访者，可用来帮助来访者准备好去面对所害怕的后果。这个技巧对降低逃避很有效，尤其是与应对策略配合使用时。如果预期的后果很有可能会发生，这些技巧有助于找到解决问题的策略。

②理解特殊意义。

具有不同自动思维的来访者对词的意义理解也会不同，因此辅导者不能自认为知道来访者用某个词所表达的意思，而要彻底地理解某些词在某种情境下的特殊意义。弄清来访者表达的意思，可以帮助辅导者更加了解来访者的思维过程，有助于治疗的开展。

③再归因法。

有时候事情本来没有来访者的责任，而来访者却把责任归于自己，而且感到自责、内疚和抑郁。通过再归因，辅导者可以帮助来访者重新公平地分配责任。

④排除自我中心法。

排除自我中心法主要用来治疗焦虑的来访者。这些人错误地以为自己是众人注意的焦点，并且对"为何他人会注视并能看穿自己的心思"自成一套逻辑。在检验其背后的逻辑后，可设计行为实验来检验这些特定的信念。比如，一个学生相信班上同学时时在看着他，也注意到他的焦虑，因此不敢在课堂上发言。当他开始去观察同学，而不再只专注于自己的不自在时，他发现有些学生忙着记笔记，有些看着老师，更有些在做白日梦。他因此下结论："同学们各有所思，各有所为。"

⑤质疑绝对化。

来访者往往用极端化的表述方式表现抑郁，"所有人都比我能干"，这样的描述常使用"所有人""总是""从来不""没有人"等词汇。辅导者质疑这些绝对化的言辞是有好处的，来访者可以学到更正确的思维。

（2）行为方法。

①家庭作业。

家庭作业是用来让来访者在治疗以外的时间里也要寻找机会去运用所学的认知原则的。例如，辅导者要求来访者在生活中用一张自助表记录他们的负性情绪和与负性情绪相关的想法。也就是说，来访者要记录是什么想法导致他负性情绪的产生。这样，辅导者就可以知道来访者在生活中遇到的负性情绪以及当时他们想法，就可以采取适当的治疗方法来解决来访者的问题。

②行为实验。

用行为实验的方法可以直接测试来访者的思维或假设的信度。行为实验往往结合家庭作业进行，内容包括：来访者表达了一个消极的预测，辅导者建议他在一周内验证他的想法或认知；辅导者为来访者决定何时、何地以及如何去进行改变认知的实验，并提出改变的建议；辅导者询问来访者，假如实验结果肯定了来访者的担心，他们将如何应对，这样辅导者就可以提前做好进一步处理的准备。

③角色扮演。

角色扮演主要用来揭示来访者的自动思维，发展他的理性思维，修改他的核心信念。一些来访者缺乏社交技能，或虽然对某种形式的交流方式熟悉，但是当需要使用时却缺乏应用技巧。通过角色扮演可以帮助来访者练习生活中需要的技巧和方法。

④分级暴露。

在治疗中，来访者往往会因为他当前的状况和治疗目标相差很远而感到不安和焦虑。辅导者在帮助来访者制定治疗目标和计划的同时，还要帮助来访者每天进行减缓焦虑的活动，然后把治疗目标细分为层级步骤，经过一个步骤的治疗便达到一定的效果，依次积累，最后完成治疗目标。把治疗目标步骤化的过程就是分级暴露，这样做可以帮助来访者树立信心，一步一步地接近治疗目标，实现治疗的效果。

⑤成本-效益分析。

辅导者让来访者检查他持有的某一信念的结果，包括正性的和负性的，一旦结果呈现给来访者，他就可以选择继续维持原来的信念，还是用一个不同的信念来代替。成本-效益分析就是让来访者写出他现有的信念的成本和效益各是什么，肯定正性想法，否定负性想法。可以让来访者绘制表格，在表格的左边写出当前信念的有利之处，在表格的右边写出不利之处，当不利之处远远多于有利之处时，来访者会觉得当前的信念对他不利，就会做出改变信念的决定。

⑥辩护律师练习。

辩护律师练习，就是让来访者想象自己被带到一次审判中，并成为辩护律师，而原告则是他的自动思维。他的任务就是反对原告的诉讼，也就是挑战自己的想法。通过辩护律师练习，很多来访者会发现把自己想象为别人的辩护律师，要比想象为自己的辩护律师容易得多。来访者可以将他们自己放到一个要求验证、质疑证据以及挑战原告，即我们期望律师去做任何事情的角色中。辩护律师练习可以让来访者对自己的自动思维提出挑战，形成新的信念和思维方式。

（3）情绪方法。

①书面发泄。

书面发泄就是让来访者通过自由地写下困扰事件来表达情绪，这样可以减轻他们的焦虑、抑郁等负性情绪。这是一种自由表达情绪的方法，能让来访者的负性情绪得到发泄。尽管困扰事件引发的负性情绪可能短时间内会增强，但几天或几周的治疗后，负性情绪和压力就会降低。

②意象重构。

意象重构是让来访者用戏剧化的方法，重新建构事件，改变最初导致焦虑和不安的事件的性质。意象重构可以激活来访者自我中更强大、更有力量的部分，来对抗自我中弱小的、失败的部分。意象重构可以结合家庭作业的方法使用，辅导者让来访者回忆过去的不良经历，并详细地写下来，之后马上进行意象重构。在重构的事件中，来访者变得更自信、勇敢、自主和强大，可以完全控制自己，把不良的经历弱化，达到治疗的效果。

③情绪启动法。

在来访者有焦虑情绪时，他们更容易高估某些事件的危险性。情绪启动法就是让来访者考虑情绪是怎样影响思维的，即让他们考虑情绪与思维的因果关系是如何产生的。情绪启动法可以让来访者学会如何去创造一种特殊的心境，从而去矫正他们的情绪启动。如果来访者正在用一种负性情绪进行思维，那么这种负性情绪可以被引导和矫正为一个积极的情绪，他们的思维也会在一种积极的情绪下重新进行。

4. 注意事项

认知疗法可以有效地解决中学生面临的一些心理问题，如抑郁症、社交恐惧症、学校恐惧症、考试前紧张焦虑等。但由于中学生认知能力有限，因此在具体实施的过程中，应有效认识中学生的认知特点。另外，认知疗法并不是对所有的疾病和心理问题都有效。

（四）理性-情绪疗法

1. 基本理论观点

理性-情绪疗法（Rational-Emotive Therapy，简称 RET）是认知疗法中最具代表性的疗法之一，是由美国心理学家阿尔波特·埃利斯于20世纪50年代创立的。理性-情绪疗法的治疗整体模型是"ABCDEF"，是在埃利斯的"ABC 理论"基础上建立的。理性-情绪疗法的基本假设是人的认知、情绪和行为是紧紧联系在一起的,认知可以影响情绪和行为,不良的情绪与行为均由不合理的认知信念导致,人们内在的心理问题由他们对事物或情境的解释、评价造成,通过纠正或改变来访者的思维方式可以减轻甚至消除他们的情绪和行为困扰。以下围绕该理论的"ABC 理论"、非理性信念进行介绍。

(1) ABC 理论。

ABC 理论是 20 世纪 50 年代由埃利斯提出的一种情绪认知理论,它是理性-情绪疗法的核心理论。A(activating event)是指诱发事件,它可能是现实的刺激事件,也可能是预期将要出现的应激源。B(belief)是指信念,即人们对诱发事件或情境的解释、期待和信念。C(consequence)是由信念或观念所引发的情绪和行为。该理论认为,情绪和行为并非由事件本身引起,而是由于人们对这一事件的信念造成的。决定人的情绪反应的不是事件本身,而是对事件的态度和想法。我们可以通过改变人的非理性想法,进而改变其情绪和行为反应。

ABC 理论是埃利斯理论的核心价值所在,在此基础上发展而来的理性-情绪疗法事实上还增加了 DEF 的内容。D(disputing)代表与非理性信念辩论。当来访者的 ABC 模式不符合逻辑时,埃利斯就开始进行挑战与质疑。这种辩论与挑战是一种不可缺少的治疗策略,是干预阶段的核心技术。E(effect)指辩论或其他干预后的治疗效果。当来访者能够摆脱原有信念系统的束缚,形成一种更加适应的信念系统和生活哲学的时候,治疗就取得了效果。F(feeling)代表新的感觉和行为。来访者产生与情境相适应的新情绪和新行为。情绪改变是理性-情绪疗法的基础,行为往往随着情绪的改变而改变。

【9.8】小华最近遇到了一些困难,心理辅导老师引导他梳理了错误观念,使其形成了正确的认识,解决了问题,小华所接受的这种心理辅导方法是( )。

A. 行为分析法 B. 理性-情绪疗法
C. 系统脱敏法 D. 来访者中心疗法

知识拓展

究竟是什么导致我们产生不同的情绪

在生活中,我们都会有情绪上的体验:高兴、愉快、烦闷、痛苦……那么,究竟是什么引起我们的情绪呢?

例如,古时候,有两个秀才一起去赶考,路上他们遇到一支出殡的队伍。看到那口黑乎乎的棺材,其中一个秀才心里立即"咯噔"一下,凉了半截,心想:"完了!真触霉头,赶考的日子居然碰到这个倒霉的棺材。"于是,他心情一落千丈,走进考场后,那个"黑乎乎的棺材"也一直挥之不去,结果,文思枯竭,导致他应

> 有的能力没有发挥出来，最后自然名落孙山。另一个秀才一开始心里也"咯噔"了一下，但转念一想："棺材，棺材，噢！那不就是有'官'又有'财'吗？升官发财！好！好兆头，看来这次我一定高中。"于是他心里十分兴奋，情绪高涨，走进考场，当下文思如泉涌，下笔有如神助，最后果然一举高中。回到家里，两人都对家人说：那"棺材"真是好灵验！
>
> 启发：同样一件事，不同的信念导致不同的情绪和结果。因此，对待同一件事，学会换个角度去看待、去评价，也许坏事能变成好事，也许你能发现以前被自己忽略的潜力。

(2) 非理性信念。

人们之所以选择理性信念或非理性信念，主要基于欲望的强度。埃利斯将信念分为理性信念和非理性信念，引起情绪、行为失调的是非理性信念。非理性信念的三个典型特征是绝对化要求、过分概括化和糟糕至极。

①绝对化要求。这是一种极端式的要求，指人们从自己的意愿出发，对某一事物怀有必定怎样的信念，在各种非理性信念中最为常见。这种信念常常与"必须""应该""绝对要"等强制性字眼联系在一起。怀有这种信念的人容易产生失落、忧郁或自责等情绪困扰。理性-情绪疗法就是要帮助来访者改变这种极端的思维方式，学会弹性思考。

②过分概括化。这是一种以偏概全、以一当十的思维方式，埃利斯将它称为"理智上的法西斯主义"。过分概括化是不合逻辑的，通常表现为两个方面。一是人们对自身的不合理的评价。经常表现为消极地看待自我、自己的经验以及自己的未来，通过一个具体的行为就给自己下结论，带有这种信念的人经常陷入自责、自卑或忧心忡忡的情绪状态。如面对失败的结果时，往往会认为自己"一无是处""一钱不值""是废物"等。常常以自己做的某一件事或某几件事的结果来评价自己、评价自己作为人的价值，其结果常常会导致自责自罪、自卑自弃的心理及焦虑和抑郁情绪的产生。二是对他人的不合理评价，即别人稍有差错就认为他很坏、一无是处等，这会导致一味地责备他人，以致产生敌意和愤怒等情绪。

③糟糕至极。糟糕至极的人一般认为一旦不好的事情发生了，那将是非常糟糕、可怕的，甚至是灭顶之灾。这些想法会导致来访者陷入自责、焦虑、悲观和抑郁等不良情绪的体验之中而难以自拔。如一个人讲什么事情都糟透了的时候，对他来说往往意味着碰到的是最坏的事情，是一种灭顶之灾。埃利斯指出，这是一种不合理的信念，因为对任何一件事情来说，都有可能发生比之前更好的情形，没有任何一件事情可以定义为是百分之百糟透了的。认为遇到了百分之百糟糕的事情时，只会把自己引向极端的不良情绪状态之中。

在人们的不合理信念中，往往都可以找到上述三种特征。每个人或多或少都具有不合理的思维与信念，而在那些具有严重情绪障碍的人中，这种不合理思维的倾向尤为明显。情绪障碍一旦形成，往往是难以自拔的，此时就急需进行治疗。

理性-情绪疗法认为，大部分的情绪困扰主要起源于责备自己。因此，如果要治好神经症或人格异常，最好让来访者停止责备自己与别人。为此，我们应学习接纳自己，尽管自己并不完美。埃利斯认为，所有的人生来就具有理性思考的能力，但我们也有很强的不理性倾向，会把我们的欲望与偏好逐渐转为独断的、绝对的"应该""必须"等要求与命令。如果我们把持好自己的偏好及理性信念，就不会变得消沉、仇视别人或自我可怜；当我们被"命令"控制生活时，就会堕入困扰之中。不实际与不合逻辑的信念会使我们产生分裂与不相容的情绪，而疯狂的想法则会产生功能不良行为。

辅导者的工作就是和不合理信念（B）做辩论（D），通过一系列辩论技术向不合理的信念挑战。当然，辅导者也应该使用其他的认知、情绪、行为技术以促进来访者行为的改变。

2. 实施步骤

理性-情绪疗法的普遍目标是减少来访者的情绪困扰、减少来访者自我挫败的行为，让来访者实现自我、获得更快乐的人生。次级目标是帮助来访者更清晰合理地思考，感受更恰当，行为更有效，从而有效地达到快乐生活的目标；学会有效地处理悲哀、歉意、挫折感和烦躁等消极的感受。

理性-情绪疗法的具体实施遵循以下几个步骤：

（1）心理诊断阶段。

辅导者要与来访者建立良好的治疗关系，帮助他们树立信心，尊重与关心来访者。辅导者在这个阶段的一项重要任务是为来访者指出不合理的思维和信念，并使他们掌握理性-情绪疗法的主要思想。此外，辅导者还要认真分析来访者的所有问题，并选择他们迫切需要解决的问题，以此为中心确定治疗的目标。

（2）来访者领悟阶段。

领悟阶段的主要任务是帮助来访者认识到自己不适当的情绪和行为表现或症状是什么，产生这些症状的原因是自己不合理的思维造成的，并找出非理性信念。

（3）辩论干预阶段。

在辩论干预阶段，辅导者使用辩论的方式动摇来访者的非理性思想，这是理性-情绪疗法的关键，其目的是让来访者放弃不合理的信念。来访者渐渐地用理性的信念取代非理性的信念，获得认知层面的成长。来访者要学会如何发现自己的非理性信念，与自己的非理性信念进行激烈的争论，说服自己摆脱它们，从而使自己学会分辨非理性信念与理性信念。在治疗的过程中，辩论一直存在。

（4）再教育阶段。

再教育阶段是治疗的后期阶段，目的是帮助来访者在摆脱不合理信念的基础上，进一步建立合理的信念。同时，辅导者还要鼓励来访者以批判的态度来检讨个人最基本的价值观，正视一切问题，学习理智地思考、快乐地面对生活。

（5）巩固治疗效果阶段。

除了在治疗中使用辩论，也要在生活中不断使用。如果治疗产生了效果，那么来访者就能以合理的思维取代不合理的思考，形成新的有效的信念系统。这样，使来访者发生深刻的转变，他的问题也才会真正好转。因此，治疗的真正效果是要促进来访者发生深刻的改变。

 **案例 9-9**

辩论干预阶段的治疗案例（节选）

辅导者："你真的认为自己很傻吗？"

来访者："是的。"

辅导者："为什么会这样想呢？有什么依据吗？"

来访者："有的，初中的时候我有几个伙伴这么说。"

辅导者："那么别人说的一切话都很重要吗？他们的话都是真的吗？"（采用默兹比的区分标准：看来，她的认知来源于外界，来源于他人的评价）

来访者："也不一定。"

辅导者："是不是所有的人都说你傻、说你笨呢？"

来访者："不是的，只是有些人。"

辅导者："有几个人？"（通过夸张的提问来澄清事实）

来访者："她是我初中时的一个好朋友，她对其他的同学说我傻，说我不会说话。"

辅导者："一个人必须要才华横溢、能言善辩，才会受人欢迎吗？我们每个人都应该做到这样才会有朋友，不然的话就要被别人遗弃吗？"（通过用精确的语言进行提问来呈现事实）

来访者："并不是每个人都会这样。毕竟这样的人不是很多。"

辅导者："那么是不是一个没有涵养、没有思想、道德败坏但却夸夸其谈的人会受人青睐呢？"

来访者："当然不是的，谁也不会和这样的人接触的。"

辅导者："一个思维敏捷、聪明、可爱又善良的女孩，会仅仅因为不是很善于表达就会被人看不起吗？她就会没有朋友吗？"

来访者："可能不会吧。"（通过夸张的提问一步步紧逼，让当事人对自己的问题有一个更为深刻的认识）

辅导者："那么，一个人是否受欢迎，仅仅就取决于他是否善于言辞吗？"

（通过辨析，探讨一个人是否受欢迎的一些因素：不仅仅是言辞表达，还包括很多的方面，思想、个性品质、兴趣爱好等的综合能力）

"那么一个人是不是要所有人喜欢才算是有好人缘呢？"

"你是不是非得要所有的人都喜欢你呢？"

（通过夸张的提问来进行辨析：交往是双方的事情，并不是每个人都要喜欢你，就像你并不是喜欢每个人一样。要学会和不同的人接触）

通过提问与辨析，来访者似乎对自己的认识有了一些改变，在这样的争辩中我们结束了第二次咨询。

3. 注意事项

在运用理性-情绪疗法的过程中，要注意以下几个方面：理性信念的含义不清楚，要求来访者完全保持理性的生活方式是无法实现的，因此要明确来访者需要消除的不合理信念是什么。不能忽视对来访者内部感受的分析和理解。要特别注意非理性信念对来访者情绪和行为的影响。

（五）来访者中心疗法

1. 基本原理

来访者中心疗法是罗杰斯的自我理论在心理咨询与心理治疗中的具体应用。罗杰斯认为，心理治疗成功的关键，在于辅导者与来访者之间的治疗关系，只要能投入治疗关系中，人们就能朝自我引导的方向成长。在此基础上，辅导者才能充分利用自己的无条件积极关注、接纳和移情来帮助来访者。来访者中心疗法在心理治疗实践中的有效性是毋庸置疑的，它对学校心理辅导工作具有深远的影响。

来访者中心疗法注重与来访者建立一种适当的关系，从而促使来访者成为一个功能完善的人。治疗的目的不仅在于解决问题，更重要的是协助来访者成长，这样来访者就能克服目前与将来要面对的问题。因此，治疗的目标在于"去伪存真"。"伪"就是一个人身上的那些与其价值条件化了的自我概念相一致的，或者说由这些自我概念衍生出来的生活方式，也即思想、行动和体验的方式。"真"就是一个人身上那些代表他的本性，属于他真正自我的思想、情感和行为方式。罗杰斯常用"变成自己""从面具后面走出来"这样的话来表达该治疗目标。

2. 基本步骤

通过来访者中心治疗，来访者会发生一些变化，表现为更客观地看待自己、有自信和自主能力、接纳自己和自己的感受、积极地进行自我评价、具备健全的人格，以及能处理好人际关系等。一般来说，来访者中心疗法可分为九个阶段，这些阶段有机地结合在一起，促进来访者人格的改变和个性的成长。

第一阶段：来访者前来求助，辅导者向来访者说明治疗的情况。

第二阶段：辅导者以友好、诚恳的态度鼓励来访者自由表现情感，接受、认识、澄清来访者的消极情感，接受和认同来访者的积极情感。辅导者对来访者的消极或积极情感不加以赞赏，也不进行道德评价。

第三阶段：来访者成长的萌动，他们开始领悟和了解自我。

第四阶段：在良好的以及被人尊重、理解和接受的治疗氛围中，来访者开始接受真实的自我。

第五阶段：辅导者帮助来访者澄清可能的决定和应采取的行动。

第六阶段：治疗效果产生，来访者开始产生某种积极的、尝试性的行动。

第七阶段：治疗效果的扩大，辅导者开始帮助来访者发展领悟，并扩大领悟的范围。来访者体验到进步，得到人格的重建与行为的改变，进一步建立自信，并进一步搜索自我。

第八阶段：来访者的全面成长。此时，来访者处于积极的成长过程中，辅导者与来访者的关系达到顶点。

第九阶段：治疗结束，治疗关系终止。但此时来访者会体验到恐惧、丧失感和暂时的不情愿来独自面对生活，辅导者要鼓励并支持他们独立生活。

3. 基本技术

（1）重视治疗关系。

来访者中心疗法更多提供的是一种咨询理念而非方法，它不追求特殊的策略和技术，而是把重点集中在创造一种良好的关系氛围，使得来访者能够自由地探索内心的感受。可以说，辅导者最大的策略就是把自己作为一种手段，把整个人投入关系中去，通过自己的真诚、温暖、尊重、无条件积极关注、同感理解来创造出所需要的治疗关系。因此，来访者中心疗法是把治疗关系放在首位的，并且辅导者工作的重心在于创造出一种有帮助作用的治疗关系。如果一定要说策略和技术的话，那么主要策略就是关系策略，即重视治疗关系。

来访者中心疗法中的辅导关系

罗杰斯认为，辅导关系要具备一些治疗性的观点，才能有益于创造一种适当的心理辅导气氛，使来访者能从中体验到必要的自由，以促进人格的改变。罗杰斯提出人格的建设性变化需要具备以下六个条件，这六个条件必须持续地在辅导过程中出现：（1）两人有心理上的接触；（2）来访者处在一种不和谐的、脆弱或焦虑不安的状态；（3）辅导者在此关系中是协调一致的、整合的人；（4）辅导者产生对来访者的无条件积极关注；（5）辅导者体验到来访者的内在经验世界、达成同感性理解，并力图把这种体验传达给来访者；（6）辅导者对来访者的尊重、同感性理解和无条件积极关注至少在一定程度上成功地传达给了来访者。

（2）无条件积极关注、移情与言行一致。

①无条件积极关注。

无条件积极关注是指辅导者对来访者的无条件尊重和认可。无条件积极关注要求辅导者对任何来访者都要予以尊重，无论他们的性别、种族、民族、年龄、职业等，对他们要一视同仁。如果关注是出于辅导者自身的需要，就会抑制来访者的有建设性的改善。辅导者要积极地看待来访者，把他们看作有价值的人，认为他们能成长和发展。在这种情境下，来访者能够自由地表达并接受自己的感受，不用担心会被拒绝。

②准确的移情性的理解。

在治疗中，移情也是辅导者很重要的一个任务。辅导者要对来访者产生准确的移情性的理解，就是能准确地理解来访者的经历，明白他的体验，敏感地抓住他的感情，进入他的私人世界。移情的目的是鼓励来访者与辅导者积极沟通，深入了解来访者，并认识和解决来访者内心存在的不协调。罗杰斯认为，移情可以帮助来访者实现四种目标：第一，注意和评价自己的经历；第二，以新的方式看待早期经历；第三，完善他们对自己、他人和世界的看法；第四，增强选择和行为的自信心。在来访者中心治疗中，辅导者在处理来访者的问题时有不同程度的移情存在，而如何处理这些移情，辅导者态度产生了差异。因此，对待移情的态度成为治疗的核心关系。

③言行一致。

言行一致意味着辅导者要真实、诚恳并值得来访者信赖。罗杰斯说:"言行一致,真诚透明,就是辅导者的体验、意识与表达三者之间的高度统一。"言行一致要求辅导者坦率地与来访者交谈,直截了当地表达他的想法而不掩饰和伪装自己。言行一致并不是说辅导者应该冲动地说出他们的所有想法,辅导者的自我表现要在恰当的时间适度地进行。

④尊重与接纳。

在治疗中,辅导者要做到尊重与接纳来访者。尊重与接纳可使来访者在心理的许多方面得到补偿,情感得以调节,自信得以重建。尊重的前提是接纳,接纳是尊重的先决条件。辅导者要体会到两点:一是辅导者承认每个来访者在任何一方面都是不同的;二是辅导者认识到每个来访者的人生过程都是一个复杂的奋斗、思考和感受的过程。辅导者对来访者的接纳,会形成一种人际关系,使他们感到温暖和安全,这对良好治疗关系的建立是极其重要的因素。

(3) 非指导性的治疗。

罗杰斯反对在治疗中支配来访者,主张辅导者不给来访者劝告和评价,也不给予指导,只是倾听,避免替来访者决策。在非指导性的治疗中,辅导者要避免把自己的大量信息加在来访者身上,代之以集中注意分析和整理来访者的语言和非语言交流,以期洞悉来访者所表达的情感。非指导性的治疗主张来访者有权为他们自己的生活做出选择,尽管有时候来访者的选择与治疗目标存在偏差。

4. 注意事项

(1) 治疗关系是促使来访者发生积极改变的充分必要条件;

(2) 来访者中心疗法认为治疗导向的首要责任在于来访者,来访者面临着决定他们自己的机会;

(3) 一个潜在的局限是一些新手辅导者倾向于接受没有挑战性的来访者。

历年真题

【9.9】简述增进师生沟通的心理学原则。

【9.10】阅读材料,并回答问题。

冯亮和丁明是初二的学生,最近两人都有些心事,于是凑在一起聊天……

冯亮:你说咱们已经快要和爸爸一样高了,可父母还是把我们当小孩子看,什么都管。

丁明:可不是吗,吃饭要管、穿衣服要管,去哪玩也要管,放学回家稍晚就唠叨个不停……真烦!有时他们让我做什么,我偏不听他们的话。

丁明:最近一段时间,我的情绪似乎失控了,今天的课堂演讲,我紧张得要命,生怕在老师同学面前出丑。

冯亮:我发现了,你脸都红到脖子根了。

丁明:不光这个,有时候高兴起来,我就跟飞上天似的,觉得无所不能;可是难过起来,又像被打入了十八层地狱。

冯亮：我也一样，就比如每次跟女同学打招呼，我常莫名地心跳加速，感觉既紧张又害羞，以前可不是这样。

丁明：有时候也会担心自己在别人眼中形象不好，譬如不够帅之类的。

冯亮：还有不够优秀，能力不够强等。我特别希望在别人眼中是一个聪明、有实力的人。

丁明：我特理解你，这种感觉我也有，而且特想跟人倾诉，但就是不知道跟谁说。

问题：

(1) 上面两位同学的对话，反映了中学生青春期心理发展的哪些特点？

(2) 作为老师，你会对他们提出哪些建议？

【9.11】阅读材料，并回答问题。

学生张琼进入青春期后，非常关注自己的相貌，但她认为自己长相难看，不被人喜欢。看到同学聚在一起咯咯笑，她就认为她们在笑话自己。在寝室里，若听到同学在谈论某某长得漂亮，会以为是在影射自己。上课未被老师点名发言，也会认为老师嫌自己难看不愿意点自己。所有这一切致使她郁郁寡欢，不愿意与同学沟通交流，学习效率低下，学习成绩明显下降。

问题：

请运用心理学知识分析题干中张琼的问题，并提出合理建议。

【9.12】阅读材料，并回答问题。

一位高中女生接受心理辅导时自述：进入高三以来，我就觉得自己被笼罩在一种紧张学习、迎接高考的氛围中，时常感到心烦意乱，学习成绩也时好时坏，为此整天惴惴不安。我常常想到高考问题，感觉也与以前有所不同，心跳的剧烈程度比以前强很多，身体有种不舒服的燥热，思维不太受控制，注意也难集中。我怕老师提问，老师一叫我回答问题，不论是能答上来还是答不上来，回答时总是语无伦次而且声音发颤。虽然经常被老师提问，却还是消除不了这种胆怯心理。考试之前，我会非常紧张，提前几天就会睡不着觉，连续失眠，考试时经常因太紧张而不能认真审题；并且考试时，感到心跳加速，头脑发胀，昏昏沉沉。结果考试成绩越来越差。老师，你说我能改变这种情况吗？

问题：

请结合材料，说明中学生考试焦虑的主要表现、产生的原因和调适方法。

【9.13】在一次心理健康培训班教学测验中，关于中学生心理辅导的一般目标，学员们的答案不一，共有四种。其中，正确的是（　　）。

A. 学会调适和寻求发展　　B. 学会调节和学会适应

C. 学会调适和寻求健康　　D. 适应学习和适应社会

【9.14】高三学生志强认为，做事应达到尽善尽美，因此他对自己要求很高，常常因偶尔的考试成绩不理想而情绪低落，心理辅导教师通过纠正其不合理信念来调整他的情绪。该教师采用的合理辅导方法是（　　）。

A. 理性-情绪疗法　　B. 系统脱敏法

C. 强化法　　D. 来访者中心疗法

本章小结

1. 心理健康是指在身体、智能以及情感上，能保持同他人的心理健康不相矛盾，并将个人心境发展成为最佳的状态。

2. 中学生常见的心理健康问题，包括抑郁症、恐惧症、焦虑症、强迫症、网络成瘾等。

3. 中学生常用的心理辅导方法，包括强化法、系统脱敏疗法、认知疗法、来访者中心疗法、理性-情绪疗法等。

本章要点回顾

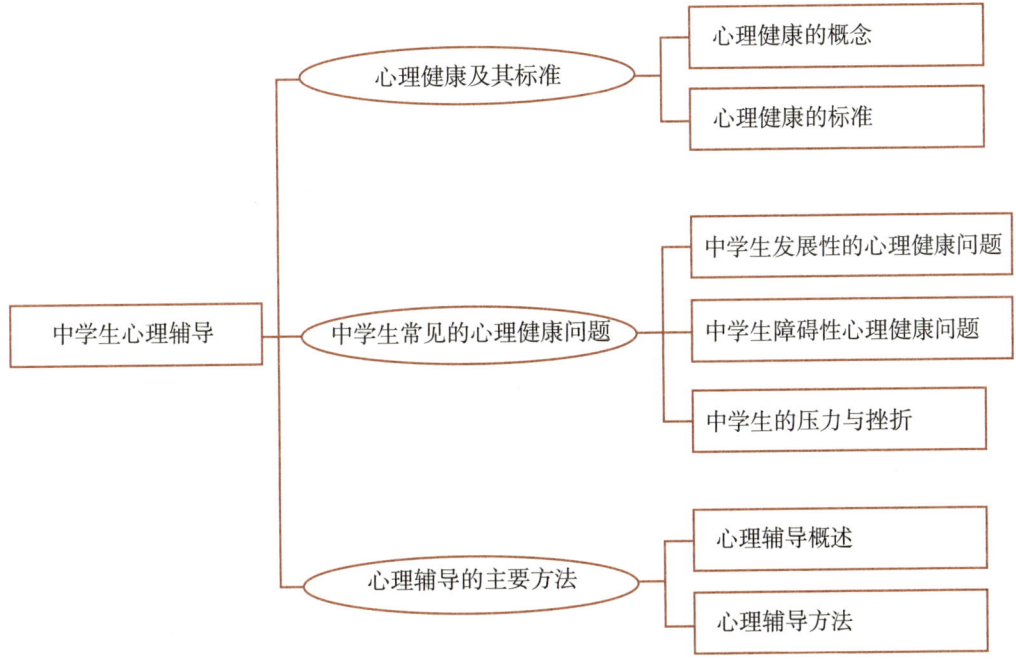

第十章

教师心理

👉 **学习完本章，应该做到：**

◎ 了解教师角色的概念、教师心理的特征。
◎ 了解教师角色的形成阶段和教师成长的历程。
◎ 理解影响教师心理健康的主要因素。
◎ 掌握维护教师心理健康的措施和方法。

👉 **学习本章时，重点内容为：**

◎ 教师角色的概念、教师心理的特征。
◎ 教师角色的形成阶段和教师成长的历程。
◎ 如何维护教师的心理健康。

> 教师角色代表教师个体在社会团体中的地位和身份，包含许多社会期望教师个体应表现的行为模式。通过本章的学习我们将了解教师角色的形成阶段和教师成长的历程，分析影响教师心理健康的主要因素，并掌握维护教师心理健康的措施和方法，提高教师的心理健康水平。
> 在学习过程中，应结合生活经验，以常识、常情、常理去理解本章内容。

【引子】

教师角色冲突的实质是教师在面对多维角色时应接不暇，或在履行教师角色职责时因不同主体的角色期待不同而感到"压力山大"。教师角色冲突纷繁复杂，略举几例来说明如下。

(1) 新课程改革中教师角色冲突。

新课程改革要求教师角色由知识的传递者转变为知识的引导者、激发者；要求教师更新教育观念，优化能力结构，拓展教学思维等。教师群体很可能会对如何协调各主次角色的平衡和互动，如何在不影响教学活动的前提下满足各方面对教师角色的要求等产生困惑、质疑。当教师不能很好地运用和切换各种角色时，部分教师会"逃避风险"或"消极应对"，如面临上级教育部门检查时，采取新课程改革所要求的教学模式来教学，其他时候则依然采取传统的教学模式，对自我的教学权威进行一定的保护。

(2) 社会角色与家庭角色之间的冲突。

我们常听到这样的调侃——老师教得好学生，但不一定教得好自己的子女，这种情况在现实中确实存在。在学校场域中，教师通常是威严的知识的传授者，当教师回到家中面对自己的子女时，会有意或无意地"摆出"教师的威严，较少以父母的角色、情感态度来积极地差别化对待自己的孩子，或者因学校教育工作重而忽视对子女的教育。

(3) 不同角色期待引起的教师角色冲突。

如教育法律法规要求教师要进行素质教育，培养学生的综合能力；家长和学校则要求教师要提升学生的分数与升学率、就业率等，不同主体对教师的角色期待各不相同，让教师"左右为难"。而作为一个具体的、普通的教师，在扮演教师工具性价值的时候，难以面面俱到，以至招致诟病和批评，心理压力剧增，教师角色冲突频发。

适度的角色冲突有利于教师专业化发展，但过度的教师角色冲突会影响教师职业信念，不利于教师队伍稳定。如何化解过度的教师角色冲突对教育和教师的负面影响是我们必须面对和解决的一个突出问题。

（资料来源：李雪莲. 教师角色的冲突与调适［J］. 湖北教育·综合资讯 2016（7），选用时有删改。）

第一节　教师心理特征

教师的心理特征是指教师在长期的教育教学实践活动中，由于扮演各种不同的角色而逐渐形成的教师职业特有的心理品质，是从事教师职业者所共有的、典型的特征。教师的职业特点、社会角色决定了其应具备一系列特定的心理特征，主要包括认知特征和人格特征。

一、教师的认知特征

教师的认知特征包括知识结构和教学能力。

（一）教师的知识结构

教师的知识结构包括广博的文化基础知识、精深的专业知识（本体性知识）、必备的教育科学知识（条件性知识）和丰富的实践知识。

（二）教师的教学能力

教师的教学能力一般包括四个方面：教学认知能力、教学操作能力、教学监控能力和动力系统。

1. 教学认知能力

教学认知能力是指教师对所教学科的定理法则和概念等的知识结构的概括程度，以及对所教的学生的心理特点和自己所使用的教学策略的认知水平。

2. 教学操作能力

教学操作能力是指教师在教学中引导学生掌握知识、运用多种策略解决问题的能力。

3. 教学监控能力

教学监控能力是指教师为了确保教学的成功，实现预期教学目标，在教学全过程中，将教学活动本身作为意识的对象，不断地对其进行积极、主动的计划、检查、评价、反馈、控制和调节的能力。

4. 动力系统

动力系统是指教师运用各种教育能力进行教育活动的直接原因和内部动力。

从微观层面，教师的教学能力主要包括组织教材的能力、言语表达能力、组织教学能力、教学机智以及教学媒体的应用能力等。

二、教师的人格特征

教师的人格特征即教师的人格品质。教师的人格特征主要有：教学效能感、责任感、教学归因、职业性格等。

1. 教学效能感

教学效能感是指教师对自己是否有能力对学生的学习活动和学习结果产生积极影响的一种主观判断。教学效能感会影响教师工作的努力程度、教师的工作情绪以及对学生控制的态度等。

2. 责任感

教师的责任感作为重要的人格特征，需要教师自己将精力放在教学方面，聚焦在每一个学生的发展上。

3. 教学归因

教学归因是指教师对学生学习结果的原因的解释和推测。教学归因会影响到教师的教学行为。

4. 职业性格

教师应该形成理解学生、会与学生相处、了解自己等职业性格。

历年真题

【10.1】刘老师在教学过程中善于引导学生掌握知识，积极思考，运用多种策略解决问题。这说明他的哪种教学能力比较突出？（ ）

A. 教学认知能力　　B. 教学反思能力　　C. 教学监控能力　　D. 教学操作能力

【10.2】李老师对自己的教学力十分自信，认为自己能教好学生，这主要反映了他的哪种心理特征？（ ）

A. 教学责任感　　B. 教学幸福感　　C. 教学理智感　　D. 教学效能感

【10.3】王老师在教学工作中善于采用各种教学策略，取得了很好的教学效果，这反映了王老师的哪一方面能力突出？（ ）

A. 教学操作能力　　B. 教学归因能力　　C. 教学迁移能力　　D. 教学反思能力

【10.4】材料分析题：初中开学第一天，七年级（1）班班主任李老师到班级开班会，她在点名的过程中，看到了一个比较熟悉的名字。"上官文俐？""到！""你是不是有个姐姐叫上官文伶？""是的。""我记得上官文伶，她是我前几年带过的学生，她学习很努力，成绩优秀，平时很有礼貌，大家都很喜欢她，我看你和她长得非常像，在各个方面你也应该像她一样优秀。"两个月后，班主任推荐她参加学校的中学生创新竞赛，结果她取得了好成绩。得到这个好消息后，李老师对她说，"正如我想的那样，你不但爱学习，还很有创新意识。"在随后的日子里，上官文俐努力学习，团结同学，积极为班级服务，努力使自己成为李老师所期望的那样、像她姐姐一样优秀的学生。

问题：结合案例阐述教师期望的作用及其对教育的启示。

知识链接

有效教师与无效教师特征对照

国外学者于1940年对47000名学生进行调查问卷，所得出的"有效教师"与"无效教师"特征各12项：

"有效教师"特征	"无效教师"特征
1. 合作、民主	1. 脾气坏，无耐心
2. 仁慈、体谅	2. 不公正，偏爱
3. 能忍耐	3. 不愿意帮助学生
4. 兴趣广泛	4. 狭隘，对学生要求不合理
5. 和蔼可亲	5. 抑郁
6. 公正	6. 讽刺、挖苦学生
7. 有幽默感	7. 外表令人讨厌
8. 言行稳定一致	8. 顽固
9. 有兴趣研究学生的问题	9. 啰嗦不停
10. 处事有伸缩性	10. 言行霸道
11. 了解学生，给予鼓励	11. 骄矜自负
12. 精通教学技能	12. 无幽默感

知识链接

我国中学生喜欢和不喜欢的教师特征

我国心理学工作者谢千秋于1980年以"学生喜欢怎样的老师"为题向42所中学（从初一到高二）91个班的4415名学生进行了问卷调查，归纳出学生喜欢和不喜欢的教师特征各10项：

喜欢的教师特征	人次	不喜欢的教师特征	人次
1. 教学方法好	78%	1. 对学生不同情	71.7%
2. 知识广博，肯教人	71.9%	2. 经常责骂学生，讨厌学生	72.4%
3. 耐心温和，容易接近	75.6%	3. 教学方法枯燥无味	61.5%
4. 实事求是，严格要求	57.5%	4. 偏爱，不公正	64.3%
5. 热爱学生，尊重学生	59.9%	5. 上课拖堂，下课不理学生	67.8%
6. 对人对事公平合理	52.4%	6. 说话无次序，不易懂	48.9%
7. 负责任，守信用	33.8%	7. 只听班干部反映情况	43.3%
8. 说到做到	36%	8. 不和学生打成一片	26.1%
9. 有政治头脑，关心国家大事	18.2%	9. 布置作业太多、太难	28.3%
10. 讲文明，守纪律	14.4%	10. 向家长告状	25.2%

第二节 教师职业心理

一、教师角色心理

（一）教师角色的含义

教师角色是指教师按照其特定的社会地位承担起相应的社会角色，并表现出符合社会期望的行为模式。教师角色代表教师个体在社会团体中的地位和身份，同时包含着许多社会期望教师个体应表现的行为模式。

（二）教师角色的构成

1. 传道者角色

教师具有传递社会传统道德、正统价值观念的使命。进入现代社会后，虽然道德观、价值观呈现出多元化的特点，但学校和教师的道德观、价值观总是代表着社会主导地位的道德观、价值观，并且用这种观念引导年轻一代。

2. 授业解惑者角色

教师是各行各业建设人才的培养者，他们在掌握了人类经过长期的社会实践所获得的知识经验、技能的基础上，对其进行精心加工整理，帮助学生在很短的时间内掌握人类几百年、几千年积累的知识，形成学生的知识结构和技能技巧。在学生遇到困惑时，他们能帮助解除困惑。

3. 管理者角色

教师不仅是传道、授业者，还是教育教学活动的管理者。教师对教育教学活动的管理，包括确定目标、建立班集体、制定和贯彻规章制度、维持班级纪律、组织班级活动、协调人际关系等，并对教育教学活动进行控制、检查和评价。

4. 示范者角色

教师的言行是学生学习和模仿的榜样。学生具有向师性的特点，教师的言论、行动、为人处世的态度，对学生具有耳濡目染、潜移默化的作用。

5. 父母与朋友的角色

教师往往被学生视为自己的父母或朋友。低年级的学生倾向于把教师看作是父母的化身，对教师的态度类似于对父母的态度；高年级的学生则往往视教师为朋友，希望得到教师在学习、生活、人生等多方面的指导，同时又希望教师是分担自己快乐与痛苦、幸福与忧愁的朋友。

6. 研究者角色

教师工作的对象是充满生命力的、千差万别的活的个体，传授的内容是不断发展变化的科学知识和人文知识，这就决定了教师不能以千篇一律的态度对待自己的工作，而要以一种变化发展的观点、研究的态度对待自己的工作对象、工作内容和各种教育活动，不断学习新知识、新理论，不断反思自己的实践，不断发现新问题，以使自己的工作适应不断变化的形势,并且有所创新。

教师职业的这些角色特点决定了教师职业的重要意义和重大责任。

(三) 教师角色的形成阶段

教师角色的形成可分为以下三个阶段:

1. 角色认知阶段

角色认知是指角色扮演者对某一角色行为规范的认识和了解,知道哪些行为是合适的、哪些行为是不合适的。对教师职业角色的认知,就是教师对教育事业的深刻理解过程,包括教育是怎样的职业,它所承担的社会职责是什么,它在历史、现实中处于怎样的地位等。

2. 角色认同阶段

教师角色的认同指个体亲身体验接受教师角色所承担的社会职责,并用来控制和衡量自己的行为。对教师角色的认同不仅在认识上了解到教师角色的行为规范、社会价值和评价,并经常用优秀教师的标准来衡量自己的心理和言行,自觉地评价与调节自己的行为;同时在情感上也有了体验,表现出较强的职业情感,如热爱教育事业,热爱学生等。

3. 角色信念阶段

信念是个体确信并愿意以之作为自己行为指南的认识,信念表现在教师职业中就是为教育事业献身的精神。在此阶段中,教师角色中的社会要求转化为个体需要,形成了教师职业特有的自尊心和荣誉感。教师意识和教师特有的情感,使他们自觉地奉献出毕生的精力。

(四) 教师角色意识

教师角色意识的心理结构包括以下三部分内容:

1. 角色认知

角色认知是指角色扮演者对角色的社会定位、作用及行为规范的认识和对与社会其他角色的关系的认识。

角色认知是角色扮演的先决条件,一个人能否成功地扮演某种角色,取决于他对这一角色的认知程度。作为一个认识过程,角色认知贯穿于角色行为的整个过程中。对于教师来说,只有清晰地认知角色才能在各种社会情境中恰当地行事,达到良好的社会适应。

2. 角色体验

角色体验是指个体在扮演一定角色的过程中,由于受到各方面的评价与期待而产生的情绪体验。一般来说,这种体验因主体行为是否符合角色规范并因此受到不同评价而有积极与消极之分。例如,责任感、自尊感或自卑感都是教师在角色扮演过程中产生的情绪体验。

3. 角色期待

角色期待是指角色扮演者对自己和对别人应表现出什么样的行为的看法和期望。

它是因具体人和情境的不同而变化的。

教师的角色期待是教师自己和他人对其行为的期望。角色期待包括两方面：一是自我形象，即个人对自己的行为期望；二是公众形象，即他人对某一特殊角色的期望。这两者是相互作用和相互影响的。教师只有对教师角色的社会期待不断地认同与内化，才能尽快地把社会期望转化为自我期待，从而减少角色混淆与角色冲突。

二、教师成长心理

（一）教师成长的历程

教师在不同的成长阶段所关注的问题有所不同。美国心理学家福勒和布朗根据教师的需要和不同时期所关注的焦点问题，把教师的成长划分为关注生存、关注情境和关注学生等三个阶段。

1. 关注生存阶段

处于这一阶段的教师，非常关注自己在新环境中的生存适应能力，他们关心的主要问题是学生会不会接受自己、同事会不会欣赏自己、领导会不会觉得自己干得不错，等等。一般来说，参与教学实习的师范生和那些刚刚走上工作岗位的新教师比老教师更关注这个问题。由于对自己生存能力的忧虑，某些教师可能会把大量的时间花在如何与学生搞好个人关系方面，而不是如何教他们；而有些教师则时时琢磨如何给学生一个"下马威"，让学生服从自己，在学生中树立威信，而不是如何帮助学生取得进步。因此，这一阶段大部分教师关心的问题并不是教课的问题，而是管理课堂的问题。

2. 关注情境阶段

当教师已经熟悉学校的工作，在学生心目中树立起威信以后，教师关注的问题就主要是学生的学习成绩问题了。在这一阶段，教师关心的是如何上好每一节课，关心班级的大小，关心课堂时间是否充足，备课材料是否充分，以及如何利用有效的教学方式吸引学生的兴趣和积极性等。一般来说，在职教师才会关注这个问题，参加教学实习的师范生很少在短期的实习中达到这个阶段。

3. 关注学生阶段

当教师顺利度过前两个阶段以后，教学就变得比较得心应手了，即使在课堂上出现一些不曾预料到的意外事件，教师也能够很好地处理了，学生的学习成绩也不再是教师关心的主要问题了。在这个阶段，教师才开始真正进行"因材施教"。他们开始关注不同学生的个别差异，认识到不同发展水平的学生在社会交往和情感方面的不同需求，认识到某些材料、某种教学方法不适合一部分学生，而另外的某些材料和教学方法则更适合他们。因此，他们根据学生的不同需要进行调整，实施个性化的教学。能否自觉地关注学生是衡量教师是否成熟的主要标志。

在教师的职业生涯中，每个阶段都有自己不同的需要，这些需要会影响他们的课堂行为和教学活动，也会给学生的学习带来影响。

> 历年真题

【10.5】简述福勒等人提出的教师成长的三个阶段。

【10.6】江金当了一段时间教师后感到自己完全能够适应教学的基本要求，此时他把关注的焦点投向了如何提高学生成绩、教好每一堂课。按照福勒的教师成长阶段论，江金处于（　　）。

A. 关注生存阶段　　　　　　B. 关注学生阶段
C. 关注情境阶段　　　　　　D. 关注自我阶段

【10.7】根据福勒等人的教师发展阶段论，衡量教师发展成熟的重要标志是能够自觉关注（　　）。

A. 生存　　　B. 情境　　　C. 未来　　　D. 学生

（二）教师成长与发展的途径

教师成长与发展的基本途径主要有两个方面：一方面是通过师范教育培养新教师作为教师队伍的补充；另一方面是通过实践训练提高在职教师素养。教师成长与发展的具体途径主要在以下几个方面：

1. 观摩和分析优秀教师的教学活动

课堂教学观摩可分为组织化观摩和非组织化观摩。组织化观摩是有计划、有目的的观摩。一般来说，为培养提高新教师和教学经验欠缺的年轻教师宜进行组织化观摩，这种观摩可以是现场观摩（如组织听课），也可以是观看优秀教师的教学录像。非组织化观摩要求观摩者有相当完备的理论知识和洞察力，否则难以达到观摩学习的目的。通过观摩分析，学习优秀教师驾驭专业知识、进行教学管理、调动学生积极性等方面的教育机智和教学能力。

2. 开展微格教学

微格教学是指以少数学生为对象，在较短的时间内（5～20分钟），尝试做小型的课堂教学，并把这种教学过程摄制成录像，课后再进行分析。这是训练新教师、提高教学水平的一条重要途径。微格教学使教师分析自己的教学行为更加直接和深入，有助于增强教学的针对性，因而往往比正规课堂教学的经验更有效。

3. 进行专门训练

进行专门训练，将"有效的教学策略"教给教师，其中的关键程序有：①每天进行回顾；②有意义地呈现新材料；③有效地指导课堂作业；④布置家庭作业；⑤每周、每月都进行回顾。专家教师所具有的教学常规和教学策略是可以教给新教师的，但仅靠短期训练来缩小新手与专家的差别是不够的。

4. 反思教学经验

对教学经验的反思，又称反思性实践或反思性教学，是一种思考教育问题的方式。它是在对教学的道德责任以及技术性教学的实际效果的分析基础上发展起来的，并要求教师具有做出理性选择并对这些选择承担责任的能力。

国外学者论教学反思

- 波斯纳提出了一个教师成长公式：经验+反思=成长。他还指出，没有反思的经验是狭隘的经验，如果教师仅仅满足于获得经验而不对经验进行深入思考，那么他的发展将大受限制。
- 科顿等人于1993年提出了一个教师反思框架，描述了反思的过程：

①教师选择特定问题加以关注，并从可能的领域，收集关于这一问题的资料。②教师开始分析收集来的资料，形成对问题的表征，以理解这一问题。③一旦对问题情境形成了明确的表征，教师就开始建立假设以解释情境和指导行动，并且还在内心对行动的短期和长期效果加以考虑。④考虑过每种行动的效果后，教师就开始实施行动计划。

- 布鲁巴奇等人于1994年提出了四种反思的方法，供教师参考：

①反思日记。在一天教学工作结束后，要求教师写下自己的经验，并与其指导教师共同分析。②详细描述。教师相互观摩彼此的教学，详细描述他们所看到的情景，教师们对此进行讨论分析。③交流讨论。来自不同学校的教师聚集在一起，首先提出课堂上发生的问题，然后共同讨论解决的办法，最后得到的方案为所有教师及其他学校所共享。④行动研究。弄明白课堂上遇到的问题的实质，探索用以改进教学的行动方案。

第三节 教师心理健康

一、教师心理健康概述

教师心理健康是指教师在身体、心理以及情感上均能保持和谐状态，并能将个人心境发展为最高状态。教师心理健康水平是教师整体素质发展的重要基础，并直接关系到教育教学质量和学生的心理健康发展。

（一）教师心理健康的标准

教师心理健康的标准主要包括：

1. 对教师角色的认同

勤于教育工作，热爱教育工作，能积极投身到工作中，将才能在教育工作中表现出来并由此获得成就感和满足感。

2. 能正确地了解自我、体验自我和控制自我

对现实环境有正确的感知，能根据自身的实际情况确定工作目标和个人抱负，具有较高的教育效能感，能对教学活动进行自我监控，调整教育观念，完善知识结构，

作出更适当的教学行为。

3. 积极乐观的情绪状态

保持乐观积极的心态，不将生活中不愉快的情绪带入课堂，能冷静地处理课堂情境中的不良事件，不将工作中的不良情绪带入家庭。

4. 具有良好的人际关系

能客观地了解和评价别人，与人相处时正面情绪多于负面情绪，积极与他人做真诚的沟通。师生关系融洽，能建立自己的威信，善于领导学生，能够理解并乐于帮助学生，不满、惩戒、犹豫行为较少。

5. 具有教育独创性

能根据学生的生理、心理和社会性等特点富有创造性地理解教材、选择教学方法、设计教学环节、使用语言、布置作业等。

（二）教师常见的心理问题

1. 教师的心理状况

教师在日常工作中的心理状况主要包括：负担过重，压力过大；理想与现实之间的反差巨大；个人的需求、理想等主观愿望与这些需求难以实现之间的矛盾；自我认知的偏差；等等。

2. 教师常见的心理问题

目前教师常见的心理问题有：职业适应性差、情绪不稳定、人际交往障碍、心理失衡、不良的个性特征、职业倦怠等。

职业倦怠是指个体在长期的职业压力下缺乏应对资源和应对能力而产生的身心耗竭状态。玛勒斯等人认为职业倦怠的主要表现有三个方面：一是情绪耗竭，主要表现在生理耗竭和心理耗竭两个方面，如极度的慢性疲劳、力不从心、丧失工作热情、情绪波动大等。二是去个性化，即刻意在自身和工作对象间保持距离，对工作对象和环境采取冷漠和忽视的态度，如教师以一种消极的、否定的态度和情感对待学生。三是个人成就感低，表现为消极地评价自己，贬低自己工作的意义和价值。

> **历年真题**
>
> 【10.8】简答题：教师职业倦怠的主要特征有哪些？

二、影响教师心理健康的因素

教师心理健康问题是在外界压力和自身心理素质的互动下形成的。影响教师心理健康的因素包括社会因素、职业因素和个人因素。

1. 社会因素

（1）现代信息技术的普及和大众传媒的飞速发展，使知识、信息的普及化程度大大提高，教师早已不是学生唯一的信息源了，这使得教师的权威日渐失落，教师的社会地位和社会作用受到严峻挑战。尤其是当前我国素质教育的全面推行更是对教师素质提出了全新的要求，冲击着教师的心理。

（2）教师的各种社会角色协调是教师心理健康的保障。教师的职业是对社会、对家长、对下一代成长高度负责的职业，家长和社会对教师的期望往往超出教育现实和教师的实际情况的要求，甚至有些不合理。

虽然教育部通过大刀阔斧的教育改革力图减轻教师心理负担和压力，但这些措施不可能一蹴而就。教师仍然需要千方百计通过自我角色协调，使自己对角色的认识与社会对此角色的期望保持一致，尽可能减少由于角色期望不同而导致的角色冲突。

（3）教师劳动的复杂度、繁重度、紧张度比一般职业劳动者大，但教师的待遇一直没有得到应有的提高。医疗保健等福利也不如人意，尤其是一些农村、山区学校更是如此。

（4）教师的社会地位依然较低。尽管《中华人民共和国教师法》1994年1月1日起就已经施行了，但教师被侮辱、被殴打事件仍不断发生，时有耳闻。凡此种种，都有可能成为教师心理压力的来源。

2. 职业因素

（1）教师的工作不仅仅是简单的体力或者脑力劳动，在与学生的互动过程中需要处理大量的情绪问题，教师自身也需要大量的情感投入，表现出兴奋、快乐、和蔼可亲等情绪状态。处理不当的教师容易出现角色知觉模糊、自我概念不够清晰，因而普遍存在着烦躁、紧张、焦虑、忧郁、挫败等不良情绪。教师不得不对自己的消极情绪进行控制和管理，但持续性的自我控制会损耗教师有限的心理资源，最终致使其心理资源枯竭而无力应对。

（2）在一些学校，教师之间的竞争关系也是导致教师群体出现人际障碍的重要因素。学校往往把学生的学业成绩和教师的工资绩效直接挂钩，教师承担着巨大的考评、晋升压力，同事之间形成强烈的"你上我下"的竞争关系，客观上不利于构建和谐的人际交往氛围，最终导致人际障碍问题。

（3）教师群体是职业倦怠的高危人群。"为人师表"让教师常常无意识地压抑和否定自我的正常欲求以满足职业需要。长期繁重的工作压力极易产生累积性的消极情绪体验，如对教育教学工作的消极、冷淡甚至退缩，情感和身体的衰竭，成就感降低等。

职业倦怠的教师会用冷漠的态度来应对学生、家长和同事，对教学完全失去热情，甚至开始厌恶、恐惧教育教学工作，试图离开教育岗位，另谋他业。①

3. 个人因素

在相同的压力下，有些教师可能会出现心理问题，有些则能维持健康的心理状态。造成这些差别的个人因素主要有：

（1）人格因素。研究发现，不能客观认识自我和现实，目标不切实际，理想和现实差距太大的教师或有过于强烈的自我实现和自尊需要的教师更容易出现心理问题。此外，教师中的外在控制源者（即认为事情的结果不是决定于自己的努力，而是由外界控制）

---

① 俞国良，何妍. 角色理论与教师心理健康问题及其调适[J]. 中小学心理健康教，2022，(25)：4-9.

比内在控制源者更难应付外界的压力情境或事件，因而其心理健康水平也较差。

（2）个人生活的变化。在人的一生中，经常会有生活的变化，无论这些改变是积极的（如结婚、升迁）还是消极的（如亲人死亡、离婚），都需要个体做出种种心理调整以适应新的生活模式，这种调整就构成了一个人的心理压力。尤其是进入人生从一个阶段到另一个阶段的过渡时期，如埃里克森等提出的"中年危机时期"，个体需要对自己、家庭及职业生活做出再评价，这些很可能会显著地影响个体的自尊、婚姻关系以及对工作的忠诚和投入。

三、教师心理健康的维护

要提高教师的心理健康水平，除了在宏观的社会体制层面上对教师的工作提供支持和保障外，还必须在社区、学校和个人层面综合采取各种措施减轻教师的心理压力，提高其应对能力。

1. 社会体制层面

该层面的工作主要是通过各种政策的制定，来提高教师的社会地位，促进教师群体职业化的进程，形成尊师重教的社会风气。如政府应加大执法力度，维护教师的合法权益，提高教师工资，改善教师福利待遇；通过深化教育改革，减轻教师因片面追求升学率而造成的工作压力和心理负荷；政府部门还可以有组织、有计划地通过各种传媒，宣传教师在社会主义现代化建设中的巨大作用，推动尊师重教社会风气的形成。同时，还应呼吁全社会来关心、支持、配合教师，提高教师的工作积极性，减少教师的消极心理。

2. 社区层面

该层面主要从社会支持系统入手提高教师的心理健康水平。教师是一个相对封闭、缺少社会支持的群体，因此，在学校内部乃至整个社区、学区内建立对教师社会支持系统，能有效地维护和促进教师的心理健康。

3. 学校层面

教师心理问题的成因很复杂，但问题的直接原因往往是学校情境和教学活动。因此，社会层面的改革和支持只是为促进教师心理健康提供了必要的前提，要切实而有效地帮助教师提高心理健康水平，还必须从学校和个人层面入手。学校层面的措施主要是强调工作环境的结构性改变，如提高师生比，实施小班化教学，减少加班时间，提高行政管理人员对教师的压力源及其他问题的敏感性，提高群体支持，给予教师更多的工作灵活度和自主权，提供更多职前和职中训练等。值得注意的是，要从根本上减少教师的心理压力源，必须调整学校系统运行过程中最本质的成分，也即把教师的需要和学生的需要放到同等重要的位置上，形成两者的双主体地位。达到这一目标的具体措施主要有：

（1）增加教师和学生交流的机会，使教师得到更多直接来自教学过程的内在奖励。

（2）给予教师更多自主权，如建立教师参与学校管理事务的机制。

（3）学校的组织管理要做到真正支持教师，使教师有获得社会支持的心理感受。

4. 个人层面

以个人层面为切入点，促进教师心理健康的主要措施是提高教师的压力应对技术。较为常用的提高教师压力应对技术的方法有放松训练、时间管理技巧、认知重建策略和反思等。

（1）放松训练。放松训练是降低教师心理压力的最常用的方法，它既包括一种心理治疗技术，也包括通过各种身体的锻炼、户外活动、培养业余爱好等来舒缓紧张的神经，使身心得到调节。

（2）时间管理技巧。时间管理技巧可使生活、工作更有效率，避免过度负荷，具体包括：对时间进行组织和预算，将目标按优先次序进行区分、限定目标，建立一个切实可行的时间表，每天留出一定的时间给自己等。

（3）认知重建策略。认知重建策略包括认识压力源、做出心理调整，如学会避免某些自挫性的认知（如"我必须公平地爱每个学生并且使每个学生都成功"），学会制定现实可行的、具有灵活性的课堂目标并为取得的部分成功表扬自己。

（4）反思。反思也是一种促进教师心理健康的有效方法。它是指通过对教学经验的反思来提高教学能力，调整情绪和教学行为，从而促进教师心理健康的过程。如前所述，波斯纳曾提出教师成长的公式——成长＝经验＋反思。如果一个教师仅满足于获得经验而不对经验进行深入的反思，那么，他将永远停留在新手型教师的水平。反思的倾向是心理健康水平较高的专家型教师的核心。具体地说，反思训练包括每天记录自己在教学工作中获得的经验、心得，并与指导教师共同分析；与专家型教师相互观摩彼此的课，随后与对方交换看法；对课堂上遇到的问题进行调查研究等。

最后，需要指出的是，教师的信念和职业理想是教师在压力下维持心理健康的重要保证。

☞ 本章小结

1. 教师的心理特征是指教师在长期的教育教学实践活动中，由于扮演各种不同的角色而逐渐形成的教师职业特有的心理品质，是从事教师职业者所共有的、典型的特征。

2. 教师角色是指教师按照其特定的社会地位承担起相应的社会角色，并表现出符合社会期望的行为模式。教师角色代表教师个体在社会团体中的地位和身份，同时包含着许多社会期望教师个体应表现的行为模式。

3. 教师角色的形成分可为角色认知、角色认同、角色信念三个阶段。

4. 福勒和布朗根据教师的需要和不同时期所关注的焦点问题，把教师的成长划分为关注生存、关注情境和关注学生三个阶段。

5. 教师成长与发展的基本途径主要有两个：一方面是通过师范教育培养新教师作为教师队伍的补充；另一方面是通过实践训练提高在职教师素养。

6. 影响教师心理健康的因素包括社会因素、职业因素和个人因素。

7. 提高教师的心理健康水平，除了在宏观的社会体制层面上对教师的工作提供支持和保障外，还必须在社区、学校和个人层面运用各种措施减轻教师的心理压力，提高其应对能力。

第十章 教师心理

☞ **本章要点回顾**

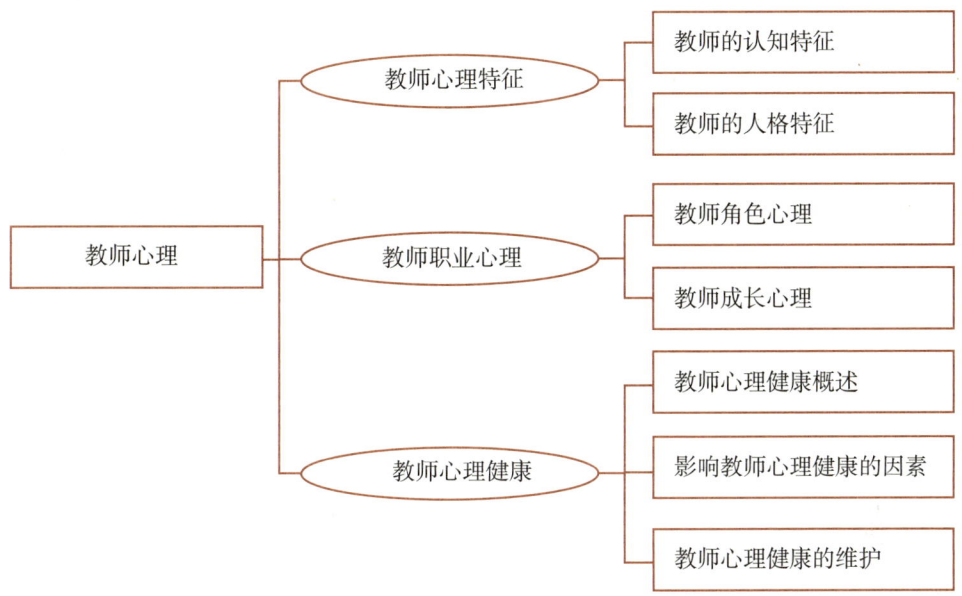